U0916784

本书受到国家社科基金项目:“区块链技术下的跨境商业交易监管问题研究”（20BFX204）和“国际商事惯例适用研究”（16BFX195）的资助，在此一并表示感谢。

ON THE APPLICATION OF INTERNATIONAL COMMERCIAL USAGES: THEORY AND PRACTICE

国际商事惯例的
理论与实践研究

宋 阳 著

人 民 出 版 社

前　言

长期以来，国际商法理论对于国际商事惯例的适用存在截然相反的两大派系，辩论不休、互不妥协，至今仍未达成共识。一种派系认为国际商事惯例是构建“自治、统一、独立”的国际商法基础。该派学者认为，国际商事惯例是从事跨国商事交易的商人自发发展出来的、独立于任何国家的规则体系；由于其不受制于国家的国内法牵制，故而这种规则具有统一性、可普遍适用的特点和优势。另一种观点则坚决反对将国际商事惯例作为统一的法律规则体系，认为将国际商事惯例作为完整的、与国家制定法完全分离的法律体系是前派学者的一厢情愿，国际商事惯例不可能完全超越国内法成为完整的自治性法律体系。

上述争论导致学界对于国际商事惯例的适用问题陷入了无休止的“是”或者“不是”法律的“信”与“不信”的辩论僵局之中，以致忽略了对国际商事惯例具体适用问题的关注。鉴此，吾等似乎应当抛却国际商事惯例是否具有“法律”属性这一纯粹的形式主义概念范畴下的争辩，从国际商事争端解决的具体实践出发，建立可靠的、识别分析国际商事惯例的工具与制度。换言之，通过真实的案例验证国际商事惯例的存在形态及其适用，建立国际商事惯例认知体系和识别方法——特别是裁判机构承认国际商事惯例法律约束力的二级规则——架构科学的国际商事惯例适用规则制度。

总的来说，本书的研究内容以及核心观点可以被概括为以下九大发现：

第一，从概念上看，对于国际商事惯例的认知应当从语境论的角度观察和认识。从既有的国内法看，国际商事惯例应当是在某个具体的行业内，从事同类交易的当事人自发形成的习惯性规则。这种规则是带有明显的行业性、辅助性的规则，所以不能独立成为调整国际商事交易的准据法。然而，随着国际商事交易日趋深入，特别是随着国际仲裁行业的发展以及仲裁制度的不断创新，国际商事惯例的概念发生了扩张性发展。在比较各国国内法基础上产生的具有体系性的“跨国法规则”正在被国际商事仲裁适用。所以，应当注意根据语境的不同正确使用国际商事惯例这个概念。如果是在国内法院的司法情境下，通常表达的含义是带有辅助性的行业性交易惯例，是为“狭义”概念；但如果在国际商事仲裁或者国际商法发展语境下，则可能包括通过比较各国国内法所人为创造出来的带有一般法律原则性质的“跨国法规则”，是为“广义”概念。

第二，从法律发展的角度看，无论在何种意义、何种语境下观察国际商事惯例这个概念，都无法得出其完全独立于国家制定法而成为“第三类法律制度体系”的结论。国际商事惯例之所以在中世纪时期能够发挥调整商人之间的交易行为的作用，不过是因为当时商业法律制度的供给不足，在此背景下，商人不得已接受的次优选择。然而这并不意味着国际商事惯例在现如今不能发挥任何法律作用，只是我们不应当过分迷信国际商事惯例这个法律渊源，认为国际商法的所有制度都应当建立在其基础之上。

第三，本书通过大量案例的实证研究发现，如果从广义的角度使用国际商事惯例这个概念，那么在国际商事仲裁中当事人对适用该自治性的商事规则（即国际商事惯例）并无特别明显的偏好。相反，在法律选择的过程中，当事人更乐于接受成文法规则。这就从根本上否定了国际商事惯例在适用层面上应当整体性地优于成文法的成见。裁判者在适用国际商事惯例的过程中，应当努力与国内法呈现出良好的互动，而不应先验地认为国际商事惯例应当优先于成文法予以适用。

第四，本书研究和探讨了国际商事惯例的约束力来源。课题组发现作为在商人群体中自发产生的规则，国际商事惯例的约束力既不是来自当事人自身的“义务感”，也不是来自于交易相对方的可推定的预期，而是来自于某个具体商业群体在从事具体的商事交易过程中对商事惯例形成的一种默示的信赖。这种信赖的客观表达方式则是大多数非案件当事方的“相关商业群体”（relevant commercial community）成员对于违反商事惯例行为的一种批判反思态度。在能够认定大多数"相关商业群体"成员对某个成员违反商事惯例的行为感到厌恶、排斥和抵制的态度时，一般就可以认定这种国际商事惯例对"相关商业群体"成员是有法律约束力的。

第五，国际商事惯例本身是一个动态发展的法律范畴，因此试图将国际商事惯例的内容固定化、成文化的想法既不切实际，也没有太大意义。必须构建起识别以及发现国际商事惯例存在的科学、具体的方法才可能正确地适用国际商事惯例。通过梳理国外典型案例，可以确认国际商事惯例的存在需要两个方面的控制要素：一曰"重合性多数人行为"（congruent majority conduct）；二曰"批判性反思态度"（critical reflective attitude），其中后者就是国际商事惯例约束力的来源。只有科学地认定了两者的存在，才可能通过科学的推理方法确认国际商事惯例的存在。

第六，确认了国际商事惯例的存在和国际商事惯例对当事人的约束力并不必然导致在司法裁判的过程中必然适用国际商事惯例。在国际商事仲裁语境下，仲裁员被赋予了充分的自由裁量权适用其认为适合的准据法规则。但是，这不意味着仲裁员在选择准据法时可以恣意妄为，也不意味着他在进行国际商事仲裁时必然要适用国际商事惯例作为商事交易的准据法。仲裁员在适用准据法时必须对适用规则给出明确和令人信服的理由。在此思路下，在适用国际商事惯例前，仲裁员必须证明客观上的国际商事惯例与具体的涉诉国际商事交易法律关系存在"自然的、更紧密的"实际联系。

第七，本书以《联合国国际货物销售合同公约》（CISG）为分析工具，具体分析了狭义国际商事惯例中不同类型的国际商事惯例的适用关系和适用层次问题。课题组认为，在法院司法裁判这一"狭义"语境下，国际商事惯例的一项重要功能是还原当事人交易时的真实意图，因此，裁判者不应当把自己的经验和认知以一种"主观视角"的方式带入国际商事惯例的识别和适用过程之中。

第八，随着国际商事交易的日臻成熟，一些实务机构和国际组织正在将具体行业中的商事交易惯例编纂成文。其中非常具有代表性的例子便是国际商会编纂制定的《国际贸易术语解释通则》（Incoterms）。由于这类商事惯例已然成文化所以很难用确认传统行业商事惯例的两重控制要素——"重合性多数人行为”以及“批判性反思态度”——判断其约束力问题。课题组以CISG第9条对国际商事惯例的约束力为切入点，以《维也纳条约法公约》作为分析工具解释了CISG第9条的真实含义，进而得出结论：Incoterms必须在得到当事人明示或者默示承认的前提下才能成为国际商事交易合同的默示条款（implied terms）对当事人产生法律约束力，该约束力一旦产生，将导致Incoterms中的规定优于CISG和相关国内法的适用效果。

第九，《国际商事合同通则》（UPICC）是没有直接法律约束力的示范法性的规则。在这个意义上，不宜将其归入狭义的法院司法语境下的国际商事惯例，也很难说其本身就是一般法律原则。但是，法院和仲裁机构在进行裁判时完全可以将其作为强化说理的工具、发挥其法律续造的功能。

本书在接近完稿之际作者有幸获批国家社科基金资助，因此又对书稿中的第一章、第四章和第十章中加入了区块链“去中心化”商业交易的研究内容。因此，本书可以被看作是“区块链技术下的跨境商业交易监管问题研究”（20BFX204）国家社科基金项目的阶段性成果，特此声明。

目　录

第一章　不同语境下的国际商事惯例概念：缘起及其扩张

在研究国际商事惯例的适用以前，必须清晰界定国际商事惯例的概念范围，才能真正弄清这种规则的适用方法和适用依据。我国学者对国际商事惯例通常从法律约束力的角度进行理解和分类，将国际商事惯例区分为被普遍承认而具有强制力的国际商事习惯以及没有获得普遍承认故而没有当然约束力的通例。① 这种区分显然是忽略了一个更为根本的问题：确认惯例是否具有法律约束力，必须明确国际商事惯例的效力来源是什么以及国际商事惯例是基于何种效力基础对当事人产生约束力的。从布莱克法律词典的解释来看，国际商事惯例的定义是："在一个区域、一种行业或一种贸易中被通常遵守的做法或者方法，以至于使人相信这种做法在指定的交易中会被遵守。"② 从该定义我们不难看出，传统的国际商事惯例的概念是在特定的区域、特定的行业中自发形成的一种规则，这种规则通常用于解释当事人在具体交易契约中的意图。这种理解商事惯例的出发点是将当事人在以往交易中的行为表现出来的行为模式作为一种经验记录下来，以此来确定在这种行为模式下承载的当事人的"一般意思"，再通过这种一般意思预测新的交易行为中当事人的真实意旨。

不过，随着国际商事交易的日趋复杂，一种新的更为广义的国际商事

---

① 单文华：《国际贸易惯例基础理论问题研究》，《民商法论丛》（第七卷），法律出版社1997年版，第588—590页。

② Byan Garner ed., *Black Law Dictionary (10th edition)*, West Publishing, 2014, p.1864.

概念逐渐成为国际商法学界的主流学说论调。这种学说从跨国商法的视角出发，将国际商事惯例定性为一种自治的（autonomous）、去国家化的（a-national）规则秩序体系。罗伊·古德指出："跨国商法由多种要素(elements)组成，其中国际商事惯例是跨国商法赖以维系与发展的基础，在此基础之上官方机构或者民间机构会对已然存在的这些惯例进行编纂，法院和仲裁机构会适用和发展相应的商事惯例。这种能动的过程可以让自发形成的、零散存在以及不成体系的国际商事惯例成为体系化的规则整体，从而起到一种跨国商事'自体法'的功能"。[①] 西班牙籍的丹麦学者安娜·罗德里格斯则将国际商事惯例定性为一种具有"完整的"、"结构性的"、"可预测的"、"自发演化"的跨国法律规则体系，这种规则不隶属任何国家而只服从于国际商业社会本身，是一种超越国家的秩序。[②]

在司法裁判过程中，必须清晰且明确地区分上述两种对于国际商事惯例的概念范围的认知，否则很容易造成司法裁判准据法适用的混乱。例如，罗马统一私法协会制定的《国际商事合同通则》（Unidroit Principles of International Commercial Contract，以下简称 UPICC），是通过比较法的方法建立起的"国际商事法律重述"，以及统一法公约如联合国国际贸易法委员会制定的《国际货物销售合同公约》（UN Convention on International Sale of Goods，以下简称 CISG），这两类规则在何种情形下才能被视为"国际商事惯例"？裁判者能否在案件中超越这些文件本身所规定的适用范围予以适用？又如能否在非商事合同纠纷中依据国际商事惯例超越当事人的意思表示直接确定当事人的义务？再如能否将在某个案件中确认的具体国际商事惯例自动适用于其他任何与之类似的案件？以上这些复杂问题的解决似乎都有赖于对"国际商事惯例"之概念内涵进行科学的界定和准确的理解。[③]

---

① Roy Goode, Usage and Its Reception in Transnational Commercial Law, 46 *International & Comparative Law Quarterly*, pp.20-36 (1997).

② 参见 Ana M. López-Rodríguez, *Lex Mercatoria and Harmonization of Contract Law in the EU*, DJOF Publishing, 2003, pp.104-108。

③ 参见宋阳：《国际商法与国内法关系问题研究》，法律出版社 2016 年版，第 32 页。

第一节　传统法律解释论下的国际商事惯例

笔者认为对于国际商事惯例概念的理解和认知必须先从既有法律文件出发来理解国际商事惯例的概念范围。笔者查询了与国际商事有关的相关国内法和国际统一实体法律文件，发现绝大部分文件不论是实体法还是程序法似乎都将商事惯例这个法律概念与当事人的行为以及这种行为间接表明的当事人的意旨相互联系起来。

一、实体法律文件

笔者试图通过抽取各国实体法律，以及具有代表性的国际统一法文件中对于国际商事惯例的地位的规定解读国际商事惯例的法律地位，以及效力来源问题，在进行解释和解读的过程中，笔者试图抽取以下几个信息点：首先是这些实体法律文件中对于国际商事惯例赋予的法律功能是什么？是否能够单独通过国际商事惯例直接确定交易当事人的权利义务？国际商事惯例能否独立作为国际商事交易的准据法发挥法律作用？以及国际商事惯例发挥法律约束力的依据是什么？

（一）中国法：交易习惯

在我国的法律体系中，似乎没有直接使用"商事惯例"或"国际商事惯例"这一用语，而是使用"交易习惯"这个概念表达功能几乎完全一致的"商事惯例"概念。根据我国《合同法司法解释二》第7条的规定：交易惯例是指在交易行为当地或者某一领域、某一行业通常采用并为交易对方订立合同时所知道或者应当知道的做法；或交易当事人经常使用的习惯性做法。由此可见，不论是哪种情况，交易习惯都与一定的具体的交易行业、地域以及当事人的行为紧密相连。此外，从《合同法》本身的规定来看，该法第22条、第60条、第61条、第92条、第125条、第136条、第150条也以各种形式提及了交易习惯，且无一不是与当事人的行为和意思表示紧密相关的。

（二）美国法：交易过程与合理期待

美国《统一商法典》在起草过程中很大程度受到了卡尔·卢埃林（Karl Llewellyn）的现实主义法学思想的影响。这种思想要求将交易习惯以及交易过程纳入当事人的协议之中，以减少法律和商业实务之间的罅隙，进而保证司法审判的结果能够真正满足商业社会群体中当事人的实际需要。① 卢埃林认为，整个美国的发展从根本上是建立于“交易经济”的基础之上的。他认为，法院的首要任务是执行合同，而不是构建所谓的“分配正义”。能否使“交易”本身获益，是判断一个法院司法能力强弱的关键标准。② 为了达到这个目标，法律需要做好两件事情：一是要还原合同所依托的真实环境以判断当事人在合同中的真实交易目的和行为默示表示出的交易意图；二是当合同本身不健全时，需要根据合同依托的商业环境判断当事人为实现合同的目的应当按照哪些行为模式安排自己的行为，而不是死抠合同的字眼使合同过于僵化，以致损害整个社会的商业利益。因此，他特别强调将当事人在商业交易中依托的交易习惯和交易过程整合（incorporating）到当事人的合同中去，并作为其合同依托的上下文环境（context circumstance）。③ 在此思路指引下，该法第 1—303 条特别强调行业惯例对当事人意旨和行为的解读、推断作用。例如，根据该法第 2a—214 条的规定：“默示担保也可以由交易过程、履约过程或行业惯例加以排除或修改”。换言之，当事人之间是否具有成立默示的、担保的交易意旨可以通过行业惯例中载明的行为模式予以推知。又如，根据第 1—108 条的规定：本法所说的协议是指当事人事实上达成的合意，此种合意可以根据当事人使用的语言得到证实，也可以根据其他客观情况……行业惯例得到推知。总之，正如该法第 1—205 条的官方评论

---

① 参见 David Snyder, Language and Formalities in Commercial Contracts: A Defense of Custom and Conduct, 54 *SMU Law Reviews*, pp.620,622(2001)。

② 参见宋阳：《论交易习惯的司法适用及其限制》，《比较法研究》2017 年第 6 期，第 175 页。

③ 参见 Alan Schwartz, Karl Llewellyn and the Origins of Contract Theory, in Kraus & Walt, Eds, *The Jurisprudence of Corporate and Commercial Law*, Cambridge University Press, 2000, pp.19-20。

所说的那样："本法将交易惯例看成一个因素，据此可以了解当事方订立的协议在商业上的含义。协议所使用的语言应当解释为，对特定地点和特定职业或行业中特定商事交易的当事方意味着所可能合理期待的东西"。[①]

（三）德国法：商人行为意义的解释依据

德国《商法典》第346条明确规定："在商人之间的行为或者不行为的意义和效力层面，应注意在商业往来中的惯例或习惯。"此外德国《民法典》第133条和第157条还明确规定在解释合同的过程中不应拘泥于合同文字的字面意思，而必须照顾交易习惯依照诚实信用的要求进行解释。可见德国法律对于国际商事惯例的定位也是用于还原当事人的真实意思，只不过为达至这种对真实意思的还原，让商事惯例在一定程度上能够支持当事人依据惯例所做的行为的正当性。

（四）英国法：默示合同条款

在国际商事交易中，英国比较具有典型代表意义的是1979年的《货物买卖法》。其中第55条可以说是规定商事惯例地位最为集中的条款，该条意图将商事惯例作为一种"默示的合同条款"嵌入到合同之中以取代依法律产生的默示权利、义务以及责任。与德国法不同的是，英国法律并没有规定明确的条款是否也能被商事惯例所取代，只是规定明示条款不能否定默示义务，意在裁判时裁判人应对明示条款和默示条款做一致性的解读，但两者无法做一致解读时应按照明示条款的约定确定当事人的权利义务。可见英国法律同样将商事惯例作为解读当事人对于合同的一种"默示约定"发挥法律效力。

（五）CISG：确定当事人意旨的证据

CISG第9条明确规定了商事惯例的适用地位，其中第9.2条规定商事惯例是形成于"有关特定贸易所涉同类合同"之中，并为"从事同类贸易合同的当事人广泛知道以及经常遵守"。同时该条规定，除非另有协议，当事人应视为默示同意受到商事惯例的约束。这种规定方式被一些学者认为是CISG的起草者意图将国际商事惯例升格为一种优先适用的法律秩序，来直

---

① 美国法学会、美国统一州法委员会：《〈统一商法典〉及其正式述评》，孙新强译，中国人民大学出版社2004年版，第30页。

接调整国际货物买卖当事人的合同。[1] 这明显是对 CISG 的一种误读：从条约解释论来看，应从字面理解“同意”的含义，不论是明示同意还是默示同意，都是当事人意旨的表现，就像在侵权法上我们不能把过错推定责任原则等同于无过错推定责任原则的道理一样，默示同意不代表不需要当事人的同意。此外，根据 CISG 第 9 条的规定，该条直接规定确定当事人的行为意旨时，要合理考虑“当事人之间确立的任何习惯做法、惯例”。很明显该条款将惯例和当事人的主观意图紧密衔接在一起，将惯例设定为理解当事人意图的一种客观背景。从整体解释的意义上来看，我们在解释第 9 条时完全没有理由将惯例的内容和当事人的意图人为地割裂开来。这就从另外一个角度证明了商事惯例是和当事人的意旨紧密相连的。再如，CISG 第 18.3 条的规定再次将商事惯例和当事人的同意（或当事人的主观意图）紧密联系了起来，强调当事人可以通过“当事人之间确立的习惯做法和惯例……来表示对要约的同意”。这也从侧面印证了惯例和主观意图具有高度相关性。

通过对国内法和国际统一法律文件的解释和解读，我们似乎可以清晰地发现：无论是在国际条约层面还是在国内法层面，均将国际商事惯例定位为形成于特定的行业和交易之中的且与当事人的内心意旨紧密相连的范畴。在此语境下，这种含义上的国际商事惯例很难成完整的、体系化的权利义务体系，也就很难在国际商事争议解决中独立地起到准据法的作用。其更多的功能是在确定当事人意图以及解释合同等具体的事实层面起到辅助性的确认作用。

二、程序法律文件

不同于我国将国际商事惯例的适用规则规定在实体法之中的做法，[2] 国外在规定国际商事惯例的适用地位时大多将其规定在程序法的法律文件之中。笔者将检验这些程序性法律文件以确定在程序上国际商事惯例能否成为

---

① 参见左海聪、孙莉：《论〈联合国国际货物销售合同公约〉中商事惯例的规范性效力——基于公约第 9 条第 2 款的分析》，《法学评论》2017 年第 2 期。

② 参见我国《民法通则》第 142 条，《民法总则》第 10 条，《票据法》第 95 条，《海商法》第 368 条，《民用航空法》第 184 条。

一种独立的准据法体系适用。鉴于仲裁员在国际商事仲裁中适用规则的自由度更高且更可能适用商事惯例，所以本书将主要选取和仲裁有关的程序规则来作为分析素材。①

（一）《欧洲商事仲裁公约》

根据该公约第 7 条的规定，当事人有权选择争议适用的法律，在当事人没有选择适用法律的情况下，仲裁员可以根据“可以适用的冲突法规则”选择合适的准据法。以上两种情况都应当考虑到商业惯例。从以上条文不难看出，生效于 1961 年的《欧洲商事仲裁公约》严格禁止仲裁员适用非国家制定的“法律规则”，而且只将国际商事惯例作为一种考虑要素嵌入准据法的适用中，从另外一个角度印证了不能直接将国际商事惯例作为准据法适用。

（二）《联合国国际商事仲裁示范法》

该示范法第 28.1 条规定：“仲裁庭应按照当事各方选择的适用于争议实体的法律规则对争议作出决定”。应当注意的是，当事人可以选择的不是“法律”而是“法律规则”。换言之，当事人可以选择非国家制定的自治性规则作为解决国际商事争端的准据法。但是，仲裁庭在选择准据法时，虽然可以不按照冲突规范的指引选择准据法，但选择的范围仅限于国家的国内法，不能是自治性的商事规则。同时该法规定在任何情况下，都应考虑该项交易的贸易惯例做出决定。虽然该示范法的起草历史文件（travaux préparatoires）将该条的立法目记录为“意图给予仲裁员更多的自由裁量权力”，② 然而可以确定的是商事惯例和仲裁裁决的准据法之间的实体解析和适用依据的界限依旧十分清晰，完全不能将二者之间的界限抹杀掉。

---

① 法院在审判案件时，准据法的选择范围受到很大的限制，即便欧洲最新《罗马条例 I》第 3 条在草案中就曾经试图规定：法院在某些具体的情况下可以直接适用“合适统一法”或“统一商事惯例”（eligible uniform law and custom）作为合同的准据法。但该议案最终未被通过。然而仲裁程序就完全不受前述限制，仲裁员选择准据法的范围远远大于法官。See Maren Heidemann, *Does International Trade Need a Doctrine of Transnational Law?* Springer Verlag, 2012, p.22.

② Report of the Secretary General: Revised Draf Set of Arbitration Rules for Optional Use in Ad Hoc Arbitration Relating to International Trade (UNCITRL Arbitration Rules) (Addendum): Commentary on the Draft UNCITRL Arbitration Rules, (A/CN.9/112/Add.1).

（三）《联合国国际贸易仲裁委员会仲裁规则》

根据该仲裁规则第35条的规定，当事人可以选择争议解决的准据“法律规则”，在当事人没有选择准据法时，仲裁庭同样只能适用其认为合适的“法律”解决争议。同时在上述两种情况下，都需要考虑相关国际商事惯例的规定。由此可以看出，联合国贸易仲裁委员会的仲裁规则在法律适用上与《联合国国际商事仲裁示范法》的规定几乎完全一致，与1961年的《欧洲商事仲裁公约》相比只是在当事人选择准据法的层面开放了自治性商事规则的选项，但对于仲裁庭选择准据法仍然予以严格的限制。

对于以上这些法律文件，著名仲裁法学者伊曼努尔·加拉德评价到：可以看出，这些法律文件不论是在实体层面还是在法律适用层面，均清晰地将国际商事惯例定义为在具体的贸易行业中产生的，因此国际商事惯例不能独立地起到一般性的准据法的作用，只能在争端解决中起到辅助作用和功能。① 不过这种对商事惯例的传统理解往往是局限于法院的司法裁判过程之中，在更为灵活的仲裁程序中，上述对于国际商事惯例的认知正在受到一定程度的挑战。

第二节 国际商事惯例概念内涵的拓展

一、“冲突法”选择准据法的弊端

谈及商事惯例概念的拓展，必须从对传统的准据法法律选择方法的批判开始谈起。对于国际民商事争议如何选择准据法，传统的法律方法是通过“冲突法”的推理模式来为当事人设定实体权利义务的。具体而言，裁判者通过某种冲突规范，通常是通过法院地（lex fori）的冲突法规范指引选择“应当适用于跨国商事交易的法律”（applicable law）作为该涉外民商事关系的准据法。这是国际私法处理国际商事交易法律冲突的最基本的方法。

但是，纵观冲突法理论的整个体系，可以发现，冲突法解决法律争端的

① 参见 Emmanuel Gaillard, *La distinction des principes generaux du droit et des usages du commerce international*, in Etudes offertes à Pierre Bellet, Litech, 1991, pp.203-217。

核心方法论是通过人为地划分法律的空间管辖为根本出发点。只不过国际私法的意图在于在一定条件下，根据法律关系的性质确定法律的所谓“空间管辖权”。从巴托鲁斯到萨维尼无不如此，虽在几百年中国际私法也试图在方法上加以改进，但是始终逃脱不掉将民商事法律关系归入一个“合适的”国家的领土内部，然后透过这个国家的实体法确定当事人的权利义务。事实上就是有条件地认许外国法的国内效力，以期达到不论在任何地方审判都能得到一致的判决结果的目的。这种法律方法被一些学者称为“威斯特伐利亚方法”，裁判者必须尊重国际商事法律关系的主权的支配，甚至认为这种支配高于跨国契约本身。[①] 但是这种传统的观念随着经济全球化的进一步发展正在受到越来越多的挑战。现代商事交易的复杂性导致冲突法规则可能根本无法指引出合适的实体法规则。具体而言，该问题的出现可能是由于以下几个层面的问题导致的：

首先，是冲突法本身的问题。以 BOT 合同为例，此类合同往往要持续相当长的一段时间，且在履行合同的过程中双方的谈判地位会随着合同的不断推进而不断变化。在这个过程中，会形成一系列复杂的合同文本。这些合同虽然有一个共同的经济目标，但是性质却可能各不相同，而且涉及不同的当事人。[②] 一旦出现争议，将会出现一系列的连锁反应，进而引起非常复杂的诉讼关系。

目前，各国法院对这类争议的处理方式，是采用人为分割（depecage）的方法分别处理每个合同的争议。以我国为例，根据 2011 年颁布实施的《涉外民事法律关系适用法》的规定，对于合同在没有约定适用法律的情况下，法院会根据特征性履行和最密切联系确定每个具体合同的法律适用问题。但是在这种情况下，很可能会忽略该系列合同的“经济一体性”。可是如果通

---

① 参见 Emmanuel Gaillard, *The Legal Theory of International Arbitration*, Martinus Nijhoff Publishers, 2010, pp.118-119。

② 在 BOT 合同中，投资人首先可能需要和东道国政府签订一个特许合同，然后可能会联合其他股东共同融资建立一个项目子公司。然后该子公司需要向银行贷款，其中有可能涉及担保或者抵押合同。在施工中，又会出现发包和承包商之间的建筑承包合同，以及监理合同。这些合同涉及不同的当事人，性质也不一样，但是却可能形成一个相互产生复杂影响的合同交易网络（network）。

过冲突法规则一体适用主要合同的准据法则可能会产生新的问题。例如根据特征性履行和最密切联系原则理论，对于建筑承包合同，通常会将履行的特征地或者法律关系的重心地定位在工程的主要施工地。但适用施工地的法律可能很难顾及到其他与施工密切相关的合同法律适用的客观需要。譬如在施工中对监理方的监理职责和免责条件的解释就可能和施工地关联并不明显，相反可能与监理方所在地具有更加紧密的联系。根据传统的冲突法理论的方法选择复杂的 BOT 施工合同的准据法，将会产生一种两难的情境：如果照顾了系列合同中的个性问题就可能破坏合同的整体经济目标；另一方面，如果强调系列合同的一体性又可能会使具体的合同缺乏弹性。

其次，从司法的角度来看，在现代国际私法理论的指导下，国内法院在审理涉外民商事案件时，往往出现了一种“回家趋势”（homeward trend）。从西方近代的国际私法理论革命中，我们可以看出，其核心的出发点大多是着眼于如何扩大法院地法的适用范围。例如库克的本地法说主张：法院只有适用本地法律的权利和义务，之所以保护依据外国法产生的权利，也是通过法院地法将这种权利并入到法院地法予以承认而已。而柯里则通过分析政府利益方法分析法院应当如何适用冲突规则选择准据法，不论是真实冲突还是虚假冲突，柯里都赞成尽可能适用法院地法。而且根据这种理论，在大多数情况下，法院总会认为自己的国家法院地法对案件具有更大的政府利益。艾伦茨威格的法院地法说，也和上述学说在某种程度上有“异曲同工”之妙[①]。受这些理论的影响，世界几个主要国家在很多国际私法制度上都有很强的偏向适用本国法的意愿。事实上国际私法总论中的几个基本制度，如反致、外国法查明、公共秩序保留、法律规避在根本上是为了排除外国法的适用。而且在法院审判时，法官也大多倾向于适用自己最熟悉的本国法判断案件的是非曲直。但是这样做的最大弊端是有损跨国民商事交易法律适用的确定性和一致性，在某种程度上也强化了当事人在国际商事争议中择地行诉的动机。

再次，是准据法指向的国内法的问题。世界上有二百多个国家，就可能有二百多种法律。但是这些法律中并不是每个都能够很合适地适用并解决国

---

① 韩德培：《国际私法新论》，武汉大学出版社 1997 年版，第 69—73 页。

际商事交易的争端。在著名的“IBM 诉富士通仲裁案”中，中国国内的版权法被证明无法完全保护复杂的软件版权权利。此外在更为复杂的证券资产交易市场上，国内法的交易规则被反复证明很难适应国际证券资产交易的需要。例如，德国企业并购合同中，如果一方不能履行合同，当事方在事前往往就会明确约定排除德国法的适用。因为，这些规定往往不适合这类跨国交易的需要。企业并购的合同当事方往往借助于他们自身所构建的合同条款确定他们的权利义务关系体系。如合同代表权限、担保和救济等，在德国称这种基于合同建立的商业技术体系为锁箱系统（locked box system）。这种商业技术往往通过商人群体中的征信系统发挥实效作用[①]。

最后，在一些更为新兴的技术领域，如互联网空间，传统的冲突法——国内法的管理和争端解决方法可能会因为这些领域的特有特点而变得更加复杂和自相矛盾。美国著名学者布鲁斯·本森透过对互联网的现实情况和国内法律的相互作用的研究提出了国内法律不应过分渗透到互联网领域的观点[②]。其核心理由主要可以归纳为三个方面：首先，国内法律管辖的有限性。由于互联网超越了一国的国界，在一个国家内的行为，其影响却是给予其他国家的。换言之，互联网的行为是不受制于国家的地理和政治边界的。但是国内法律却原则上只能以一个国家的边界为限。如果超越了国家的疆域，就非常可能造成国家之间的冲突，将原本是个人之间的矛盾升级为国家之间的矛盾。其次，互联网的匿名性。他指出在互联网领域，由于交易和进行互动行为的各方都具有匿名性的特点。往往一个行为主体的行为可能并不出于其本身的意志。在计算机领域很多病毒可以控制其他的计算机的行为，那么此时这种行为产生的法律后果并不应当由行为人承担。寻找真正的控制者在技术上是非常复杂的。因此，将国内法的治理模式套用到互联网领域将会产生十分负面的效果。再次，政府的执法成本过高。相对而言，在互

---

① 参见 Peter K.Berger, *The creeping codification of Lex Mercatoria*, Kluwer International , 2010, pp.27-28。

② 参见 Bruce L Benson, The Spontaneous Evolution of Cyber Law: Norms, Property Rights, Contracting, Dispute Resolution and Enforcement Without The State, 1*Journal of Law, Economics and Policy*, 2005, pp.333-337。

联网领域制定法律相对而言还是比较容易的，但是伴随而来的一个问题是如何将这些法律落在实处。与现实社会中的执法不同，互联网上执法的成本要高上很多。这就要求政府要投入大量的人力物力管理互联网上的私人主体，而且这种成本的投入很容易便会被同样具有技术能力的被执法者规避。从经济效益上来说是得不偿失的。此外，执法如果轻易地被规避，会导致人们对法律的效力产生怀疑甚至完全无视法律，造成“令而不行，则令不法也”[①] 现象的出现。

二、国际商事惯例与“跨国法规则”的融合理论

承前文所述，冲突法的准据法选择方法在调整国际商事交易的过程中出现了许多看起来难以克服的困难。为了应对此问题，国际商法学界提出了一种将原有商事惯例的概念予以扩大的观点，将仲裁规则中同样具有非国家性的“跨国法规则”（rules of transnational law）融合进国际商事惯例的概念范畴之中，从而将一般法律原则以及非国家制定的一些带有一般性、体系化的示范法纳入到国际商事惯例的范畴之中。换言之，这种学说的核心观点是应当将国际商事惯例的概念外延予以扩大。国际商事惯例包含的内容不应仅限于行业内自发产生的“国际商事惯例”。基于国际商事仲裁裁决以及比较各国国内法所产生的类似于一般法律原则的“跨国法规则”也应归入国际商事惯例的概念之下，从而形成了一种“广义上的国际商事惯例”概念体系。虽然学界将这种“跨国法规则”归入国际商事惯例的一种，并认为这类规则同样是从商人群体的商事实践中自发产生的，但事实上这类规则除了没有经过国家的正式立法程序以外，与行业内商人具体的商业实践根本没有直接的联系，其来源仍然是国家的制定法。这种对国际商事惯例的扩张用法在很大程度上导致了国际商法学者和实务工作者强烈的抵制和质疑。[②]

支持将国际商事惯例的范围拓展的学者则提出以下主张：首先，从产生

---

① 管仲：《管子·法法》第十六篇。

② 参见 J.H. Dalhuisen, Legal Orders and Their Manifestation: the Operation of the International Commercial and Financial Legal Order and its Lex Mercatoria, 24 *Berkerly Journal of International Law*, pp.129,137(2006)。

过程来看，之所以将一般法律原则等“跨国法规则”归入到国际商事惯例之中，是因为一般法律原则从本质上是被国际商事仲裁的仲裁实践逐步确立起来的，而国际商事仲裁确立判例体系的过程显然也应当被视为商人社会群体自发产生规则的过程。传统的“自足的合同”（contrat sans loi）的观念已然过时，而应当转变为“无国内法调整之合同”（contrat sans droit）的概念。[①]这两者之间的区别在于前者是强调合同不借助任何外来的规范就能够产生自我调整的法学理论，然而这种理论在具体的司法实践中非常脆弱，因为任何合同不可能存在于完全的法律真空之中；而对于后者则强调只是脱离国内成文法的约束，通过仲裁裁决，民间机构编纂的跨国法规则也可以形成外部的调整规范体系以完成调整合同的法律目的。

其次，从法律功能上来看，不论是狭义上的行业性国际商事惯例还是一般法律原则等“跨国法规则”两者之间的功能具有相通性。具体而言，不论是行业性的国际商事惯例还是带有一般性的“跨国法规则”，从本质上都是为了维护当事人的合理预期与真实意旨。只不过行业性的国际商事惯例是从专业的角度描绘当事人进行交易的真实意旨。“跨国法规则”则是通过排除掉不适宜国际商事交易的国内法达到保护当事人真实意旨的目的。总之，基于保护当事人合理预期的目的，这两种概念范畴下的“国际商事惯例”都应当被视为国际商事交易中的特别法（lex specialis）发挥法律功能。[②]

最后，国际商事仲裁规则的修改为两种规则的融合提供了现实可能性。不论是《国际商会仲裁院仲裁规则》，还是《斯德哥尔摩仲裁院仲裁规则》，都彻底取消了仲裁员在选择准据法时不能选择非国家制定的“法律规则”的禁忌，[③]而且都在不同程度上要求仲裁员在进行仲裁时考虑既有的国际商事

---

① 参见 H. Patrick Glenn, *The Law Merchant and Choice of Law*, in Fabien Gelinas(ed.), *Trade Usage and Implied Terms in the Age of Arbitration,* Oxford University Press,2016,pp.250-251。

② 参见 Jan Paulsson, La lex mercatoria dans l’arbitrage C.C.I., 1 *Revue arbitration*. 55, 68–76 (1990)。

③ 《斯德哥尔摩仲裁院仲裁规则》第 22 条规定：仲裁庭应当根据当事人约定的法律或法律规则裁决案件。如果没有约定，仲裁庭应当适用其认为最为合适的法律或法律规则。《国际商会仲裁院仲裁规则》第 17.1 条规定：当事人应自由约定由仲裁庭适用于争议实体的法律规则。在无此约定时，仲裁庭应适用其认为适当的法律规则。

惯例。这就从客观上为仲裁员在裁判时将两类规则进行能动地融合适用铺平了制度上的道路。通过这种准据法的选择方法，仲裁员完全可以通过规则的融合将“跨国法规则”与国际商事惯例共同适用以排除超出当事人预期与破坏国际商业合作秩序的国内法。

综上所述，强调国际商事惯例的概念应当拓展的学者的核心观点是传统的冲突法的准据法选择方法已经不能适应国际商事交往的客观需要。所以国际商法迫切需要进行一场法律方法论上的转变。国际商事的根本目标在于建立一整套标准的默认规则，建立这种规则的路径就是通过合同的实践逐渐完成。法律必须和商业的现实构建起一条相互沟通的通道，当出现问题时，可以通过国际商事仲裁起到调整和救济的作用。在进行国际商事仲裁时，仲裁员并不代表国家，而是代表商业社会这个职业群体在进行审判，所以他们适用的首要规则就是拓展化后的“国际商事惯例”，这其中既包括行业性的“国际商事惯例”也包括一般性、体系化的“跨国法律规则”。①

第三节 语境论下的国际商事惯例概念

将国际商事惯例的概念进行拓展的根本目的在于将基于比较国内法方法产生的一般法律原则等“跨国法律规则”纳入到国际商事惯例的概念范围内。不过这种理论也会在实践中因产生了许多问题而受到了严峻的挑战，但同时我们又应当看到内涵拓展之后的国际商事惯例对国际商法的发展和推动作用，因此有必要通过借用法哲学上的“语境论”，从多维的角度看待国际商事惯例这一法律概念的外延范围问题。

法学视域下的语境论从本质上说是一种法学方法论，这种方法论强调任何概念、知识都是在主客互动的语境中动态地生成的，知识体现了语境因素的客观性和语境认知的建构性的辩证统一，概念认知的有效性也体现在具体

---

① Fabien Gélinas, Trade Usages as Transnational Law, in Fabien Gelinas(ed.), *Trade Usage and Implied Terms in the Age of Arbitration*, Oxford University Press, 2016, pp.272-275.

的语境中。这就要求我们在探讨国际商事惯例的概念时要区分不同的具体情况对国际商事惯例的内涵和外延做出有原则的改变和后退，有意识地弱化对国际商事惯例概念的内在规定性，从而使国际商事惯例的狭义和广义的概念相互之间有融合的基底；通过这种方法，可以使对于国际商事惯例这个法律概念的认识疆域获得有目的的扩张，脱离给定边界的狭义束缚，获得以问题为中心的重新组合。[①] 在此思路指引下，我们应当区分具体的语境来分析国际商事惯例的多重内涵以及外延的广度和向度问题。

一、裁判中适用“跨国法规则”的正当性问题

承前所述，传统法律文件倾向于限制仲裁庭的选法权利。鼓吹国际商事惯例拓展化的学者则强调国内法的空间管辖范围很难再适应越来越频繁和复杂的国际商事交易的需要。国内法在很多时候表现出的对国际商事交易调整的客观需要的严重不适应也成为了仲裁庭适用“跨国法规则”的核心理由。然而，如果在案件具体适用的语境之下，我们必须回应和解决的根本问题是仲裁庭适用这种规则的正当性何在。

首先，跨国法规则对当事人产生约束力的根据非常值得怀疑。正如罗伊·古德指出的：“直接适用一般法律原则等跨国法规则会导致严重的正当性问题，基于国家主权原则，国家有权制定法律约束当事人的行为，这是经过国家的民主程序保障的。合同作为一种契约的表现形式，只能约束合同当事人。自治性的跨国法律规则从本质上意图将合同标准化以超越合同的具体约束对象，以便使国际商事交易从根本上脱离国家制定法的约束，可是这种脱离严重缺乏正当性基础。任何合同不可能完全脱离国家的法律而单独发挥其约束主体射程之外的规范效用”。[②] 美国著名学者卡罗·克罗夫更是一针见血地指出：“从来没有任何法律规制能够被证明用国际商事惯例可以让当事人的交易行为游离于国家法律的调整范围之外。仲裁虽然是一种自治性的

① 参见殷杰：《语境论与社会科学哲学研究的新路径》，《中国社会科学报》2019 年 3 月 26 日。

② Roy Goode, Rule, Practice, and Pragmatism in Transnational Commercial Law, 54 *International & Comparative Law Quarterly, pp.*545,548(2005).

争端解决机制，但这也并不意味着允许当事人可以把他们的商事交易脱离国家的法律而置乎于一种虚拟的秩序体系之中。尤其是这种秩序体系的正当性和合法性又不能被完整的证明的前提下，将国际商事惯例作为准据法优先于国家制定法恐怕难以被人接受”。[①] 当仲裁员将某个“跨国法规则”视为国际商事交易中普遍承认的国际商事惯例优于或排除当事人所选择的具体国家的国内法时，这种“正当性”的问题更为凸显。假如在一个案件中，裁判者要排除当事人所选择的国内法，转而使用罗马统一私法协会制定《国际商事合同通则》（Unidroit Principle of International Commercial Contract，UPICC），此时不同意排除国内法适用的当事人很可能会质疑该规范性文件的法律效力的来源。因为罗马统一私法协会在起草时明确说明只有在当事人明示选择该规范性文件时该文件才能发挥法律约束力。虽然说学者认为该法律文件是按国际商事惯例的编纂，[②] 但是作为一种学术观点，也不是没有遇到强有力的挑战。有学者对国际商事惯例的可编纂性提出了非常有说服力的质疑。[③]

其次，退一步讲，就算承认“跨国法规则”的概念可以被归为国际商事惯例的一种，也会在具体适用层面带来适用方式不匹配的问题。这是因为仲裁机构适用“跨国法规则”从本质上要求这种规则被普遍适用。然而从已有的司法实践中，国际商事惯例是带有严重“区域性”和“行业性”的规则。这就从根本上决定了“跨国法规则”不可能按照国际商事惯例的适用方式予以适用。这是因为国际商事惯例的适用要求当事人必须属于具体的国际商事惯例涵盖的“相关商业群体”（relevant business community）。[④] 例如英国王座法院和上诉法院审理的“通用再保险公司诉芬尼亚保险公司案”（General Reinsurance Corporation and Others v Forsakringsaktiebolaget Fennia Patria）中，

---

① Carlo Croff, The Applicable Law in an International Commercial Arbitration: Is It Still a Conflict of Laws Problem?, 16 *International Lawyer*, pp.642,643(1982).

② 参见左海聪：《试析〈国际统一私法协会国际商事合同通则〉的性质和功能》，《现代法学》2005 年第 5 期。

③ 参见 Celia Wasserstein Fassberg, Lex Mercatoria-Hoist with Its Own Petard?, 5 *Chicago Journal of International Law, pp.*80,81 (2004)。

④ 参见 Orsolya Toth, *Lex Mercatoria: Theory and Practice*, Oxford University Press, 2017, pp.274-275。

法院在确认国际商事惯例时先要确立双方当事人的交易是否是在具有相同市场规则的共同体内进行的，同时还需确认该共同体的规则是否具有一致性。最终法院确认虽然该案件的当事人来自于不同的国家，但他们都受制于“伦敦再保险市场的整体利益规则”，该规则只存在于位于伦敦市的这个非关税再保险市场之中，超出了这个范围就不能认定双方当事人需要遵守一致的国际商事惯例。[①] 再如，在审理“船舶经纪人案”时，德国汉堡高级法院的法官查明“根据汉堡商会提供的信息，在汉莎同盟城市的汉堡港中存在当合同已然成立但不是由于被代理人的过错而导致合同未履行时，经纪人无权向被代理人主张佣金的商事惯例，该惯例只在汉堡港区域内有效”。[②] 这些案例都说明，国际商事惯例发挥约束力是有着严格的区域性限制的。基于这些司法裁判确定的根本适用原则可知，“跨国法规则”试图通过国际商事惯例的形式获得普遍约束力的路径是完全不可行的。

最后，“跨国法律规则”会减损国际商事裁判的可预测性。需要特别指出的是，在很多时候“跨国法律规则”要追求达到普遍承认的效果，因此在内容上不得不采用具有很大弹性的原则性规定。英国的穆斯提尔大法官曾经试图总结出国际商法中稳定存在的这些惯例性规则，并称之为“商法十诫”：1. 契约必须信守；2. 善意原则；3. 合同缔结不得显失公平；4. 不可抗力免责；5. 根本违约时非违约方的合同解除权；6. 减损义务；7. 沉默不表示同意；8. 在解释合同时必须尽量使合同有效；9. 合理时间内不行使权利即为放弃权利；10. 违约方的合理责任。[③] 可见所谓“跨国法律规则”大多是一些弹性很强的原则性规定，在适用的过程中可以赋予裁判者非常大的自由裁量权，这在很大程度上大大削减了商事交易裁判的可预测性，进而会损害国际商事交易当事人的利益。[④]

---

① 参见 General Reinsurance Corporation and Others v Forsakringsaktiebolaget Fennia Patria, *Court of Queen's Bench*(1981)at:1025。

② Bundesgerichtshoff, 1.12.1965 (VIII ZR 271/63), NJW 1966, 502 (*Shipbroker Decision*) at:8.

③ 参见 Michael Mustill, The New Lex Mercatoria: The First Twenty-five Years, 4 *Arbitration International*, pp.112, 115 (1988)。

④ 参见 Christopher R. Drahozal, Contracting Out of National Law: An Empirical Look at The New Law Merchant, 80 *Notre Dame Law Review*, pp.546, 549 (2005)。

综上所述，如果将国际商事惯例在具体的裁判中任意扩大，不加任何限制地适用“跨国法律规则”，并试图将这类规则作为对国际商事交易主体法律约束力的规则体系，会产生相当大的“正当性”问题，而且也会损害国际商事交易当事人的合理预期。这是因为国际商事惯例从本质上来看不是一个天然统一的法律体系，无法承载统一国际商事交易法律制度的功能负担。

二、透过国际商事仲裁建构跨国商事法律统一秩序的障碍

可以肯定的是，国际商法的学者之所以相信自发形成的“跨国法律规则”作为狭义国际商事惯例的天然拓展能够形成系统性的法律秩序，在很大程度上是他们基于国际商事仲裁这种民间法律实施程序的信心而产生的。任何法律都必须有完善的实施机构才能真正达到调整社会关系的目的。国家制定法的实施中心显然是法院，那么相对应国际商事惯例及其拓展的“跨国法律规则”的实施中心显然就应当是同样具有自治性和非官方性的仲裁机构。随着国际经济交往的日趋紧密，国际商事仲裁的的确确也成为了最受国际商事交易主体欢迎的争端解决方式，这极大地激发了国际商法学者们对于构建一种去国家化的商事交易法律体系的雄心壮志，甚至有学者认为国际商事仲裁是一种透过“诚信经营”构建起的跨国法律秩序体系。① 笔者承认，在国际商事交易领域，国际商事仲裁相对于司法诉讼而言确实有着无可比拟的优势，不过笔者也对单凭仲裁制度就能够构建起完全统一的、体系化的国际商事法律秩序体系抱持怀疑态度。

首先，仲裁裁决的保密性和独立性决定了很难形成完整统一的判例法体系。目前，不论是英美法系国家还是大陆法系国家都对判例给予很高的重视。原因不言自明，法律只有在具体案件的审判中才能被真正地显明出来。可是对比国际商事仲裁，大量的临时仲裁自不多言，即便是机构仲裁，仲裁机构内部也不存在裁判沟通机制。再加之仲裁制度的最大原则就是保密原则，因此仲裁员在仲裁中很难与其他仲裁员进行信息和对规则理解上的沟

① 参见 Yves Dezalay, Dealing in Virtue: International Commercial Arbitration and The Construction of a Transnational Legal Order, Chicago University Press, 1996, pp.200-220。

通。在此环境下，对于规则的理解往往过度地依赖仲裁员的主管经验和知识背景。所以奢望国际商事仲裁像司法判决那样能够通过相互沟通达成协调一致的规则体系基本是不可能的。以能否将“跨国法律规则”视为广义上的国际商事惯例予以适用的问题为例，在国际商会仲裁院这同一个仲裁机构中就出现了同样情况下几乎完全相反的裁决。其中在2003年裁决的一个案件中，位于洛杉矶的仲裁庭拒绝了仲裁申请人要求将CISG吸收进广义的国际商事惯例进而予以适用的诉求。[①] 然而同样是国际商会仲裁院，于2013年审理的一个案件中，位于欧盟的仲裁庭对申请人和被申请人全都来自阿联酋且该国并不是CISG缔约国的事实视而不见，而且也没有根据《罗马条例I》的规定进行冲突法选择，就直接判定CISG是对于所有国际商事交易当事人具有法律约束力的“国际商事交易习惯法”。[②] 同样的仲裁机构一前一后两个几乎完全相反的裁决让人很难相信国际商事仲裁能够通过趋同的裁决构建起统一的国际商事判例法秩序体系。

其次，从监督仲裁庭的权力监督角度来看，不宜让仲裁员适用任意性过高的“跨国法律规则”。从既有的仲裁规则出发，不论是我国的《中国国际经济贸易仲裁委员会国际投资争端仲裁规则》，还是国外著名仲裁机构的仲裁规则如《国际商会仲裁规则》、《斯德哥尔摩商会仲裁院仲裁规则》。不论是处理国际商事仲裁的《欧洲国际商事仲裁公约》，还是专门处理国际混合仲裁的《华盛顿公约》，对于仲裁庭不严格依照法律而是依照“公允善良的原则”（ex aequo et bono）进行的友好裁决都给予了非常严格的限制，规定必须当事人明示授权方可为之。其中蕴含的法理不言自明，由于仲裁是一裁终局，因此，如果适用不可预测的实体规则进行裁决很难得到监督和纠正。然而，随着国际商事仲裁事业的日臻繁荣，国际商事仲裁员作为一个利益群体，为了实现其自身利益主动游说立法机构增加仲裁员的自由裁量权限。[③] 这样久而久之出现了仲裁员的权力日益急剧膨胀的趋势，最终形成了

---

① ICC Case No. 11256,2003.

② ICC Case No. 18203, 2013.

③ 参见 Gilles Cuniberti, Three Theories of Lex Mercatoria, 52 *Columbia Journal of Transnational Law*, pp.407, 410(2014)。

仲裁员权力的父爱主义，将国际商事交易当事人视为单方接受关爱的客体，越来越排斥当事人意志的表达和对当事人交易意旨的尊重。显而易见，这种单方不受制约的权力在很大程度上会造成个案不公，最终破坏仲裁秩序的有效建立。最后，从国家法律竞争力的角度，法律后发国家也不应当单方接受“跨国法规则”的秩序安排。我国虽然是一个经济大国，但是在具体的法律制度层面表现出的国际竞争力并不很强，因此很难称为一个法律大国。长久以来，我国不论是学界还是实务界，对于外国的制度尤其是国际上通行的“国际惯例”一直保持近似一种迷信的态度。认为国际通行的规则我国必须要矢志不渝的遵守不能越雷池半步。仅就国际商事惯例而言，上述观念可能对我国国家利益的实现会产生阻碍作用。就以英国为例，在很长一段时间内，英国对于适用“跨国法律规则”或“国际商事惯例”为准据法做出的仲裁裁决往往持敌视态度。然而随着英国法律影响力的日渐强大，英国法院才逐渐接受了依据自治性“跨国法规则”裁决的案件。[①] 从英国的例子我们可以看出并不是单向地接受外来规则就能够让国家变得强大，在很多时候应当有意地强化自己的法律制度的国际影响力。正如加拿大新马克思主义学者克莱尔·卡特勒指出的那样，国际商事惯例以及跨国法规则表面看起来似乎中立，但其中渗透着大量西方新殖民主义者的政治企图。[②] 所以即便国际商事仲裁已然形成了以自治性“跨国法律规则”为中心的裁判体系，我国也不应不加思考的照单全收，应在司法的各个层面努力试图拓展我国国内法的国际影响力，从而牢牢把握国际商事规则的制定话语权。

三、“跨国法律规则”对国际商法发展的意义

笔者前文花费了大量笔墨论证为何不能在司法裁判过程中过分地依赖广义的国际商事惯例，也就是自治的“跨国法律规则”。不过那些论述都是有严格的语境限制的，笔者意图强调不应在宏观的司法裁判过程中过度地依

---

① 参见 John Linarelli, The Economics of Uniform Laws and Uniform Lawmaking, 48 *Wayne Law Review, pp.*1439,1440(2002)。

② 参见 A. Claire Cutler, *Private Power and Global Authority Transnational Merchant Law in the Global Political Economy*, Cambridge University Press, 2007, pp.216-222。

赖“跨国法律规则”这种自治性的规范，因为这种规范的模糊性太大，容易造成裁判者的任意裁判，最终导致破坏国际商事法律制度的确定性和可预测性。可是从法律发展的角度或者是一些具体的个案中，适用“跨国法律规则”这种自治性规范确实能够为仲裁带来一些积极意义。所以笔者认为，强调国际商事的概念时必须结合相应的语境观察其法律功能以及覆盖的内涵范围。

以 UPICC 为例，该规范文件中的一些规则颇具先进性和代表性，完全可以成为裁判者在具体的裁判过程中对国内法进行续造的工具。例如在国际商会仲裁的一个案件中，仲裁庭使用 UPICC 中的第 7.4.8 条解释“以契约未履行为理由的异议”（exceptio non adimpleti contractus），明确将第 7.4.8 条中的规定作为这一一般法律原则的表现形式和适用依据。但同时仲裁庭也断然否决了 UPICC 第 6.2.1 条、第 6.2.2 条和第 6.2.3 条的规定构成一般法律原则的主张。[①] 由此可见，“跨国法律规则”之所以能够发挥法律约束力，并不在于其自身的名号，而在于这类规则中蕴含的法律原理，裁判者可以通过使用这类规则强化自己裁决的说理，最终达到让当事人心悦诚服的目的。而不是裁判者只需要强调自己适用的是自治性的、公认的“跨国法律规则”或“国际商事惯例”，当事人就必须要接受裁判者的判决结果。将国际商事惯例的内涵拓展后并加以神化的观点可以说是一种“本末倒置”的理论。

此外，在许多个案中，作为一般法律原则项下的“跨国法律规则”确实可能起到修正国内成文法的作用。著名仲裁法专家伊曼纽尔·盖拉德虽然极力反对将一般法律原则下的这种“跨国法律规则”归入到国际商事惯例的概念范畴之内，但他也承认在一些具体的案件中，一般法律原则确实可以起到保护当事人交易目的的作用。他举例说：“一个法国的卖家和一个科威特的买家签订了一个在中东分销货物的协议，在协议中他们没有约定货物的价格以及确定价格的方法。他们在协议中选择了法国法作为准据法，想当然地认为法国法会规定确定价格的方法，但是法国法中并没有规定确定货物价格的

① ICC Award No. 7110, 10 ICC Bull. No. 2, 1999, at 1029 et seq. available at: https://www.trans-lex.org/ 207110/_/icc-award-no-7110-10-icc-bull-no-2-1999-at-1029-et-seq/#toc_0 ［2019-7-21 last visited］.

方法，这将导致他们的合同在中东履行时会出现无效的危险。此时，如果一个好心的仲裁员适用确定货物价格的一般法律原则帮助他们解决这个约定上的疏漏制止了合同无效的后果，这显然对当事人双方而言是非常有好处的。"① 从另外一个角度来看，这种对当事人选择的准据法的排除也会在一定程度上刺激法国修改或完善自己的法律，从客观上也有帮助国家完善国内法律制度的效果和作用。

第四节 因"境"制宜：区分语境适用国际商事惯例的概念

在探讨国际商事惯例时必须结合相应的语境和背景才能准确把握这个概念的真正含义。在通常司法裁判的语境下，国际商事惯例是指在国际商事实践中在一定的区域、一定的行业、相应的商业共同体中自发形成的习惯性做法，这种规则通常不能独立发挥支配国际商事交易法律关系的准据法作用，只能起到一定的辅助性裁判功能，是为"狭义的国际商事惯例"。这种含义下的国际商事惯例具有不成文性，而且往往无法对其进行成文化的编纂。

然而随着国际商事仲裁行业的发展，国际商法学界试图将国际商事惯例这个概念扩大，将基于比较法方法产生的一般法律原则、法律重述等"跨国法律规则"融合到国际商事惯例的概念范围内，并试图以国际商事惯例为适用依据，将这类"跨国法规则"作为国际商事交易的准据法予以适用，甚至可以借此排除相关国内法的适用。这种语境下使用的国际商事惯例概念就成为了"广义的国际商事惯例"。

狭义上的国际商事惯例与"跨国法律规则"在性质和适用方法上存在极大的差异，且适用"跨国法律规则"可能会过度地增加裁判者的自由裁量权，

---

① Emmanuel Gaillard, General Principles of Law in International Commercial Arbitration – Challenging the Myths, 5 *World Arbitration& Mediation Review, pp.*168,169 (2011).

因此在国内法院司法裁判的语境下，应当限制国际商事惯例概念内涵的过度扩张，严格地按照狭义上的国际商事惯例的适用条件适用这类规则，这就势必要求适度限制广义国际商事惯例即“跨国法律规则”的适用。但是，也不能排除从国际商事法律发展的角度以及在个别仲裁案件的语境下，突出“跨国法律规则”地位的积极意义。这就要求我们在看到国际商事惯例这个概念时，必须结合这个概念依托的环境和语境判断其承载的功能以及真正含义。

但笔者认同的同时必须承认的是，在国际商法学的研究和国际商事仲裁法的实践中，国际商事惯例的广义化理解是十分必要的。在研究国际商事惯例时，为了研究国际商法内部规则的发展情况，通常会在广义的含义下使用“国际商事惯例”这个概念。此外，从国际商事仲裁的实践来看，将“跨国法规则”视为国际商事惯例的一种来进行适用已然成为仲裁界既成的实践事实。这完全不妨碍在法院的司法裁判的语境下仍然使用狭义的国际商事惯例的外延范围。我们显然不应当将国际商事裁判和国际商法的研究相互混淆，也不能无视国际商事仲裁实践已然将国际商事惯例的外延扩大的客观现象。

总之，在国内法院司法裁判中限制性地使用国际商事惯例这个概念不代表我们不能在研究国际商事惯例发展的过程中将“跨国法规则”作为国际商事惯例的一个组成部分进行研究。我们也必须承认国际商事仲裁与国内法院诉讼的差异性，在国际商事仲裁中，仲裁员会主动或被动地将“跨国法规则”视为国际商事惯例进行适用。这就要求我们在使用国际商事惯例前，对“国际商事惯例”这个概念的含义，根据具体的语境先一步地进行界定工作以明晰之。

第二章 “商人法”之兴衰探析：以史为鉴

在研究国际商事惯例问题上，必须研究国际商事惯例的历史起源问题。通过对商事惯例发展过程的梳理，探寻国际商事惯例发展的一般规律。在历史语境下，国际商事惯例最初的发展形态是商人之间自发形成的习惯性商事规则，这种商事规则通过类似原始仲裁的方式解决争端，最终形成了一种无国界的、仅存在于商人之间的法律规则体系。学界通常称国际商事惯例在历史中的这种存在形态为“商人法”（lex mercatoria）。不同于现今社会分工高度发达的社会关系现状，古代商人之间的交易相对简单，因此在历史语境下商人法在很大程度上与现在国际商事惯例的性质和存在方式存在很大的差异，但两者之间的精神以及存在和发展的根本原理还是相通的。

对于“商人法”这种历史形态下的自治性商法规则体系，澳大利亚著名法学家里昂·特拉克曼给予了非常高的评价，将其称为现代商事法律制度的“共同遗产”，指出应当在这种习惯法的历史法律经验框架下发展国际商事规则体系。[①] 另外一位权威的国际商法学者布鲁斯·本森在编写商人法词条时更是直接将商人法定义为一种自发形成的普遍性规则：“商人法，一般是指掌控中世纪整个欧洲商事交易的习惯性法律。尽管其具有习惯性的本质，但是中世纪的商人法确实构建起了一整套的法律制度体系。事实上，欧洲商业交易的每一个方面都受到了这种私人制造的、私人裁判的、和私人实施的法律体系的调整长达几个世纪之久”[②]。约翰内斯堡大学的查尔·雨果则从法律

---

① 参见 Leon E. Trakman, The Evolution of the Law Merchant: Our Commercial Heritage - Part I: Ancient and Medieval Law Merchant, 12 *Journal of Marintime, Law & Commerce*, pp.1, 24 (1980)。

② Bruce L. Benson, Law Merchant. in The New Palgrave Dictionary of Economics and the Law, Palgrave Macmillan, 2004, p.500.

运作的角度指出：“在本质上，商人法是一种在商人法庭中被普遍适用的法律规则，这种普遍性体现在商人群体之中。在这个意义上，其可以被描述成在超国家的层面进行运作的法律”①。国内学者左海聪也认为：“中世纪的商人法所具有的普遍性和优于一般法律的潜在特征，使它在中世纪成为扩大整个西方世界商事交往的基础，直到西方资本主义革命时期”②。姜世波也持相似的观点：“此时的商人习惯法即事实上支配那些往返于商业交易所在的文明世界的各港口、集市之间的国际商业界普遍适用的国际习惯法规则。这些商人习惯法的国际性及其在中世纪始终保持统一主要体现在集市法的统一性、海事惯例的普通性、处理商事纠纷的专门法院以及公证人公证的大量标准合同”③。

总结以上学者的共同观点是：从历史角度来看，商人法是为来自于四面八方的所有商人所普遍接受的、能够自我运行并自我调整商人之间一切交易争端的规则。笔者试图通过对商人法进行法律史方法的分析，以阐释商人法发展的根本特征，同时从商人法发展的历史经验中总结出当今时代国际商事惯例作为一种规则体系发展的基本需求和发展的根本走向问题。

第一节 中世纪商人法存在的形态及其缺陷

目前学界普遍认为，国际商事惯例的重要历史实践来源是中世纪时期的“商人法”。并且试图用中世纪商人法的历史实践证明现今国际商事惯例的发展走向以及现实意义。笔者试图通过法律文献史料还原当时自治的欧洲商人法发展的真实面貌。

---

① Charl Hugo, The Legal Nature of the Uniform Customs and Practice for Documentary Credits: Lex mercatoria, Custom, or Contracts?6 *South Africa Mercantile Law Journa*l, pp.144, 145 (1994).

② 左海聪：《国际商法》，法律出版社 2013 年版，第 6 页。

③ 姜世波：《商法的国际化》，《大连海事大学学报》2006 年第 2 期。

一、中世纪时期国际商人法的“繁荣”成因分析

西元476年，不可一世的西罗马帝国被日耳曼野蛮部落灭亡，分裂为大小十余个国家。日耳曼人的入侵对于商人群体的法律而言就像一把双刃剑，一方面日耳曼人的军队打破了强大的罗马帝国对法律的垄断，使得商人们之间的交易制度能够不再依附于国家的法律体系和外事裁判官的权力；另一方面，代替罗马帝国的强权的法兰克帝国并不是一种拥有海上贸易的地中海文明，而是一种以土地为中心的经济文明。而且其实力与罗马相比也不在一个数量级上，周围还强敌环伺。这就必然导致国家的职能有所收缩，而将调整商事社会的交易的权力还给商人群体自身。

另外，商人群体自身的力量在这一段时期也大大加强，这种现象尤其到了11世纪以后愈发地明显。产生这种现象的原因，可能是以下几个事实综合作用的结果：

首先，农业经济的改造和欧洲城镇化的发展是商人群体得以发展的重要经济条件。中世纪时西欧的城镇化运动，使得大量的农民离开土地进入城市进行谋生。这些脱离了庄园的农民有的变成了工匠，但是也有不少的人则选择了商人这个社会角色来作为自己终身的职业。

“在1050年，西欧大约二百万的人口中，约有几十万人生活在几百个城镇中（这些城镇很少有居民超过几千人的），而截至1200年，在4000万人口中，就约有几百万人生活在约几百个城镇中(它们中有许多人口超过两万，甚至人口在十万以上)。人口密度的加大导致对商业的需求变得十分迫切，同样以人口进行对比，在1050年，西欧商人阶级的数量只有几千人，但是到1200年，他们的数量竟达几十万人”①。

在农业经济向城镇经济转型的过程中，商人群体的内部构成也发生了明显的变化。在中世纪以前乃至中世纪初期，商人的人员所属的阶层较为低下，大多是破产者和无家可归的外邦人。一方面，他们身份低贱被当时社会鄙视，另一方面他们不具有职业性的特征，一旦能够改换门庭，他们就会毫

---

① ［美］哈罗德·伯尔曼：《法律与革命——西方法律传统的形成》，贺卫方译，中国大百科全书出版社1993年版，第408—409页。

不犹豫地选择稳定的生活。但这种情况，在中世纪中期和后期得到了极大的改变。主要是当时贵族群体中出现了分化，一些贵族由于常年的战争和奢侈的生活濒临破产，但是他们又不愿意放弃奢侈的生活，为了摆脱这种经济窘境，贵族对从事商业的兴趣逐渐浓厚①。这种社会阶层间的流动极大地改变了商人阶层内部的构成。社会中的精英人物开始从事商人这个职业。毫无疑问，这必然会大大加强商人这个群体的力量。

我们可以清楚地发现一个稳定的商人阶级就逐渐形成并固定了下来，而且人数不断发展，规模不断扩大，质量稳步提高，已经形成了一股较为强大的社会力量。其中一些商人同盟甚至强大到可以和国家对抗的程度。例如，中世纪时期由商人组成的强大商会，如汉萨商业同盟等就曾经对于那些不尊重商会成员财产权的封建政府进行了以贸易禁运等措施作为报复手段以获取赔偿，甚至一些商会还通过战争手段迫使地方封建政府与他们签署了合约②。

其次，十字军东征带来的交通大发展给商人群体带来了便利的技术条件。在中世纪的欧洲，虽然各国之间纷争不断，相互攻伐不止，但是他们却有两个共同的敌人：一个是伊斯兰世界的异教徒，另一个是被视为持异端邪说的叛教者——拜占庭人。为了进行东征，十字军征召了大量人力在欧洲修筑了为数不少的栈道和驿站，这些军事用途的基础设施却为商人们利用，变成了他们从事商业往来的重要依托。而为了寻找传说中东方的基督徒皇帝约翰，又有大量的海船下海远航，这从很大程度上带动了海上航运业的发展。在西元 11—15 世纪这几百年内，单单法国境内就开辟了两万五千公里的道路，自 1297 年起，欧洲的商船就控制了欧洲北部以及地中海乃至非洲中部的海上贸易。最早的通商运河也在波罗的海与易北河之间开辟了。③

---

① 参见张薇薇：《中世纪西欧商人兴起与法律：11—16 世纪》，2005 年北京大学博士论文，第 41 页。

② 参见 Avner Greif, Paul Milgrom, and Barry Weingast, Coordination, Commitment, and Enforcement: The Case of the Merchant Guild, *Journal of Political Economy*,Vol.102, 1994(4), pp.745–746。又见 Avner Greif, Contract Enforceability and Economic Institutions in Early Trade: The Maghribi Traders' Coalition, *American Economic Review*,Vol.83, 1993(3),pp.525–548。

③ 参见［法］布瓦松纳：《中世纪欧洲生活和劳动：五至十五世纪》，潘原来译，商务印书馆 1985 年版，第 292 页。

再次，世俗权力与教会之间的竞争给了商人群体壮大自身实力的机会。在中世纪时期，欧洲的王权自始至终就没有像中国的皇权那样的强势。相对地，教会的实力在中世纪时期发展到了顶点，他们掌握着“赦罪权”和欧洲几乎一半的土地财产权。此外，教会还经常通过支持豪强市民（potientores burgense）压制与限制封建王权的权威[①]。这种强势的权力使得欧洲的君主们都感到惴惴不安。为了自身的利益，欧洲的君主开始寻求与商人构建同盟。爱德华三世、路易十一等君主都大力鼓励商业的发展，给予了商人群体不少有利的优惠条件。从 11 世纪开始，西欧各地的国王、君主批准建立集市的文告迅速增多，在西欧一下涌现出几千个规模较大的集市。到了 13 世纪，集市已经遍布欧洲各地，同时行商也受到了各种积极的保护。[②]

随着商人阶层的固定并逐渐强大，也激发了商事造法的活动动机与热情。由于商事实践的反复性和逐利性，当时商人群体的立法活动是完全以商业惯例作为核心的。正如一位美国学者总结的那样：“在阿尔玛菲、比萨、热那亚、威尼斯、马赛、巴塞罗那、黎凡特地区、汉萨商事同盟城市，商事法律并不是通过立法活动建立起来的。法律的形成是一个过程，一个自然生长的过程”。[③] 同时为了使这些不成文的惯例为人广泛熟知，商人行会也开始了对惯例成文化的编纂工作，例如在第一次十字军东征时期，由意大利商人自发组织起草的《阿尔玛菲表》就得到了意大利沿岸几乎所有共和国的承认。又如，西班牙商人起草并被巴塞罗那领事法庭遵行的《康索拉多海事法典》(Consolato del Mare）被认为是中世纪时期对商人交易惯例，尤其是在地中海地区进行海上贸易的惯例之编纂的里程碑式的工作。[④] 此外《维斯比法典》和《奥莱龙法》也是商人制定并在波罗的海航线为商人们广为遵守的惯例汇编。[⑤]

---

① 参见［美］迈克尔·E. 泰格：《法律与资本主义的兴起》，纪琨译，学林出版社 1996 年版，第 94 页。

② 参见张又惺：《西洋经济史》，中国文化服务社 1948 年版，第 72 页。

③ William Wirt Howe, Jus Gentium and Law Merchant. *American Law Register*,Vol.50, 1902(7), p.384.

④ 参见 James Kent, *Comment on American Law*, Vol.3, O. Halsted, 1832, p.10。

⑤ 需要特别指出的是，关于此观点事实上是有争议的，限于文章的结构，该争议将在本章第四节予以论证。

更加重要的是，在这一时期欧洲出现了真正自治的商事法院。与古罗马时期的商事法庭不同，中世纪时期的商人法院几乎没有任何官方背景，绝大部分成员都是由商人组成的。商事法院由市场法院、商人行会法院和城市法院组成。这些法院在行使职能时适用的通常是商人们的自治性规则而非王侯制定的法律。

其他各种类型的商事法院也在西方各地逐渐发展出来。在英格兰、威尔士和爱尔兰，所谓的贸易中心城镇法院在十四个城镇中得以建立。这十四个城镇是英国在某些“主要”产品——尤其是羊毛、皮革和铅方面进行频繁贸易的渠道。弗兰德商人和德国商人与银行家经营着大量的这种贸易。按照 1353 年《贸易中心城镇法》的规定，每一个贸易中心城镇的商人及其仆人，在所有涉及贸易中心城镇的事情上都应当“由商法所支配，而不是由国家的普通法支配，也不是由城市、自治城市或其他城镇的习俗所支配”①。

以上是在中世纪时期，跨越国界的商人法已经完全超越甚至取代了封建政府制定的法律，成为当时支配商人群体自治法律的证据。伯尔曼甚至认为，西方强调法律面前人人平等、权利互惠以及契约精神的法律传统就是在那个时期形成的。而这些在很大程度上得益于这样一个历史事实：商人们构成了一种自治的社会共同体，这种共同体被划为宗教兄弟会、行会和其他社团。② 该社团事实上就是一种稳固的社会群体，他们可以自发地产生并通过自己独有的司法程序执行他们自己的司法程序，而非来自封建城邦政府的法律制度。伯尔曼的观点影响了后世的许多学者，以至于形成了“自治性商法浪漫学派”。这些学者往往在构建自治性的商法体系的理论时，用中世纪的商人法作为其历史正当性的依据。例如，施米托夫认为，旧的商人习惯法为当时的商界所共知，几乎到了“不必赘述”的程度。他把旧的商人习惯法能够保持统一归结为以下四个原因：“集市法的统一性；海事惯例的普遍性；处

① ［美］哈罗德·伯尔曼：《法律与革命：西方法律传统的形成》，贺卫方等译，中国大百科全书出版社 1993 年版，第 422 页。

② 参见［美］哈罗德·伯尔曼：《法律与革命：西方法律传统的形成》，贺卫方等译，中国大百科全书出版社 1993 年版，第 421 页。

理商事纠纷的专门法院；以及公证人的各项活动。”[①] 他认为，由于自治性的商人习惯法不必受到主权国家立法的约束，加之商人的流动性以及自发的组织性，决定了商人群体内部必然会形成一种“共识”。换言之，商人这个群体会共同承认某类习惯性的规则。因此，这种习惯性的规则就能够成为整个商人群体普遍适用的法律规则。澳大利亚著名学者里昂·特拉克曼也持同样的观点，他引用杰拉德·马力纳在1622年发表的一段经典言论支持其观点：“我将此书命名为‘商人法’是根据其古老的名称Lex Mercatoria而不是Ius Mercatorum，因为此法律本质上是一种习惯，是被所有的王国和共同体的商人所认可的”[②]。另外一位权威的国际商事惯例学者布鲁斯·本森在编写商人法词条时直接将商人法定义为一种自发形成的普遍性规则：“商人法，一般是指掌控中世纪整个欧洲商事交易的习惯性法律。尽管其具有习惯性的本质，然而，中世纪的商人法确实构建起了一整套的法律制度体系。事实上，欧洲商业交易的每一个方面都受到了这种民间创立、民间裁判以及民间实施的法律体系的调整长达几个世纪之久”。[③] 约翰内斯堡大学的查尔·雨果则从法律运作的角度指出：“在本质上，商人法是一种在商人法庭中被普遍适用的法律规则，这种普遍性体现在商人群体之中。在这个意义上，其可以被描述成在超国家的层面进行运作的法律”。[④] 国内学者左海聪也认为：“中世纪的商人法具有的普遍性和优于一般法律的潜在特征，使它在中世纪成为扩大整个西方世界商事交往的基础，直到西方资本主义革命时期。”[⑤] 姜世波也持相似的观点：“此时的商人习惯法即事实上支配那些往返于商业交易所在的

---

① ［英］克里夫·施米托夫：《国际贸易法文选》，赵秀文等译，中国大百科全书出版社1993年版，第5页。

② Leon E. Trakman, From The Medieval Law Merchant to E-Merchant Law, *University of Toronto Law Journal*, Vol.53, 2003(3), p.271.

③ Bruce L. Benson, Law Merchant. in *The New Palgrave Dictionary of Economics and the Law*, Palgrave Macmillan, 2004, p.500.

④ Charl Hugo, The Legal Nature of the Uniform Customs and Practice for Documentary Credits: Lex mercatoria, Custom, or Contracts?, *South Africa Mercantile Law Journal*, Vol.6, 1994(2), pp.144-145.

⑤ 左海聪：《国际商事惯例》，法律出版社2013年版，第6页。

文明世界的各港口、集市之间的国际商业界普遍适用的国际习惯法规则。这些商人习惯法的国际性及其在中世纪始终保持统一，主要体现在集市法的统一性、海事惯例的普通性、处理商事纠纷的专门法院以及公证人公证的大量标准合同”。[①] 总结起来，以上学者的一个共同观点是：在中世纪时期，商人群体的法律规则是自治的且普遍接受的，能够自我运行并自我调整商人之间的一切交易争端。

但是，上述观点却无法解释一个问题：既然如戈德曼和施米托夫所言，商人之间自发形成的“商人法”如此“理想”又如此“美好”，那何以在民族国家出现之后就轻易地被“打倒了”呢？[②] 即便是施米托夫也不得不承认，在民族国家出现后国家的法律替代了商人法的作用成为了调整民商事交易的主要法律渊源。商人法只能以一种精神性的形态继续存在于各国的民商事法律体系之中。[③] 那么，我们不禁反思究竟是什么原因让这种美好又完美的规则体系一下子消失于无形呢？恐怕很多人都会怀疑这种规则是不是本身出了什么问题呢？通过研究，我们发现至少在以下几个层面，作为自治习惯性规则的商人法本身作为一种规则体系存在较为严重的瑕疵。

二、中世纪时期的“商人法”缺乏普遍性

在展开本节讨论前，笔者需要申明的是：由于缺乏相应的史料支持，对于希腊时期的国际商事法的具体发展状况无法深入地展开论述。不过可以肯定的是，中世纪时期的商人法规则的发展程度肯定远远高于古希腊时期的相对应的自治性法律规则的发展状态。因此，笔者如果将中世纪时期的国际商事惯例存在的缺陷分析列举清楚的话，那么根据举轻明重的原则，更为原始和简单的古希腊时期之自治性商事规则所存在的缺陷，以及其被罗马法取代的原因就可以大体地被推断出来了。

事实上中世纪的所谓“商人法”的普遍性特征根本没有上述学者想象的

---

① 姜世波：《商法的国际化》，《大连海事大学学报》2006年第2期。

② “打倒”是戈德曼评价商人法两度消失，又两度复活时所使用的比喻性说法。

③ 参见［英］克里夫·施米托夫：《国际贸易法文选》，赵秀文等译，中国大百科全书出版社1993年版，第23页。

那么简单。近年来，西方有学者对位于英国的圣埃文斯法院（St. Ives court）存留的中世纪时期的法院判决文稿进行了综合性的、整体性的研究。[①] 他们发现在该法庭中确实适用了所谓“商人准据法”（secundum legem mercatoriam），这个词事实上就是 lex mercatoria 的变形。[②] 但这类规则从实际的适用情况来看，其指向的并不是所谓的在西方世界普遍适用且具有统一性的法律体系，而是在一个个具体的案件中，模糊地强调某种对这些具体案件应当特别适用的原则和规则。这些原则和规则混合了本地的习惯和所谓的公平交易的原则。在适用这些原则或规则时法官往往会强调根据“商人法”，并且声称这些规则是“普遍适用于所有商人之间的规则”。事实上，法庭的资料并没有留下十分充分的证据证明这些规则与当时英国的城镇习惯有什么本质的区别。正好相反，这些商事习惯带有很强的本地色彩。不同的法庭很可能对商人法的规则存在不同的认识。但是学者们却错误地将其误认为是一种单一的、普遍的适用于整个商人群体的统一法律体系了，这无疑是一种误解[③]。而且，在该法庭长达几百年的案卷中，真正适用所谓商人法的案件可以用“凤毛麟角”来形容。即便有案件宣称适用了“商人法”也基本和国际商事交易中实体性规则关联不大，大多都是程序上的一些规范。根据耶鲁大学史蒂芬·萨克斯的统计，在该法院中只有七个案件适用的所谓的商人法规则对案件的实体性争议进行了裁决，适用的事项分别是：“货物扣押（其中又包含：包括有几个起誓的帮手要求对他们索赔，这些仆人们在他们主人的位置

---

① 圣埃文斯法院是英国在中世纪时期最为著名的商人法庭之一，该法庭存留有欧洲最为完整的案件判决与执行的文稿。因此，引起了西方学者对其进行实证性研究的兴趣。现任教于耶鲁大学的史蒂芬·爱德华·萨克斯在 2002 年提交的他在哈佛大学历史系所完成的学士论文就是关于这个法院的集中性研究。参见 Stephen Edward Sachs, *The ‘Law Merchant’ and the Fair Court of St. Ives 1270-1324*, Harvard AB Thesis, 2002。

② 对于这两个词的区别，德国 18 世纪的格罗斯（Gross）律师专门进行了考证，最终他指出这两个词的区别就在于一个是应然存在的法律规则，一个是经过法庭识别后可以适用的商人法。于是他将 secundum legem mercatoriam 翻译为：根据商人法（according lex mercatoria）。参见 Stephen Edward Sachs, *The ‘Law Merchant’ and the Fair Court of St. Ives 1270-1324*, Harvard AB Thesis, 2002, p.30。

③ 参见 Stephen Edward Sachs, From St. Ives To Cyberspace: The Modern Distortion of The Medieval ‘Law Merchant’ , *American University International Law Review*, Vol.21, 2006(5), pp.694-695。

时是否会这样做，货物被卖掉后偿还债务的时限）；通过支付定金达成销售协议；在宣誓断讼法过程中需要质押；当提起诉讼时需要指定一个王朝年份；蜡封的之债；国王对假冒甘草销售进行索赔；第三方屠户有权干预鱼和肉的销售”。[①] 显然，从实证主义的角度来看，当时所谓的商人法根本不涉及远途的国际商事交易，而是一些本地化的、特定事项的习惯。

美国西北大学的艾米丽·凯登斯同样发现，中世纪商人法并不存在统一性的特征。这一点在商事习惯层面表现得尤为明显，艾米丽·凯登斯认为，中世纪时期的商事习惯从本质上讲是没有约束力的，而且这些习惯在不同的集市、不同的行业也是不一样的。她认为：“如果硬要说中世纪时期存在跨越国界的商人法的话，那这种法律也不是由商人间的可以反复适用并默示同意的习惯所组成的。所谓的商人群体之间透过习惯达成的统一性法律不过是一种后人臆想出来的幻象而已”。

艾米丽·凯登斯首先对商事习惯进行了定义，她借用了著名学者巴托鲁斯对于构成法律的习惯的定义：若想使一个规则构成一项具有法律约束力的习惯，必须证明一个群体默认地同意这种规则要求的行为模式，当有人违反这项规则时，必须导致法律上的不利后果。否则，即便一种行为模式再普遍，那么其也只能构成一种通例或者是商业技术手段，而不能称之为构成法律的习惯。然后，她通过分析整理中世纪时期的商人习惯证据，指出过去将中世纪商人法理解为商人之间的习惯性法律规则的说法是证据不足且无说服力的。[②]

有实证性的考证指出，根本没有证据表明在中世纪时期商人群体中存在明显的自治性的习惯法律规则。“在中世纪的贸易文献中我们找不到任何有关货物买卖或者贸易的任何商事习惯的证据。在 14 世纪，一个叫佛兰希克斯·彼加洛蒂的佛罗伦萨商人书写了一个很长的‘行商指南’。他花了大把的篇幅书写了大量的交易规则，诸如如何称重和丈量、货币的兑换、票据的

---

① Stephen Edward Sachs, From St. Ives To Cyberspace: The Modern Distortion of The Medieval ‘Law Merchant, *American University International Law Review,* Vol.21, 2006(5), pp.730-731.

② 参见 Emily Kadens, The Myth of the Customary Law Merchant, *Texas Law Review* , pp. 1170,1176 (2012)。

使用的技巧，等等。但是其中没有任何关于买卖货物的习惯的记载。无独有偶，一个名叫约翰·布朗利的布里斯托商人在16世纪晚期写给他的儿子一本生意手册，在这本手册中他同样写了很多商业实践中要注意的事项，对于交易要遵循的规则，这位商人却告诫他的儿子到了一个地方，要遵守当地的法律，而且特别强调要询问四周的人‘当地’的‘交易习惯’。在1643年，位于荷兰安德卫普的一家叫范·科伦·格罗特的公司编写的交易手册同样记录了大量的货物质量、称重方法以及货币兑换的规则，但是同样没有记录任何货物买卖的交易习惯”。①

而且，艾米丽·凯登斯从另外一个角度指出，如果说欧洲中世纪时期确实存在民间的商业习惯，但是这种习惯也不是统一的习惯：在不同的地区、不同的行业、不同的行业协会甚至不同的商人之间就存在着完全不同的商业交易习惯。

“例如在不同地区的商人遵循的商事习惯就有所不同。在16世纪的安德卫普，作为卖方的商人向法庭提交了11名专家的意见，如果买方欺诈并且将货物转移给了第三方，根据‘安德卫普的商业习惯’，没有拿到货款的买方可以扣留和取回货物，而不论这批货物是在买方手中还是在第三方的手中。而作为接收货物的第三方，则针锋相对地，找到六名律师证明，根据交易地勃艮第的习惯，受骗的卖方只能在货物处于欺诈的买方手中时才能享有扣押和取回货物的权利。又如，在17世纪时一名叫马提亚斯·马雷沙尔的律师讲述了这样一个故事：一个巴黎的商人从一个鲁昂的商人那里得到了一张票据，当票据到期三天后，巴黎的商人要求付款。但是他却得不到任何款项，因为票据的付款人已经破产了。这样由谁承担这种商业风险就引发了纠纷。由于一个地方和一个地方的商业惯例根本就不一样，巴黎最高法院在裁决的时候不得不征询巴黎和鲁昂两地商人的意见。而到了最后马雷沙尔写到，连商人也不能给出一个清晰和统一的意见”。②

---

① Mary Bateson, *Borough Customs*, Publications of the Selden Society, 1906, pp.77-79.

② Emily Kadens, The Myth of the Customary Law Merchant, *Texas Law Review,* Vol.90, 2012(5), p.1180.

艾米丽·凯登斯对此总结道：在中世纪时期，所谓的商人交易习惯是属于一个特定范围内的群体的。中世纪的商人们相信商业习惯是属于个人的而不是国际的。在进行交易的时候商人想到的并不是所谓的国际交易惯例而是本地的习惯和地方成文的法律①；另外，从商人组织的角度来看。虽然，当时的欧洲存在有规模很大的商会组织。这很可能为商人们之间分享和使用共同的交易规则创造了条件，但是，这些规则很可能只是在商会内部适用，对于其他商会可能完全不适用。有证据表明，为了与其他商会做出区分，甚至很多商会故意使自己商会的规则与其他商会不同突出该商会的个性②。

三、中世纪商人法的非体系性和不明确性

许多学者认为，中世纪的商人法是一种自发演进出来的法律体系。由于当时的国内法律不能满足商人们进行国际贸易的特殊需要，于是商人自己通过自身的交易行为、标准合同，自发地演化出一种自治性的法律秩序③。

这种学说认为商人们的交易是反复普遍的。因此通过反复的交易实践，一种固定的行为模式便会从交易中分化出来，从而成为商人们普遍遵守的规则。商法的规则是自成体系的，规则之间的差异只是细节上的，商法的主要原则和最重要的规则别无二致，或者说是“趋于同一的”。早期商人法发展出来的这种国际性特征实际上是商品交易关系的法律写照。“哪里有贸易，哪里就有法律”、“地方性习惯法—地域性习惯法—国际性习惯法”的法律发展路径，实际上也是商贸活动的发展轨迹。正如拉德布鲁赫所说：“没有任

① 一个17世纪英国的学者曾对中世纪的票据商事交易作出了这样一种总结：对于签发一张汇票，如果当事人和经纪人没有明确提出其他的条件的话，那么处理这张汇票必须按照“票据上所指明的地点之交易习惯和法律”，来确定支付时间、支付种类等支付事项和支付行为。

② 参见Oliver Volkcart& Antje Mangels, Are modern Lex mercatoria really rooted in medieval?, *Southern Economic Journal*, pp.439(1999)。

③ 参见Berthold Goldman, The Applicable Law: General Principles of Law-The Lex Mercatoria, in Julian D.M. Lew, ed. *Contemporary Problems in International Arbitraion*, Queen Mary,1986, p.113。又如Bruce L. Benson, The Spontaneous Evolution of Commercial Law, *Southern Economic Journal*, Vol.55, 1989(3)。再如郭翠星、唐郁恺：《商人法产生的背景、特征及现代商人法的兴起》，《湖北社会科学》2003年第5期。

何领域比商法更能使人清楚地观察到经济事实是如何转化为法律关系的”①。

事实上，这恐怕只是学者们的一厢情愿。这是因为，交易的规则虽然大体上可能是相同的，但是在具体细节上却是五花八门的。商人在没有明确的约定的前提下，不可能在任何细节上达成一致。事实上这也是当事人之间会产生争议的根本原因。在这种情况下，自发产生的商事规则，显然是难以满足填补当事人的意思空缺，进而解决当事人之间的商事法律争端的要求的。

通常在谈及中世纪商人法的有效性和体系性时，学者往往都先验地坚信：商人们的交易实践会产生一种精密的交易秩序，通过商人之间的交往和自律，这种规则就能够起到维护交易安全、建立交易秩序的作用。他们通常引用这个故事证明他们的这个观点：

“1292 年，一个叫卢卡斯的伦敦商人从一个德国商人那里买了 31 英镑的货物，没有付钱就偷偷离开了里恩的集市，也没有按照商法到集市法庭去回应对他的指控，此后，任何异国商人都不愿意在伦敦市民未付足货款时把东西卖给他们。卢卡斯从里恩逃到圣博托尔夫，然后又逃到林肯、赫尔，最后逃回伦敦，那个德国商人则一路追来。在担心名誉受损的伦敦商人们的提议下，卢斯卡被关进了伦敦塔，他的案件最终根据人身保护状由国王的政务会加以复审”。②

笔者认为这个实例对于中世纪时期自治性的商事交易规则的证明力是值得怀疑的。在这个案例中，卢卡斯已经提走了货物，而故意不付货款。这种行为的恶劣性已经超越了商人们能够容忍的底线，几乎到了“人神共愤”的程度。但这种表述并不能证明国际商事惯例是一种行之有效的普遍性规则。事实上，大部分争议显然不会在商人们中间引发如此的“轩然大波”和“一致共识”。实际的情况往往是双方都各执一词，甚至都有

① 毛健铭：《西方商事法起源探析——对中世纪欧洲商人法的历史考察》，《清华法治论衡》2004 年，第 439 页。

② ［美］哈罗德·伯尔曼：《法律与革命：西方法律传统的形成》，贺卫方等译，中国大百科全书出版社 1993 年版，第 418 页。国内引证该实例的论著主要有左海聪：《国际商事惯例》，法律出版社 2013 年版，第 6 页。向前：《国际商事惯例自治性研究》，2009 年武汉大学博士论文，第 46 页。

一些道理是站得住脚的。在这种情况下，自发性产生的商事习惯能在多大程度上真正解决争议，不管是在中世纪时期还是在今天显然都是一个值得怀疑的问题。

在中世纪时期，卖方负责送货是当时一个普遍为人所知的交易习惯。但是，在中世纪时期经常有关于送货的争议发生。有时，因为买方离卖方距离太远，而导致卖方拒绝送货，也有就送货的具体位置发生了争议。还有的时候，由于买方临时变换了营业地，而要求卖方转移送货的地方，从而引发了双方的龃龉。总之，情况五花八门，根本很难用既有自治性习惯法解决这类争端。对于这个问题，坚信中世纪时期商人法自治性的学者辩称：在当时，有商人们自治性组建的商人法庭解决这些争端，他们会澄清既有的商事习惯规则。事实上，中世纪的商人法庭也确实有这样的诉讼程序证明某种商事惯例的存在。在1276年的一个关于送货义务产生的纠纷中，法庭组织了由6—10名商人组成的陪审团，这个陪审团在当时被叫做“图尔巴”(turba)。这十名商人被法官要求诉说他们知道的当地的交易习惯是否存在，并且要解释这些交易习惯的具体内容。但是，事实上在这个案件中，图尔巴的成员对于交易习惯的内容的理解是完全不一样的。①

甚至在有些时候，对于一些基本的商事交易原则，商人们也可能产生不同的理解。例如，通常认为诚实信用地进行交易是商人群体之间通行的行为准则。在一个案件中，一个日耳曼的客商将一匹驴子卖给了一个英国商人。但是这个驴子的眼睛有毛病。日耳曼的客商明知道这一点，但是没有告知买受人。买受人没有对驴子进行检验就付款并将驴子牵走了。后买受人发现了驴子的瑕疵要求退货，遭到拒绝。法官发现商人们之间的交易习惯根本无法确认这种交易行为是否违背了所谓诚信交易的交易习惯，最终还是适用了罗

① 一个商人认为，只有在离卖方不超过六个街区的情况下，卖方才有送货义务。另外一个商人则认为，要取决于货物的多少，如果货物多，那么送货的距离就应当短。反之，就应当远一些。又一个商人认为，送货的不应超出这个城镇的城墙，因为他从来没听说过有谁将货物送到了城墙外面。最后一个商人认为，不管多远，卖方都应当送货，因为他是一个鞋匠，当然希望人们多走些路。参见 Hubert Hall, *Selected Cases Concerning the Law Merchant*. Selden Society Publishing, 1930, p.43。

马法裁决了案件。[①] 而事实上，罗马法也确实一直构成了中世纪时期商人进行交易的规则基础。可想而知：在商业交易需要精细化规则的大前提下，法学家和立法者都不可能解决规则制度的供给问题。没有受过专门法律训练，每天专注于赚取金钱的商人是不可能解决得比法学家更好的。

此外，如前文提及的商人们自发起草的《海事法典》等成文性的法律规范。姑且不论这些法律具有明显的特别法的性质，而且通过对其内容的研究，我们会发现，这些规则的内容基本都是以罗马法为根本皈依的。几乎所有的规则都可以在罗马法中找到根源和根据。[②]

此外，又有学者辩护说欧洲中世纪时期的商人法庭对统一化、体系化的商人法的形成起到了至关重要的作用。商事法院在具体适用这些商人们公认的“习惯”去处理、解决商事纠纷和争议时形成了一些商事判例，这些“判例”通过城市国家的汇编和广泛传播并系统化地发展成为“惯例”，在诉讼中无须再对这些“惯例”进行举证，从而也具有了普遍约束力。[③] 这些学者认为商人法庭有时会以“公正公平”的原则处理案件，从而形成体系化的判例系统。但是，我们可以想见，在国际高度一体化和信息技术高度发达的今天，一个国家和仲裁机构的权威经典裁决尚不能影响全球的所有法院和仲裁机构。在信息闭塞、交通不畅的中世纪，商人临时性搭建的灰脚法庭怎么可能超越现在的条件构建起统一的判例法体系呢？所以笔者认为，即便中世纪商人法具有一定的自治性，但是其必然是零散的、且不成体系的。

---

① 参见 Mert Elcin, *The Applicable Law to International Commercial Contracts and the Status of Lex Mercatoria - With a Special Emphasis on Choice of Law Rules in the European Community*, Dissertation.com Publishing, 2010, pp.17-19。

② 有学者对中世纪的商人法典进行了研究，发现其内容大多和国家法律的规则并无二致。例如：无非是当事方自治、善意原则、合同必须信守、通知与合作原则。一些具体的制度诸如私人保证、物的取回、商事留置等，这些规则与罗马法的精神和原理是高度一致的。中世纪商人法正是在“扬弃”罗马法制度成果（主要是“万民法”）的基础上才得以发展和完善的，它的概念体系、原理体系、价值体系、方法体系都与罗马法存在着深刻的内在联系；另一方面，前已述及，天主教会对商事交易的宽容政策是商人阶层突起和商贸活动兴旺的意识形态前提。参见 Celia Wasserstein Fassberg, Lex Mercatoria-Hoist with Its Own Petard?, *Chicago Journal of International Law*,Vol.5, 2004(1), p.80。

③ 毛健铭：《商法探源——论中世纪的商人法》，《法制与社会发展》2003 年第 4 期。

四、中世纪商人法执行力较弱

一个规则体系，若想生存必须具备一种保障机制，即必须鼓励别人去遵守它。那么对违反其规则的人的惩罚或者强制执行就是使其维持活力的一个重要机能。我们姑且认为自治性的规则体系可以完美的形成，在正常的情况下也能够得到社会成员的遵守。在这种情况下，某个社会成员对规则的违反，我们也可以认同对规则的悖逆不会影响规则本身的法律性。但是，当社会成员对规则的违反没有受到任何的制裁，或者没有受到与其违反规则性质相适应的制裁时，那么其他成员对于这个规则的信心就会产生怀疑。最终使这个规则逐步没落甚至无效化。在中世纪时期，由于没有统一强制执行机构，商人法的执行往往依赖于商人行会和商人自身强制执行这种法律规则。

通常情况下，商人们通过自己的行会解决纠纷，而不是求助于封建官僚或教会的司法系统。行会的处罚规则是：为了保护每一个诚信商人的利益，违反商行规定的人将被驱逐出组织，即使不被驱逐也要接受罚款。违法者通常选择接受罚款，因为被驱逐出行会将给他们带来更大的经济损失。在一些情况下，这个规则也适用于那些未经行会同意擅自帮助非行会成员，削弱了商人对于商行提供的安全保障信心。当一个商人感到被欺骗或注意到有商人在逃避抗击侵略者的战争时，他就可以通过散布此违规者的流言蜚语建立一个制裁，这样此违反规则商人的声誉便会受到影响。这种通过散布流言蜚语建立一个信用机制的方式是对违反者的有效处罚，因为没人愿意同不可靠的商人进行贸易往来。另外商行成员还可以通过对其成员的不合理行为表示反对和抵触，建立一个商誉规则，区分令人讨厌的商人和值得信赖的商人。①

但是笔者认为，这种制裁方式并不是真正法律意义上的制裁。而是类似于社会对于违法者的一种“放逐”。就像在日常生活中，一个人不讲信用，没有人愿意和他进行交往，但这并不能等同于这个人承担了法律上的责任。

---

① 参见姜世波、范佳佳：《中世纪商人法真的是现代商人法的渊源吗?》，《民间法》2010年卷，第338页。

当一个人的某个违法行为，在很长的一段时间内才能受到因此而带来的不利的法律后果时，人们往往会淡化他的违法行为和承担的法律后果之间的联系，进而对该行为应当依照的法律制度体系之实效性产生怀疑和不信任。

从另一个角度讲，商会对于不遵守规则的成员的惩罚的力度和效果也是令人怀疑的。商会对于商会内部的商人和外部的商人采取不甚相同的态度。12 世纪中期，法国的一个行会法规规定："成为其中一个成员的敌人的外国人将被看作是其所有成员的敌人"。这个规则意味着，即使是最不诚信的商人也必须得到行会的保护，只要他是其成员之一。因为并不是违法者所在行会的所有成员都想切断与其他行会的贸易关系，这是对违反不同商行组织间规则的商人通常的处罚方式。但是在实践中，由于不同地区商行间的往来较少，缺少促使跨行商人遵守其他商行规则的强制制度。各商行具有相对自足的封闭性和排他性，在不同商行的商人之间发生贸易摩擦时也没有相对成熟的争端解决方式，更没有力量能保证履行应当遵守的承诺，所以这种"以一及百"的规则对来自不同商行的商人之间是很难实施的。①

总之，中世纪时期所谓的跨国商人法并不是像有些学者指称的那样完美，其具有很多非常明显的缺陷。事实上，是不能完全满足商人群体的需求的。因此，随着民族国家的兴起，国家通过国家的立法行为，对民族国家内部市场以及与市场相匹配的法律规则进行统一和精细化成为了法律的重要进步。

第二节　全面衰退：纳入民族国家法律

自 16 世纪开始，民族国家作为欧洲最大的政治力量登上了历史的舞台。在这期间，由于具有相同的信仰、文化起源以及先天的血脉联系，这些国家与以前的封建诸侯国相比，其向心力和团结力是不可同日而语的。几乎与之

---

① 参见姜世波、范佳佳:《中世纪商人法真的是现代商人法的渊源吗?》,《民间法》2010 年卷，第 339 页。

同步的，国家主权也成为了这个时代国际法的核心基石。其核心标志是欧洲三十年战争和威斯特伐利亚合约确认欧洲各国对领土内的事务具有绝对的权力。在此思想的指引下，法律国家主义的倾向越来越强。那么国际商事惯例这种产生于商事商人之间，并非由国家主权者制定的所谓“法律规则体系”的命运可想而知。①

在此时代背景下，国际商事惯例作为一个独立的法律体系受到了极大的动摇，大量的国家制定的规则取代了国际商事惯例的地位，各国法院开始不太愿意直接适用国际商事惯例和商事习惯作为断案的依据。相应地，各种商事法庭也渐渐地由于其职能被国内法院取代而衰落消失。值得一提的是，此法律进程在欧洲各国国家的表现是不尽相同的。而且，不同学者对此进程的认知观点也不尽相同。例如，对于商人法于此阶段是否仍保有其本质重要性概念，发展上究竟是一种潜在的继续发展还是受到了压制，戈德曼和施米托夫就此阶段商人法为向前发展或向后退步就抱持有不同意见。戈德曼认为在 16 世纪民族国家与主权概念凸显后的前半段时期，国家的特色并不鲜明。此阶段的集权主义国家并非现代意义上所说的民族国家，真正含有民族特性之国家乃是在 19 世纪产生，17—19 世纪之国家法律对商人法的衰退扮演致命性伤害角色，因其阻碍了商人间自主性贸易规范。戈德曼认为，国际商事惯例存在的核心价值和核心意义在于创造一种无政府之法律体制，在此前提之下，自治的国际商事惯例体系如果被纳入到国内法律体制之中则是与这种体制水火不容的。因此，他认为此阶段的法律国家化会毁灭商人法最重要的自治性发展之生命力。②

相比之下，施米托夫对于近代国际商事惯例国家化运动则持有一种微妙且辩证的态度。一方面，他承认将国际商事惯例纳入到国家的法律体系中，

---

① 在律实证主义者和当时的主流思想认为，一切权力都应归属于主权国家。只有在必要时才可能出于礼让的目的来适用外来规则。国际商事惯例在当时的统治者看来都不属于外国主权者制定的规则，所以其地位甚至比不上外国法。参见 Friedrich Juenger, *Choice of law and Multi-justice*, Martinus Nijholff Publishing, 1993, pp.20-22。

② 参见 Nikitas E. Hatzimihail, The Many Lives and Faces of Lex Mercatoria: History as Genealogy in International Business Law, *Law and Contemporary Problems,* Vol.71, 2008(3), p.179。

确实破坏了国际商事惯例本身的自治性和生命活力。他引用了安德雷·童克和施莱辛格的观点印证这种观点:“把民族主义纳入到法学领域是法国的法典编纂和德国历史法学中令人遗憾的产物”。“源于法典编纂所造成的各国法律制度在理解力方面产生了相互孤立的情形”①。

但是同时,其也坚持赋予近代商人法阶段发展正向之意义,他认为此阶段商人法更具系统化以及更有效率,而其认为此阶段是综合国内法、政府间的机构以及国际贸易实务。此时之商人法是表面存在于国家立法机构底下,仍然没有改变商人自发性的造法特色。这是因为:“没有任何一个国家把国际商事惯例完全纳入到国内法,即便在这一时期(指近代),商法的国际性的痕迹依然存在,凡是了解国际商事惯例的渊源和性质的人都能看到这一点。曼斯菲尔德本人也没有打算把商人习惯法与他的古老渊源割裂开来。恰恰相反,他反复表明商人习惯法是国际性的”。②

因此,笔者试图通过对不同国家把国际商事惯例纳入国内法律体系的过程进行历史性的梳理,判断和研究这一历史阶段下民族国家和商人群体之间的复杂关系的现实情况能否印证施米托夫和戈德曼的论断。

一、法国

施米托夫认为,法国全国性的法典编纂起源于路易十四时期的1673年的《商事条例》和1681年科尔伯特的《海商条例》。后来因为法国大革命而中断,到了19世纪初这项工作重新开始,并于1807年颁布了拿破仑时期的《商法典》,拿破仑法典被称为第三等级的胜利。正如我们了解的那样,商人和自由职业者是构成第三等级的重要部分③。

但是,施米托夫并没有分析法典编纂的背后原因和具体的历史进程,因

---

① [英]克里夫·施米托夫:《国际贸易法文选》,赵秀文等译,中国大百科全书出版社1993年版,第10页。

② John Yoo & Ivana Stradner, Customary International Law, in Laurent Mayali ed., *Customary Law Today*, Springer Verlag, 2018, p.320.

③ 参见[英]克里夫·施米托夫:《国际贸易法文选》,赵秀文等译,中国大百科全书出版社1993年版,第9页。

而笔者认为这是个难以令人信服的结论。事实上，法国民法典的编纂背后的推动者并不像施米托夫想象的那么简单，而是有更为复杂的原因。首先需要指明的是，在法国法典的体系中，《法国商法典》占有的仅仅是一部分，国际商事惯例中最重要的核心部分——“合同”的相关规则并没有规定在法国的《法国商法典》中[①]，而是规定在《法国民法典》中，适用民法中“债编”的有关规定。这就要求我们在研究国际商事惯例和法国国内法的关系过程中必须把《法国民法典》而不是《法国商法典》作为核心的研究对象[②]。其次，在整个立法过程中，《法国民法典》和《法国商法典》的编纂极大地受到了法国人文主义法学派的影响，商人在法典编纂的过程中始终处于一种被动的地位。第三，法国法典的编纂的核心价值是与商人群体不谋而合的。本书将利用相关历史事实印证上述观点。

事实上，在法国进行法典编纂以前，由于长时间地受到封建割据的影响，法国虽然名为一个统一国家，但是其内部的法律制度五花八门并不统一。例如，光是在法国境内就有超过三百多个习惯法律体系，这些规则往往是相互冲突的，而且这类习惯法往往存在着大量的法律漏洞（law gaps）。这些相互不统一的习惯法规则对于法国的民商事交往以及合同的确定性产生了极为不利的影响。虽然，早在中世纪以前商人群体就通过自治的方式形成了自己群体内部的统一规则。然而政治形势的变迁导致这种内部的统一规则向更高的位阶升华，从而在国家内部首先形成一个完全统一的大市场。而这个

---

① 事实上，法国商法典在起草之初的1801年文本中确实将第一篇列为“商事交易篇”。但后来，在正式的文本中，将此章节改为“商事总则”。而且，在正式文本中将原来起主导地位的“商行为”改为“商事件”而挪到裁判规则一章中，作为商事法庭行使管辖权的管辖规则。而总则的具体篇目为：第一编，商事件；第二编，商人；第三编，经纪人代理商、运输商、商业代理人和独立销售商；第四编，商业资产。没有直接规定商人进行交易的规则。其核心动机为试图突出商事交易的一般性普遍适用性地位。如果，将商人交易的规则独立于普通交易规则，将会导致国内法制的不统一。参见聂卫锋：《〈法国商法典〉总则述评——历史与当下》，《比较法研究》2012年第3期。

② 当然，也有学者指出在商人交往的实际过程中，民法和商法之间的分野并不是那么明显，即便在民商分立的国家中，这种分别也不应被夸大。参见 Philip De Ly, *International Business Law and Lex Mercatoria*, North Holland Publisher, 1992, p.41。

任务对于商人群体在当时的条件下，显然还是一个不可能完成的任务。因此，在当时的社会环境下，由民族国家对不统一的法律体系进行统一化是再合适不过的了。

自 16 世纪开始，在欧洲大陆就兴起了一场恢复“古代文明”传统的文艺复兴运动。这场运动在法律领域的表现就是对“罗马法”的回归呼吁。在当时的人看来，任何和习惯有关的法律制度都是落后的愚昧的，这与罗马文明的法律格格不入。在法国，这种呼声相对于其他欧洲国家而言更为响亮。在当时，法国最有影响力的当属前文述及的“人文主义法学派”。该学派在法典编纂方面的代表人物是 17 世纪的让·多马（Jean Domat，1625—1696 年）和 18 世纪的波蒂埃（Robert-Joseph Pothier，1699—1772 年）。他们强调通过还原罗马法的传统，发现真正的罗马法并且通过对罗马法能动地改造适应法国当时的需要。人文主义法学派的核心工作是试图通过对传统合同领域的相关规则进行改造而建立一个体系化的私法制度为法国国家服务。这在让·多马的著作中得到很好的体现，并被波蒂埃发扬光大①，他们的这些工作最终形成了法国民法典②。必须承认的是，正是法国国家的兴起和大革命的需要，导致法国民众要求将革命的成果以“国家大法”的形式记录下来而不再更改③。同时，该法典也是为了满足当时法国对于一个统一的法律体系

① 参见 Harles Donahue Jr, Private Law Without the State and During its Formation, 56 *American Journal of Comparative Law*, p.557 (2008)。

② 1804 年《法国民法典》草案的起草仅用了四个月时间。按照法国学者的说法，在这么短的时间里法典的起草人根本无法创造出别出心裁的作品，于是需要从旧法提供的素材中寻求最好的解决办法。当时对此最具影响力的无疑是多马的著作和波蒂埃的著作。此外，根据 1824 年《波蒂埃全集》的编者在《全集》的最后一卷附录的 1804 年《法国民法典》与波蒂埃著作相关部分的对照表统计，1804 年《法国民法典》总计 2281 个条文中共有 1137 条可以从波蒂埃的著作中找到直接相关的出处。有学者甚至断言，波蒂埃的《债权法》一书提供了法国民法典关于合同法方面四分之三以上的材料。参见陈颐：《16 世纪法国人文主义法学与法律科学的体系化》，何勤华主编：《多元的法律文化》，法律出版社 2007 年版，第 477 页。

③ 到 1880 年以前，法国虽然历经更迭，但是其核心内容并未根本上被改变。甚至时至今日，该法典仍然有效。到 2004 年为止，法国民法典共 2281 个条款中的 1200 个条款保持了其原来的样貌未变。参见 Catherine Delplanque, Origins and impact of the French Civil Code, http://www.afhj.fr/ressources/ french-code-civil.pdf.2014 年 4 月 4 日访问。

的需要，这个法律体系使得在统一地域下，商事交易能够按照同一个规则进行。这恰恰满足了商人对交易确定性的渴求。此外《法国民法典》（包括商法典）之所以被称为“第三等级的胜利”，是因为其从根本上体现了1789年《人权宣言》所主张的自由、平等、个人意志等核心的价值观，从而彻底否认了封建时期的等级规则思想①。毫无疑问，这恰恰是当时的商人群体求之不得的东西。因此，商人群体显然毫无必要去另起炉灶地创设一套独立于当时法国国家的法律；另一方面，虽然这种国内法典化运动可能会给商事交易规则带来僵化性和不灵活性，但是在当时的政治环境下，这种缺陷也显得那么不值一提。

二、德国

德国的情况可能与法国有些不同。自三十年战争和威斯特伐利亚条约的签订以后，本就貌合神离的神圣罗马帝国基本解体。德意志随之变成一个地理学上的概念。这个欧洲中部的国家由于受到外部因素的干预和内部矛盾而纷争不止，并最终导致拿破仑皇帝在1806年对这片土地的肆意蹂躏。面对着破败分裂的祖国，德国著名诗人席勒发出这样的考问：“德意志，你在哪里？我找不到那个地方”。② 歌德也同样发出“没有一个城市，甚至一块地方，使我们坚定地指出，这就是德国。如果你在维也纳问这是哪里，那里的人会告诉你这是奥地利。如果你在柏林问这是哪里，那里的人会告诉你是普鲁士。”的无奈感慨。当时的德国，几百个邦国、上千种货币、几千道税收关卡导致国家经济体系四分五裂无法统一。面对当时的情境，德国伟大经济学家李斯特提出建立统一的德意志经济体的思想。最终在德意志精英的领导

---

① 虽然早在路易十四时期法国就统一了司法规则，但是民商事的实体规则却没有统一。法国的立法处于一种多元化的状态，而唯一的统一点则是王权，法国民法典和商法典的出现彻底改变了这一现象。法国民法典和商法典自一开始就强调其普遍适用性，不论身份如何财产多少，都必须按照统一的标准来适用规则。但是也有学者指出，这种一体适用性也有可能导致其不灵活不能适应多变的国际商业环境。参见 Volker Gessner ed., *Contractual Certainty in International Trade*, Hart Publishing, 2009, pp.19-20。

② ［德］席勒：《席勒诗选》，王国维译，时代文艺出版社2012年版，第38页。

下，德国通过德意志内部的自由贸易和军事行动取得了统一。而在此过程中，法律的统一被认为是经济统一的重要助推力。因此，德国在法律编纂的时候特别重视“统一”这一对于德意志最为重要的价值诉求。例如，早在德国统一以前的 1834 年，德意志关税同盟就制定了统一的《德意志票据法》。1856 年，德意志联邦首次召开了编纂统一商法和合同法的会议，1861 年草案出台，该法律在今天的奥地利仍然有效。[①]

在这个时期，国际商事惯例作为商人群体的法律，其存在是那么的不合时宜，这是因为这种法律规则很容易被德意志各个邦国的法院任意解释而使得法律与统一的需要背道而驰。因此，德国的法典在起草之时便将体系化和统一放在了首先考虑的价值上，而将自治性商人法这种自下而上产生的规则排除在外。

19 世纪 50 年代以后，有必要统一法律，逐渐成为大多数人的信念。当然，如何达到统一，哪些部分的法律最适合于统一等问题仍有待解决；另一方面，保守派反对法典的思想也有变化，保守主义派别中有人指出，法典化有助于克服各邦单独立法的危险（这曾是自由主义者的观点）；还有人指出，法典化有助于加强邦联的力量，以反对“革命的”民族主义。[②] 在 1848 年以前，德意志联邦由于其松散的组织结构，甚至连名义上的中央政府也不存在。这使得德国根本无法推进任何民族主义的统一化运动。1848 年后，与统一思想最离心离德的南方三邦都认识到法律改革与加强邦联之间的密切联系的重要性。最终，几乎所有德意志邦联的成员都接受了统一的《商事法典》，这也就是前文提及的 1861 年《德意志商法草案》得以通过的根本原因。

在法律内容上，德国法律基本采用的由各邦立法，然后由国家进行协调统一的方法，属于典型的自上而下的立法模式，在立法逻辑上属于非常严谨的演绎式的推理模式，是人类法律逻辑思维推理的集大成之作。从民族文化上来看，德意志民族善于理性思维的特性在德国的民商法典中被体现得淋漓

---

① 参见［英］克里夫·施米托夫：《国际贸易法文选》，赵秀文等译，中国大百科全书出版社 1993 年版，第 9 页。

② 参见张梅：《德国民法典的制定与经过》，《比较法研究》1997 年第 4 期。

尽致。同时，从德国的法律传统上来看，自上而下地制定法律也是有着其深深的社会基础的。

中世纪末期以来，德国在继承罗马法、教会法的基础上，逐渐形成一种在全德国境内适用的法，称为普通法（Gemeines Recht）。与普通法相对的是地方特别法（Partikularreckt）。起初，普通法只居于补充地方法的地位。在普通法里，以罗马法为基础的私法占主要部分。由于这一部分主要来自罗马法大全（Corpus juris Civilis）中的《学说汇纂》（Pandectae），于是普通法中的私法部分又特称为潘德克顿。1495 年，德国设立了帝国宫廷法院（Reichskammeryericht），作为帝国最高法院。法院中法官依普通法裁判案件，于是构成潘德克顿的内容的罗马法，在德国取得了越来越重要的地位，这种情况，北德在 15 世纪末期，南德在 16 世纪中期完成。[①]

因此，我们似乎可以发现，在德国民商法典的编纂的过程中，采取的是自上而下的国家立法模式。而且在法律制定的过程中，法学家占据了主导的地位，商人几乎没有参与到立法的过程中去。而且在德国的立法上，政治化因素特别明显，其立法的核心在于排除非国家制定的商事习惯规则，将分散在民间的习惯性规则集中到德国的整体的国家意志之上。这样就使得自治性习惯规则几乎无法获得适用。在涉外商事交往层面，当时德国国际私法学说正是萨维尼的法律关系本座说居于绝对统治地位的时代。通过寻找法律关系的本座适用相应的法律规则是当时德国法院适用国际私法规则的圭臬[②]。国际商事惯例这种非国家制定的“无本之木”，由于缺乏和法律关系相应的连接点，根本无法作为所谓的“本座法”进行适用。因此，德国的法律在《民法典》、《商法典》编纂前后是极端民族主义和排斥外来法的。

三、欧洲大陆两大国内法典化进程的比较

通过对德国民商事立法的活动的梳理，我们认识到，德国与法国的立法过程是两种进路，且价值取向以及商人的参与程度均是不一样的。相对于法

---

① 参见谢怀栻：《大陆法国家民法典研究》（续），《外国法译评》1994 年第 4 期。

② 参见韩德培：《国际私法》，武汉大学出版社 1983 年版，第 45 页。

国那种在大革命之后急需将已有的革命成果以法律的方式稳固下来的做法，德国的法典化进程更加倾向于一种有目的的渐进式的法律制定的过程。其编纂的核心目的在于统一原本各不相同的德意志各邦的法律，而统一的基础在各邦对于罗马法的认同基础之上。用一个不太恰当的比喻，法国民法典和商法典的编纂类似于一座火山的爆发，经过长期的力量积累，然后自发地突然爆发，看似一蹴而就地制定了法国的两大法典。而德国的法典编纂更像是有意识地进行一项工程，经过长期的准备，最终的法典便水到渠成了。

另外，两者在商人的参与程度上也是有所不同的。法国民商法典的制定是法国大革命的成果，而在法国大革命中，商人是重要的参与群体，他们也是所谓的“第三等级”中一股最重要的力量。而德国的法典化推动的主要力量来自于德国封建的容克集团，这些人的社会地位与商人相差较远，因此德国的民商法典对商人的参与以及商事习惯的排斥程度是远远大于《法国民法典》的。

虽然两者存在以上的不同，但是两者之间却是有着一个很明显的共同点，即他们都统一了当时法国、德国四分五裂且相互冲突的法律体系；并且增强了当时商人群体交易行为的法律确定性；同时极大地促进了当时德国法国内部统一市场的形成。而且由民族国家政府机构保障法律的实施和依据法律做出的裁决的执行，其可靠程度以及效率性都大大高于原来的商人法庭。在这种优势以及当时的社会生活条件大变迁的背景下，不能适用商人自己产生的法律规则与法典化、法制统一化的好处相比显得是那么的微不足道。因此，笔者认为，戈德曼关于“商人群体”国家化有害于国际商事惯例法制体制的观点是过于局限的。德国和法国的法典编纂虽然使得国际商事惯例失去了其原有的独立性，但是对于商人群体却是远远利大于弊的。同时，笔者认为施米托夫所说的国际商事惯例在法治国家化的进程中没有受到损害的观点也是需要进一步予以澄清的。国家对法典的起草和编纂在形式意义上显然从根本上动摇了商人适用自治性的国际商事规则的可能性。而且在法典起草的过程中主要是法学家在进行相关的工作，商人们几乎没有参与进来。自这些法典生效之后，在国家的领土范围内，商人的任何交易活动必须适用主权国家的民商事法律。但是，在当时的社会背景下，这种自治性规范的暂时让位不但没有损害到商人们的根本利益，反而是强化了当时商人们的核心利益。

因此，商人群体对这种国家的立法成果显然是乐见其成的。

四、英国

对于英国将商事习惯纳入国内法的原因与动机，施米托夫简单直观地认为主要是由于经济原因。因为，英国是一个海上贸易国家，因此海上贸易已成为国家生活的一部分①。但是，笔者认为，施米托夫又有将这一过程过度简单化的嫌疑。事实上，将国际商事惯例规则纳入到国内法的进程，早在15世纪末到16世纪初就已经开始了。众所周知，普通法是在英国既有的习惯上发展出来的一种法律体系。是普通法法官在新的程序性规则的框架下，通过司法实践对过去的习惯进行辨识、承继、修正、加工整合之后形成的一套法律体系，其主要体现形式为判例。但在15世纪有史料表明，当时普通法处于一种极为混乱、不统一的状态。很多源于罗马人、皮克特人、撒克逊人、丹麦人等的习惯法规则相互之间根本不能自洽，这使得普通法成为了根本无法解决法律争端的规则体系。因此，当时的英国迫切地需要一种新的规则体系修正旧有的英国普通法。因此，衡平法和衡平法院作为回应社会需要的新的法律规则体系登上历史舞台。

衡平法庭的兴起与作为衡平法官的御前大臣（后被称大法官）及其权力的性质与演变是直接相关的。简言之，大法官行使的实际上是国王的保留司法权。国王是一切公平正义的源泉，其司法权并不因为普通法法庭的建立而被穷尽。因此，当当事人的权益因为各种原因（如普通法自身在程序方面的缺陷、对方当事人的强大影响力等）而无法在普通法法庭得到救济时，他就可以直接将纠纷诉诸国王及其咨政议会，后者逐渐将这类纠纷转给大法官处理。大法官在司法过程中并不依循普通法的程序（非不依循普通法），而是采取了与教会法院类似的程序，通过刮擦当事人的良心（scrape one’s conscience）探明事实，并依此作出判决，因此也被称为良心法庭（court of conscience）。②

① ［英］克里夫·施米托夫：《国际贸易法文选》，赵秀文等译，中国大百科全书出版社1993年版，第10页。

② 参见李红海：《自足的普通法与不自足的衡平法——论英国普通法与衡平法的关系》，《清华法学》2010年第6期。

随着衡平法院的日趋强势，旧有的英格兰习惯法在很大程度上被取代了。在被取代的过程中，各种商事习惯也被视为习惯的一种而被排除于衡平法之外。而且，当时的英国的很多地方民族主义情绪开始越来越强，对于国际商事惯例这种外来的东西他们也是非常反感的。因此，他们也反对把外来的国际商事惯例规则作为衡平法的一部分纳入到国内法的体系中去；① 另一方面，自 17 世纪开始，英国开始强化法院的权力，原有的商人法庭逐步让位给英国国家的各种法院。尽管个别的灰脚法庭在名义上存在到了 19 世纪，但早已失去了其原有的功能。② 在这个意义上，英国将国际商事规则纳入国内的法律体系，更多的是用一种新的法律体系即衡平法法律体系取代了旧有的全部习惯法规则。在这个过程中，由于民族情绪等因素的干扰，使得原本不应当被取代的国际商事惯例规则成为了本不应当的受害者。自此，国际商事惯例规则作为习惯的一种在法院进行审判时仅被认定为一种事实，而不是法律。

但是，时间推移到了 18 世纪，当时的英国已经完全取代西班牙等老牌的海上强国成为了世界第一大海上贸易强国，其殖民地遍布五大洲四大洋。此时，商人更需要一种更加确定的法律规则体系，而不是由法官任意决定的所谓“良心的裁决”。③ 面对这种需求，于 1756 年登上英国王座法院首席大法官的曼斯菲尔德在审理 Pillans v. Van Mierop 案中，第一次将国际商事习惯规则这一国际商事惯例的核心渊源认定为法律而不是事实。从而将国际商事惯例纳入到英国的普通法法律体系中。这一举动，看似进一步将国际商事惯例纳入到国内法体系中，但事实上，其毫无疑问地强化了国际商事惯例的法律地位。因为自此之后，由法院宣告的商事裁决中确认的商事习惯正式具有了法律效力，并且可以被反复适用。商人的交易习惯被正式赋予了法律的

---

① Harles Donahue.Jr, Private Law Without the State and During its Formation, 56 *American Journal of Comparative Law*, p.555 (2008).

② 参见赵立新：《论中世纪的“灰脚法庭”》，《复旦学报》2008 年第 1 期。

③ 16 世纪至 18 世纪早期，在解决国际商事交易的争端过程中，法官有时也会采纳商人交易的一般实践作为裁决案件的根据。但是，在裁决中，往往需要当事人证明这种实践的存在，而且即便证明了这种实践的存在法官也要结合案件的综合案情来判断是否能够采纳这种实践。这就使得裁决的随意性非常的大，这显然不会为商人群体所乐于接受。参见 Mary Bateson, Borough Customs, *Publications of the Selden Society*, 1906, pp.77-79。

强制力。而且，英国法院的裁决也会随时关注国际商事交易的新实践，并在解释商事惯例时考虑新的交易习惯。一旦法院宣告了某一交易习惯是具有约束力的，那么对于交易习惯的不同理解和不同的交易的做法将不被认可具有法律效力。这一点对于国际商事惯例的发展的意义是极为重大的，这意味着商人法规则将可能被正式地统一，并被赋予确定的含义。其结果是，英国法院通过这种方法发展出一种与商法典几乎功能一致的商法体系，而这种商法体系再加上一系列的单行的商事法规的补充，构成了英国完整而又独特的商法体系。①

综上，英国将商人法规则纳入国内法的路径与大陆法国家那种通过立法的模式完成这一历史过程的方式不同。英国将国际商事惯例纳入到国内法体系中的方法是一种通过司法的方式逐步纳入的方法。作为典型海洋法国家，英国历来重视法院判例的作用，在国际商事惯例的问题上也概莫能外。通过司法判例，英国法院成功地弥补了传统普通法不能有效地解决国际商事争端这一缺陷。通过对商事惯例的承认，英国成功解决了商事惯例不统一且缺乏确定性的弊端。通过对判例的公布，极大地促进了商事法律规则的可预测性，这显然是商人群体的商人们求之不得的。英国作为当时最大的海上强国，对于贸易尤其是海上贸易的依赖程度是空前的。因此，在一定程度上，商人群体的利益几乎是可以和英国的国家利益画上等号的。因此，英国看似通过司法权的放大剥夺了商人群体自己制定规则的权力，但事实上仍然使商人获得了实质上的好处。国际商事惯例被纳入到英国普通法后丧失了其“国际性的特征”，施米托夫也对此进行了辩护，他引用曼斯菲尔德大法官在审理 Pelly v.Royal Exchange Assurance 案中的判决证明商法在全世界的一致性，② 借此证明商法在近代的民族化对其国际性是影响甚微的。但是笔者认为，即便认同英国的法院将国际商事惯例“英国化”的观点，也对当时英国商人群体甚至整个欧洲的商人群体无所损害。英国作为当时的海上霸主，控

① 参见 David J. Bederman, *Custom as a Source of Law*, Cambridge University Press, 2010, p.122。

② 参见［英］克里夫·施米托夫：《国际贸易法文选》，赵秀文等译，中国大百科全书出版社 1993 年版，第 11 页。

制着几乎全球的海上贸易。那么其法律规则本身就是具有国际性的，即便是英国的舰队无法控制的地方，由于英国法律的先进性，很多商人自愿地选择英国法律作为他们进行商事交易的准据法。[①] 因此，可以认为在那个时候英国的法律可以说就是当时海上贸易的共同法。这同时也从另外一个角度证明了，任何所谓自治性的规则，要想真正取得统治地位以及真正地发挥实效，是绝对离不开国家的推动和国内法律的承认与强化作用的。而事实上，被推广为“所有商人和国家均接受的规则”也几乎无不带有明显的国内法律的印记。只不过推行这种规则的霸权国家为了强化这类规则的“正当性”（legitimacy），将这类规则宣传为“所有商人都接受的共同习惯”，并以此达到推广这类规则的目的。

第三节　以史为鉴：商人法无法证成国际商事惯例优先适用的原因

通过前文的论证，我们发现商人法作为商事惯例的历史形态，是一种非常初阶和不成熟的规则。只不过在中世纪时期特殊的历史背景下发挥了一段时期调整欧洲商人跨国商事交易的法律功能。然而不论是施米托夫还是戈德曼似乎都对商法在近代的消亡耿耿于怀，都或多或少地认为这是商法发展的倒退，并把这种倒退归结于商人法之外的外因作用。他们似乎都或多或少地忽视了商人法自身存在的问题。从历史上看，商人法是从事商事交易的当事人自发产生的规则，这就决定了这种规则难以统一、不成体系的特性。更为重要的是，中世纪商人的灰脚法庭不存在完整的判例法体系，这就进一步导致这种规则的不统一性和非体系性，此外商人法的执行机制也非常值得怀疑。在中世纪时期由于国家的体制功能并不健全、商事法律制度供给不足，商人法或许能够在一定程度上发挥作用。然而，随着民族国家的出现，国家的制定法越来越完善，势必导致商人对国家制定法的倾向性越来越明显。故

① 参见董安生：《新编英国商法》，复旦大学出版社 2009 年版，第 2 页。

此，笔者认为，商人法相对于国家制定法的劣势这一内因才是这种法律规则体系在近代被国家制定法取代的根本原因。

在第二次世界大战结束以后，国际社会出现了一种“新商人法”理论，这种理论主张应当在精神上传承中世纪商人法的自治精神和独立理念，抛弃商事交易中国家立法和制定法主权是掌控（governing）国际商事交易准据法的过时理念，适用“自治、独立、统一”的国际商事惯例处理国际商事纠纷，最终实现国际商领域的法律统一。然而这种“新商人法”理论对于中世纪商人法缺乏体系化的方法论和判例实践支持的劣势视而不见，片面地强调商人法的自治性和去主权疆域的精神特质，试图通过在没有解决商人法巨大的法律方法缺陷的情况下复活商人法这种古老的“法律传统”意图为让自治性的规则获得优先适用地位的主张提供正当性依据，并冠之以“国际商事惯例”适用优先的新的称谓。这种先验且缺乏科学依据的构建国际商事惯例制度的设计思路显然会遭遇失败。笔者认为，商人法的自治性特征虽然是这种规则的优势所在，然而这种优势也必须以建立确定的法律方法以及科学的适用程序体系为根本前提，在没有解决这两个根本问题之前不宜过度强调其重要性。此外，基于商人法历史存在依据的商事惯例也不宜过度拔高自己的适用地位，意图在国际商事交易层面优先于国家制定法适用。国际商事惯例应当先试图建立自己完整的适用和承认的二级规则，进而在这些规则的指引下发挥国际商事自治法律规则相对于国家制定法的优势，在有充分适用理由和具体的适用条件的前提下构建国际商事惯例的适用规则。唯有如此才能让国际商事惯例的适用让人信服，而不是凭借先验的主观直觉和对某种传说的执着试图构建法律上的虚无缥缈的“空中楼阁”。

第三章　国际商事惯例之体系定位：与成文法适用之关系

国际商法学界对国际商事惯例似乎总是赋予非常高的期望。有学者甚至认为国际商事惯例能够构成除国际法以及国内法外的第三类法律秩序，并且是国际商法发展的根本内核，在中世纪时期商人自发形成的各种习惯和惯例构成了欧洲商事交易的几乎所有规则。[①] 在今天商事惯例的自治精神仍然影响着国内以及国际商事交易法律体系的发展，商事惯例作为一种自治的规则体系并未完全被国家法律制度取代，仍然从根本上引导着国际商法的发展以及裁判机关的裁判。[②] 总之，国际商法的学者更加倾向于将国际商法的独立性构建在商事惯例的基础之上，强调国际商法的基本规则不是来源于国家机关的制定，而是来源于商人们的商事实践。主要是通过不断创设各种类型和各个行业的商业惯例形成国际商法基本的形态是习惯法而不是制定法，是民间法而不是国家法。[③] 该理论将国际商事惯例的地位拔高到如此之高的地步，其根本意图在于将国际商法作为一个法律制度体系从国际经济法中独立出来。[④] 该思路虽然对整个国际法学学科的发展具有推进意义，但

---

① 参见 Leon E. Trakman, The Evolution of the Law Merchant: Our Commercial Heritage - Part I: Ancient and Medieval Law Merchant, 12 *Journal of Maritime Law and Commerce*, pp.20, 24 (1980)。

② 参见 Leon E. Trakman, The Evolution of the Law Merchant: Out Commercial Heritage - Part II: The Modern Law Merchant, 12 *Journal of Maritime Law and Commerce,* pp.153, 182 (1981)。

③ 参见左海聪主编：《国际商法》，法律出版社 2013 年版，第 13 页。

④ 参见左海聪：《国际商法是独立的法律部门——兼谈国际商法学是独立的法学部门》，《法商研究》2005 年第 2 期。

是在一定程度上会导致我们对于国际商事惯例的一些具体细节产生误解，所以有待本书做出澄清以帮助学界清晰认知国际商事惯例在国际商法体系中的作用和地位。

第一节　商人法与国际商事惯例

一、旧商人法的概念与发展规律

国内外很多文献往往将商事惯例等同于新商人法，并认为这是一种独立于国内法的规则体系。[①] 那么与之相对应的就是国际商事惯例的历史渊源形态，也就是“旧商人法”。对于旧商人法的历史起源，学界观点不太一致，有学者认为这种规则最早可以追溯到古希腊城邦时期，那时候在地中海进行贸易的商人之间就遵循一种朴素的交易规则。[②] 也有学者认为旧商人法的起源很明显来源于古罗马时期的万民法。在古罗马时期，外事裁判官在审理外邦人案件时，不能适用罗马的法律，只能使用所有民族都共同接受的一般习惯法规则“万民法”(jus gentium)。[③] 不过真正有证据可以证明商人法真正繁荣并发挥作用的时代显然应当是欧洲的中世纪时期。根据学者的描述，在欧洲中世纪时期，由于不存在大一统的政权，各个封建王公之间攻伐不止，商人对于他们不过是征税的对象而已，基本没有动机去为他们的交易制定相应的规则。当时的教会显然是欧洲中世纪时期一股重要的政治力量，但教会法对商人的态度不是非常友好。这是因为根据基督教的教义，追求金钱利益的商人是侍奉“玛门”的自甘堕落者，想进入天国比骆驼穿过针孔还要难。[④] 在此背景下，商人不得不自己去解决交易中出现的争端。根据学者们的说法，商人之间自发产生的习惯性的规则，最终形成了一整套自发调整的规则

---

① 参见［英］克里夫·施米托夫：《国际贸易法文选》赵秀文译，中国大百科全书出版社 1993 年版，第 2—22 页。

② 参见 Paul Vinogradoff, *Historical Types of International Law*, Clarendon Press,1928, p.262.

③ 参见 Berthold Goldman, Lex Mercatoira, 3 *Forum Internationale*, p.3(1983)。

④ 参见《马太福音》第 6 章 24 节；第 19 章 24 节。

运行机制。[①] 总的来说，哪里有商人哪里就有法律，这几乎成为一种普适性的规律。[②] 在集市和港口，商人之间的习惯成为了区别于教会、国王命令的一套独立的规则体系，其特征为：跨国性、自治性、迅捷便利以及习惯中心主义。在中世纪的欧洲，商人作为一个特殊群体，他们之间习惯规则可以说是压倒性地一致。[③] 适用和执行这种规则的则是由商人组成的“灰脚法庭”（piepowder court）进行解释和适用。[④]

随着近代民族国家的出现，自治性的商人法迅速被国家法律取代。民族国家将商事交易纳入到国家的管辖范围之内，商人法作为一个法律体系被并入到国家制定法之中，对于国际商事交易的法律适用也变成了通过“冲突法选择准据法”的调整模式解决不同国家的法律冲突的问题。对于前述法律变迁现象，戈德曼和施米托夫虽然在一些具体的理论细节上有所不同，但他们共同的基本认知都认为商人法的精神并没有死亡，而是处于一种“隐匿的发展状态”。[⑤] 国际商法的发展基本动力仍然是商人追求自身利益和进行创新的精神与动机。因此，即便是各国成文的商法，其中的规则仍然体现着满足商人习惯的强烈色彩。

不过前述观点似乎刻意模糊了法律发展与裁判规则之间的关系。众所周知，法律的发展呈现的是一种动态的过程，然而裁判需要的却是静态的标准，任何法官不可能仅仅凭借“法律精神”去断案，任何法律精神必须结合具体的规则才可能发挥裁判功能。此时必须要解决的问题是，旧商人法的规则究竟有没有成体系化和精确化的裁判标准。耶鲁大学的史蒂文斯·萨克斯

① 参见 Roger Van den Bergh, Private law in a globalizing world: economic criteria for choosing the optimal regulatory level in a multilevel government system, in Michael Faure, André van der Walt ed., *Globalization and Private Law: The Way Forward*, Edward Elgar Publishing, 2011, pp.68-69。

② 参见朱慈蕴、毛健铭：《商法探源——论中世纪的商人法》，《法制与社会发展》2003 年第 4 期。

③ 参见 Harold J. Berman; Colin Kaufman, Law of International Commercial Transactions (Lex Mercatoria), 19 *Havard International Law Journal*, pp.221, 225 (1978)。

④ 参见赵立行：《论中世纪的灰脚法庭》，《复旦学报》2008 年第 1 期。

⑤ Nikitas E. Hatzimihail, The Many Lives—and Faces—of Lex Mercatoria: History as Genealogy in International Business Law, 71 *Law and Contemporary, Problems*, pp.169,188 (2008).

对中世纪的灰脚法庭的裁判文书进行了实证梳理，发现在中世纪，商人法庭进行裁判的依据根本不存在统一和系统化的标准，适用的规则往往带有强烈程序化的倾向，在中世纪最为著名且档案保存完好的圣埃文斯商人法庭长达二百多年的裁判案件的档案中，学者发现只有 7 个案件适用了普遍的商人法习惯对案件的实体性争议进行了裁决，大部分案件裁判者都是通过以说理的方式适用英国当地的习惯对案件进行了裁决。① 美国西北大学的艾米丽·凯登丝同样指出中世纪商人法根本不是一套“统一的私法法律规则体系，更像是一套程序规则，而这种程序规则的目的在于授予其中一些商人裁判的特权，后世由于不清楚这套规则的运作机制以及真正的实体内容就将中世纪商人灰脚法庭进行裁判的依据统称为商人法。然而这种认识显然是不准确的”。② 笔者同意凯登丝的观点，从现有的证据来看，商人法在根本上不过是灰脚法庭裁判依据的一种笼统的称谓，不能称其为系统化的法律体系。在中世纪时期，各个地区的商人法庭之间并没有相应的沟通机制，也没有信息沟通，很难相信他们会按照统一的裁判标准进行裁决，也根本无法形成有效的规则体系与系统。只不过由于年代久远，人们忘记了他们之间裁判标准的差别，只根据裁判者的共同身份以及商人法庭的裁判依据与当时教会法、封建王侯法之间的差别这些并不周延的证据，就声称商人法是一个统一且系统化的规则体系的理论显然是缺乏说服力的。总之，虽然国内外学者在描述旧商人法时，总是将旧商人法与当时商人之间自发形成的惯例或习惯相互关联起来。但事实上可能并非如此，在中世纪由于商人之间的交易缺乏相应的制度供给，因此他们只能通过自己创制这些规则，由于缺乏立法和司法的中心机构，他们只好将这些案件交给他们信任的第三方去进行裁决。灰脚法庭就是进行裁判的机构，灰脚法庭在裁判案件时会依据某个裁判标准进行裁判，那么对他们创制的这套标准的最好外包装显然就是“商人习惯”。可是从现有的资料来看，没有充足的证据证明这些标准就是商人之间已然形成的规范。

---

① 参见 Stephen Edward Sachs, From St. Ives to Cyberspace: The Modern Distortion of The Medieval Law Merchant, 21 *American University International Law Revie,* pp.694, 732 (2006)。

② Emily Kadens, Order within Law, Variety within Custom: The Character of the Medieval Merchant Law, 5 *Chicago Journal of International Law*, pp.39, 66 (2004).

而且由于当时法庭法官之间不存在制度性的信息沟通制度和渠道，裁判的标准肯定是不一致的，更多地是根据裁判商人的感觉和经验进行裁决。这种裁判机构由于缺乏相应的统一标准，在民族国家收回裁判权力后，自然而然地失去了存在的基础。所以笔者不同意施米托夫和戈德曼的观点，认为近代民族国家的法律取代了商人法。事实的真相应该是商人法由于缺乏相应的裁判标准，不能满足日趋复杂的商事交易需要，而且由于民族国家将裁判权力收归国家的法院，导致旧的商人法成为了无本之木，最终自然消退。

二、新商人法与国际商事惯例

自 19 世纪末期开始，商人们发现不同国家之间的商事交易制度处于一种割裂状态，成为了国际商事交易的阻碍。为解决该问题，商人们试图寻找法律统一的方法。1877 年伦敦成立了商人自发组成的“伦敦谷物贸易协会”(London Corn Trade Association)。该协会将谷物交易的主要规则以标准合同的形式固定下来，并载有明确的仲裁条款，规定出现争议后应无条件地将争议提交协会仲裁院进行仲裁。该标准合同在第一次世界大战后得到了大量的谷物商人的响应，并取得了极大的成功。后来有许多其他的贸易商协会也效仿了伦敦谷物协会的模式，纷纷开始制定各自贸易的标准合同。这种情况的出现使得学者们开始相信一套独立于国家法律体系之外的统一的商人自治法开始出现。在 1930 年“普遍的商人规则”(universal law merchant) 的概念第一次被正式提出，[①] 然而随着第二次世界大战的爆发，导致这项学术探索几乎中断了。

第二次世界大战结束后，冷战格局的形成导致世界因为政治的原因被人为地割裂开来。为了建立起东西方贸易的共同法律规则框架，以施米托夫为代表的贸易法专家试图重新使用各国都认可的商事惯例作为制度的顶层设计方案。他强调商法本身就是根据商人自己的惯例形成的，所以从性质上说具有整体上的趋同性：“我们正在开始重新发现商法的国际性，国际法——国

---

① 参见 Rudolf Fränkel, Der Irrgarten des internationalen Privatrechts, 4 *Zeitschrift für ausländisches und internationales Privatrecht,* pp.239,243(1930)。

内法——国际法这个发展圈子已经自行完成；各地商法的总趋势是摆脱国内法的限制，朝着普遍性和国际性概念的国际贸易法的方向发展”。[①] 学者将各国的商法的基础建立在商人的共同的行为信仰之上，进而提出国家的商事法律必须根据这种信仰形成的习惯为基础进行构建，这些习惯可以概括为：1. 当事人自治；2. 在国内法强制规则以外尽可能尊重商人处分权利的商业实践；3. 合同必须信守；4. 使用仲裁解决争端。[②] 在此思路指引下，20 世纪 60 年代后，以施米托夫为代表的国际贸易法专家制定了一系列国际统一法文件，其中以《联合国国际货物销售合同公约》（UN Convention of International Sale of Goods，CISG）为代表的国际统一法文件取得了令人瞩目的成功。基于这种成功经验，以国际商事惯例为基础的新商人法可以实现各国商法的统一观念深入人心。不过在成功之下，也掩盖了这种观念存在的极大问题。

三、国际商事惯例的合法依据意义及其局限性

从前文的分析，不难看出不论是旧商人法还是新商人法，对于商人之间的习惯和惯例并没有从法律适用意义上发挥适用功能，更多的是以一种宣传口号或名义上的角色在发挥作用。不论是旧商人法还是新商人法，都强调本身独立于政府制定法的“自治性”。那么具有自治性的最为典型的渊源形式就是“习惯”或者“惯例”。在此背景下，不论是中世纪时期灰脚法庭的商人法官还是联合国贸法会的条约起草者都将自己裁判的理由或制定的条约草案以商人普遍接受的惯例进行包装，以彰显其行为的合法性。具体而言，通过宣称自己的裁判是“依据古老而公认的商业习惯得出的裁决”。这让中世纪的商人法官的裁决能够得到当事人的信服。通过鼓吹商人们普遍接受的“一般性做法”可以使得冷战时期的东西方国家抛弃意识形态之争，共同接受统一法文件的某个具体规则。这些不得不说是具有积极意义和价值的。可是这也直

---

① ［英］克里夫·施米托夫：《国际贸易法文选》，赵秀文译，中国大百科全书出版社 1993 年版，第 230 页。

② 参见 Ana M. López-Rodríguez, *Lex Mercatoria and Harmonization of Contract Law in the EU*, DJOF Publishing, 2003, p.89。

接导致国际商事惯例或习惯被过度拔高以至于偏离了其应有的法律地位。

不论是新商人法还是旧商人法，之所以强调商事惯例基础意义是因为商事惯例和习惯本身属于自发产生的规则体系，而且这种规则体系的发展也不必受制于成文法的束缚，可以独立向前发展的深意在于意图构建一套独立于国内法的裁判规则体系。[①] 不过必须要强调的是商事惯例在进行适用的时候具有非常巨大的缺陷，其裁判标准非常不容易确定。根据权威的《布莱克法律词典》的定义，惯例或者习惯是指："一种被长期以来普遍接受且统一的惯习性做法。"[②] 从该定义不难看出，相对于法律和判例，这种规范的识别难度非常高。譬如，对于长期以来普遍接受这个条件的识别就非常的难以确定。现代商事交易以迅捷、便利为根本追求价值，长期古老形成的规则本身就与"长期以来普遍接受"的要求自相矛盾。

从内容上看，惯例的内容也相当不确定，芝加哥大学丽莎·伯恩斯坦甚至认为："商业惯例、习惯性做法的内容相当具有弹性，因此很难以科学的标准判断商人的行为是否符合一项商事惯例。"她举例说，"一项合同义务，要求在'合理的时间'内履行，此时通常要根据商事惯例确定合理时间的具体标准，然而商事惯例无法告诉我们关于该法律问题的任何事情。在问卷调查中，不同的商人对于合理时间的理解可以用天差地别来形容"。[③]

总之，在构建商人法制度体系的过程中使用国际商事惯例的优势和劣势几乎一样明显。强调国际商事惯例的基础地位有助于规避国家的政治疆界和意识形态壁垒，从而消除商法统一的法律制度障碍。但缺点是商事惯例的适用严重缺乏明晰的裁判标准，这使得商事惯例在裁判中特别容易被滥用。裁判者只要强调案件是根据"公认的国际商事惯例"进行的裁判，当事人很难予以反驳，这是因为证明某种行为模式不是"长期被普遍接受"的商事惯例，几乎和证明某种行为模式是"长期被普遍接受"的商事惯例几乎一样困难。此时，裁判者的自由裁量权就将发挥至关重要的作用，然而这无疑会牺牲国

① 参见左海聪：《国际商事条约和国际商事惯例的特点及相互关系》，《法学》2007 年第 4 期。

② Byan Garner ed., *Black Law Dictionary (10th edition)*, West Publishing, 2014, p.787.

③ Lisa Bernstein, The Myth of Trade Usages: A Talk, 23 *Barry Law Review*, pp.121,122 (2018).

际商事交易裁判的确定性和可预测性的价值。

第二节　国际商事惯例在国际商法体系中的地位

梳理已有的相关文献，可以发现一个非常有意思的现象：学者在谈论国际商事惯例的可适用性时，往往遵循着这样一种技术路线，先分析国际商事惯例的性质，强调其自治性特征，然后再强调这种规则的法律功能的研究。[①] 或者是通过高深的法学理论分析商事惯例对当事人发挥约束力的原理的分析。[②] 还有通过列举的方法适用国际商事惯例的具体模式，[③] 以及通过对裁判机构具体适用商事惯例进行梳理的工作。[④] 不过上述这些工作似乎都忽略商事惯例发挥作用的一个重要的问题：既然商事惯例作为一种规则，其必然有固定的行为模式，那么如何判断一种行为模式构成商事惯例？商事惯例的约束力来源又来自何处？在已有的研究中，学者们似乎将国际商事惯例的适用当作是一种"理所应当"的事情。他们认为国际商事惯例作为一种"具有自治性特性"的规则，当然应当获得无条件的适用，唯一的例外是和国家法律的公共秩序相冲突时。而且由于这种规则更为具体且更贴近当事人的意思，故应当优先适用。[⑤] 前述观点在笔者看来，并没有全面反映出国际商法发展规律的本质，商事惯例对于国际商法的自治发展确实具有较大的意义，然而商事惯例的存在和发展并不能完全等同于国际商法的自治发展过程。

---

① 参见柯泽东：《国际贸易习惯法暨国际商事仲裁》，元照出版公司 2008 年版，第 120—175 页。

② 参见 Detlef von Daniels, *The Concept of Law from a Transnational perspective*, Ashgate Publishing, 2010, pp.65-80。

③ 参见 Leon E. Trakman, The Twenty-First-Century Law Merchant, 48 *American Business Law Journal*, pp.775, 834(2011)。

④ 参见 H. Patrick Glenn, The Law Merchant and Choice of Law, n Fabien Gelinas(ed.), *Trade Usage and Implied Terms in the Age of Arbitration*, Oxford University Press,2016,pp.240-252。

⑤ 参见左海聪：《从国际商法的特质看〈民法典（草案）〉中的国际商法渊源条款》，《国际法年刊》2013 年，第 314 页。

众所周知，商人是国际社会中最为活跃的群体，财富进取心会促使他们自发地发明各种各样的交易方式和交易技术寻找交易机会。交易的创新也是他们获取财富的最核心手段。但是法律规定往往固定甚至有些僵化，这时法律便有可能成为商人进行交易的障碍，减少他们交易的灵活性。正如一份对加拿大的合同法的报告指出的那样："在我们的报告中有这样一条主线：确定性并不是合同法中唯一的重要价值。在很多情况下，我们必须制定相应的解决方案使确定性价值与灵活性相匹配。原有的法律规则在有些情况下，已经变得又过时又古板以致成为了交易的障碍"。[①] 显而易见，法律的修改相对于商人的实践而言是困难的。此时，商事交易中商人便产生了突破既有交易规则的强烈动机。布鲁斯·本森指出商人之间的交易不需要复杂的制度建构，商人对于交易的渴望和知识足以满足他们自发地通过实践构建起相应的规则体系。习惯和惯例便是他们制度建构的重要基础。[②] 从实践上看，美国著名的"斯威夫特诉泰森案"中，斯托雷大法官（Judge Story）认为虽然纽约州的先前判决构成先例，但是联邦法院的法官却不一定要受到州法的约束。在该案中法官有权按照已经形成的一般性惯例决断案件，在本案中可转让票据的交易不应视为某个州应当尊重的交易秩序，而是整个商业社会应当尊重的交易行为模式。[③] 又如在另外一个美国最高法院审理的案件中法官更是指出相关的海事习惯规则可以高于普通法规则也可以高于联邦的制定法，因为这种海事习惯是从事海运的业务者从事决策的根本依据，所以法院应当尊重的根本点还是从业者的决策。[④]

作为大陆法系代表的德国法院审理的"船舶经纪人佣金案"[⑤] 也是一个典型

---

① Rosalie Jukier, Flexibility And Certainty as Competing Contract Values: a Civil Lawyer' s Reaction To The Ontario Law Reform Commission' s Recommendations on Amendments to The Law of Contract, 14 *Canadian Business Law Journal*, p.14(1988).

② 参见 Bruce L. Benson, The Spontaneous Evolution of Commercial Law, 55 *Southern Economic Journal,* pp.645,660(1989)。

③ 参见 41 U.S. 1, 10 L. Ed. 865, 1842 U.S. available at: https://www.casebriefs.com/blog/law/civil-procedure/ civil-procedure-keyed-to-marcus/the-rewards-and-costs-of-litigation-of-remedies-and-related-matters/swift-v-tyson/［2019-7-30 last visited］。

④ 参见 David Bederman, *Custom as a Source of Law*, Cambridge University, 2010, p.124。

⑤ Bundesgerichtshoff, 1.12.1965 (VIII ZR 271/63), NJW 1966, 502 (*Shipbroker Decision*).

的适用商事惯例推翻成文法的案件，在该案中一个船舶经纪人作为卖方的代理人成功促成了一单船舶销售合同，但由于买方的单方面原因合同并未履行。经纪人遂依据《德国民法典》第652条的规定向船舶的卖方主张经纪佣金，该条规定：当经纪人促成其充当媒介的合同时，许诺佣金的一方就应当兑现佣金承诺。该条款并未提及合同如果没能履行的情况下被代理人是否应当支付佣金。此时根据文义解释的原则，应当理解为不论合同是否履行，经纪人都有权利请求被代理人履行支付佣金的义务。① 但是作为被告的船舶卖方却提出抗辩并举证，在汉堡港的船舶经纪人之间存在这样一种确定的商事惯例：在船舶卖方不存在过错的情况下，如果船舶未能最后售出，经纪人无权向卖方主张佣金。汉堡地方法院和德国联邦最高法院经过审理后都认为："已然确立的商事惯例对于商人具有直接的约束力，可以推翻《德国民法典》中的默认规定。"②

正是基于上述证据才导致目前法学界产生的惯例和习惯是国际商法发展的根本依托的观念。不过笔者认为，商事惯例虽然对国际商法的自治发展具有一定的关联性，但国际商事惯例不是国际商法成立和发展的唯一动力，甚至连最主要的发展动力也算不上。因此，将国际商法的自治性与商事惯例或习惯等同的观点在许多层面难以成立，具体来说有以下几个方面的原因是证明笔者观点的关键。

一、裁判机构排除成文法适用商事惯例的权限不足问题

承前文所述，在适用商事惯例的过程中不论是美国的法院还是德国的法

---

① 根据德国的官方英文译本该条款为：A person who promises a brokerage fee for evidence of the opportunity to enter into a contract or for negotiating a contract is obliged to pay the fee only if the contract comes into existence as a result of the evidence or as a result of the negotiation of the broker. 我国著名学者陈卫佐对该条的翻译为："某人就报告订立合同的机会或充当合同的媒介而许诺支付居间佣金的，仅在合同因该报告或居间人的媒介而成立时，许诺支付居间佣金的人才有义务去支付佣金"。两者之间似乎有些许差异，句中的 only if 似乎应当理解为只要……即可。参见陈卫佐译：《德国民法典》，法律出版社2006年版，第265页。

② Helge Dedek, Not Merely Facts: Trade Usages in German Contract Law, in Fabien Gelinas(ed.), *Trade Usage and Implied Terms in the Age of Arbitration*, Oxford University Press,2016, pp.86-87.

院都突破了成文法或判例法的规定，在法律的适用过程中法官都在不同程度上扮演了“准立法者”的角色。他们通过自身的“法律洞察力”敏锐地发现了成文法和判例法的缺陷和漏洞，通过缜密的调查和详尽的说理才达成了上述目的。姑且不论这对于法官的素养提出了多么苛刻的要求，我国法官的职业素养是否能达到。我国目前的法律体系似乎也无法从整体上接受、借鉴这种商事惯例的司法地位。这是因为，我国法律并没有赋予法院对法律进行审查的权利，法官在进行裁判时，必须依据法律进行裁判。根据我国《民法总则》第 10 条的规定，只有在法律没有规定的情况下，才可以使用习惯或惯例。因此，在我国现行法律体系下，将国外适用惯例的方法推进我国国际商法发展的思路根本不切实际。此外，笔者梳理了绝大多数国家，如英国、日本以及我国台湾地区的法律，发现上述国家和地区的法律同样没有赋予法官依据惯例推翻成文法的权限，德国的前述判例在数量庞大的既有案例中也仅仅是一个个例，不足以代表各国法律的全貌。

二、商事惯例推动法律发展的有限性

相对于形成较慢且内容难以确定的国际商事惯例或习惯，同样具有自治性的商业合同则可能发挥更为重要的作用。艾米丽·凯登丝在研究中世纪商人法时指出，在中世纪时期当时对于商人法规则的形成，商业惯例或习惯有时无法发挥自治性的调整功能，这是由于两方面的原因造成的：首先，由于习惯是由行为而非言语表达形成的，因此在争议之前，商人群体内的大多数成员很少有理由将其行为定义为一种法律形式。他们可能只是模糊地意识到他们的习惯行为，或者其他人做同样的事情。在他凭借对习惯的感觉行事后，如果出现争端，相关的证据由于都是过去发生的将非常难以收集，甚至出现与他们的感觉完全相反的信息出现。其次，习惯即便被证明，其内容往往也存在巨大的漏洞，期待依据习惯裁决案件的方法在很多情况下是无效的。[①] 相对而言，标准合同在调整商人之间的交易则相对更具明确性和可预

---

① 参见 Emily Kadens, the Myth of the Customary Law Merchant, 90 *Texas Law Review*, pp.1191,1192 (2012)。

测性，有学者指出，在贸易领域行业协会为了制定一套关于交易的完整自治性规则，这些特定的行业协会制定了详细的标准格式合同。有证据表明成熟市场的贸易商不依赖不成文的惯例或习惯划定合同义务。相反，这些具体的贸易中会使用标准格式合同，这些标准合同对与相关行业发展自治性规则的意义远远要比惯例和习惯更为巨大。[①] 相比之下不难看出，标准合同条款相对于国际商事惯例在自治性的国际商法体系中发挥的功能作用可能更为巨大，由此可以反证出过度拔高商事惯例在国际商法体系中的作用的错误性。

三、惯例和习惯的形成与变化难度

一些学者认为，商事惯例对于国际商法的发展，在根本上是因为商事惯例和习惯的自治性作用，这种自治性可以推动商法脱离国内法自我规范的向前发展，成为了新商法区别于传统商法最为关键的要素。[②] 有学者将商事惯例的基本价值归结为可以提高法律的灵活性和高效性，以降低交易成本。[③] 可是，根据商事惯例的定义，商事惯例必须经过长期反复的行为，因此商事惯例一般要经过相当长的时间才能逐步形成。[④] 英国著名的法学家赫伯特·哈特（HLA. Hart）也同样对惯例和习惯的法律功能持怀疑态度，虽然他在他的著作中批判奥斯汀主义将法律本质庸俗地限定于主权者的命令，认为约束力的来源和主权者的命令没有直接和必然的联系，但他也指出与制定商法惯例和习惯的二级规则并不明确。因为相对于法律的制定，惯例和习惯是逐渐演化出来的，演化这一过程决定了这种规则的变动性与难以观测性。赫伯特·哈特由此得出结论：由于缺乏惯例改变的明确的程序规则和

---

① 参见 John Linarelli, The Economics of Uniform Laws and Uniform Lawmaking, 48 *Wayne Law Review,* pp.1439,1440(2002)。

② 参见许中缘：《商法的独立品格与我国民法典的编纂》（上），人民出版社 2017 年版，第 65—66 页。

③ 参见周林彬、王佩佩：《商事惯例初论——以立法构建为视角》，《中国商法年刊》2007 年卷，第 24—25 页。

④ 参见余劲松、左海聪主编：《国际经济法学》，高教出版社 2016 年版，第 34 页。

承认规则，所以从法官的认知角度来看，应从严控制习惯和惯例的内容变动。[①] 对于赫伯特·哈特的观点，有学者如库特反驳说惯例或习惯的修改具备明确的程序规则和承认规则，他把这种程序性的承认二级规则归结为群体内“共识”(consensus)，强调由于不受政治因素的控制和利益群体的影响，所以习惯和惯例相对于成文法更容易改变和与时俱进。[②] 笔者认为库特这种辩解的说服力实在不强，历史经验证明让一个群体达成共识的难度远远比规则制定强制接受后逐渐内化要大得多的多。在商事交易中交易的复杂性决定了商人达成共识更是一件非常困难的事情。所以说试图利用惯例和习惯推动国际商法的想法恐怕是一种本末倒置的思路，等待商人的创新形成为所有商人都接受习惯的时间点恐怕要远远晚于法律规则对商人的创新接受的时间点。

四、商事惯例成文化后的效力质疑

面对商事惯例不成文且难以识别和适用的困境，国际上一些政府组织和非政府组织试图通过编纂的方法使商事惯例成文化、系统化，其中私人化的编纂过程对于国际商事惯例的法典化具有特别的重要意义。[③] 笔者承认这些非政府组织工作意义的重要价值，不过就理论角度而言，上述工作与商事惯例的基本性质和存在的形态存在冲突就是一个非常值得讨论的问题。[④] 退一步讲，即便承认这些私人组织做的工作就是对既存的商事惯例的编纂，但是从法律效力的角度来看，这种不具法律约束力的规则能在多大程度上推动国际商法的发展也着实让人心存疑虑。以国际商会（International Commercial Chamber, ICC）为例，其制定的《国际贸易术语解释通则》(Incoterms)、《跟

---

① 参见［英］赫伯特·哈特:《法律的概念》，张文显等译，中国大百科全书出版社 1996 年版，第 89—91 页。

② 参见 Robert D. Cooter, Decentralized Law for a Complex Economy: The Structural Approach to Adjudicating the New Law Merchant , 144 *University of Pennsylvania Law Review*, pp.1655 (1996)。

③ 参见向前:《国际商法自治性研究》，法律出版社 2011 年版，第 202—204 页。

④ 参见 Celia Wasserstein Fassberg, Lex Mercatoria-Hoist with Its Own Petard?, 5 *Chicago Journal of International Law,* pp.71,79-80 (2004)。

单托收统一惯例》（URC）、《跟单信用证统一惯例》（UCP）以及《见索即付保函统一规则》（URDG）等规则不可谓影响力不大。然而这些规则虽然成文，但并不当然对国际商事交易的当事人具有法律约束力。再以 Incoterms 为例，Incoterms 在序言中明确要求只有在当事人明示选择规则时，该规则才能够适用。此外，当事人在选择贸易术语后，完全可以对术语的内容进行修改以变更，例如在“韩国栗村化学、天津高盛科技发展有限公司国际货物买卖合同纠纷案”中，[①] 双方当事人选择“FOB 釜山”的贸易术语交易条件。根据任何版本的 Incoterms 的规定，此种贸易条件下都应当由买方安排运输，交货地应为韩国釜山。然而在本案中双方却均认可双方已然合意由卖方韩国栗村化学安排运输完成交货，且最后法院将交货地点认定为中国新港。再以《跟单信用证统一惯例》（UCP）和《见索即付保函统一规则》（URDG）为例，对于前者根据最高人民法院 2006 年开始实施的《审理信用证纠纷案件若干意见》第 2 条的规定，UCP 在当事人没有明示排除适用的情况下自动适用，但对于后者最高院的 2016 年的司法解释则明确规定只有在双方当事人明示约定的情况下，才能将 URDG 视为当事人担保合同的一部分予以适用。对于制定机构一致，性质相同的规则，我国法院采取了泾渭分明的两种态度，从另一个侧面证明了即便将国际商会等非政府机构制定的规范性文件视为国际商事惯例的成文化，那么这种成文的国际商事惯例对于国际商法的发展也没有绝对必然的推动关系，而必须要考虑国内法的介入程度。

综上，笔者此部分的论述并非试图证明国际商事惯例不能在案件中予以适用，也无意否认国际商事惯例在国际商法体系中的重要地位，而是认为不应把这种自治性规范过度拔高。自治性确实是国际商法的核心属性，也是国际商法能够取得相对独立地位的基础，但这种自治性与国际商事惯例本身并没有绝对必然的联系，国际商事惯例最多只是国际商法自治性诸多影响因素和组成要素中的一种，仅此而已。

---

① （2017）津民终 21 号。

第三节 在国际商法规则体系中的适用

基于前文的陈述，笔者发现国际商法的自治发展在根本上讲与商事惯例没有必然的联系，因此我们必须重新对国际商事惯例在国际商法中的地位进行思考和研究，以帮助我们能够在未来的商事裁判中准确把握商事惯例的功能和适用方法。

一、国际商事惯例裁判标准的发现

承前文所述，已有的大多数文献在研究商事惯例时，似乎有意无意地忽视了商事惯例在裁判中的裁判标准问题。换言之，法官或仲裁员在进行裁判时，援引商事惯例对于为何要适用商事惯例，判断商事惯例的司法标准以及在商事惯例之间产生冲突应当秉持何种标准进行判断存在模糊的认知，因此在研究商事惯例的地位时必须解决该问题。在此思路指引下，笔者试图通过梳理典型案例中外国著名法官对商事惯例进行裁判时的说理过程发现国际商事惯例在司法中应当遵循的判别标准。

在“通用再保险公司诉芬兰芬尼亚保险公司”案中，英国王座法院的法官认为，取消再保险修改要求的惯例必须要有充分的证据证明某种行为模式已然充分明确和明晰，以至于参与同样交易的当事人有理由认为必须同意这种行为模式时，才能使得这种行为模式作为商事惯例产生法律约束力的后果。当事人单方面的相信不足以使得这种行为模式获得商事惯例的地位。①这就要求出庭作证的专家证人之间的证词高度一致，换言之，如果商事惯例的适用将会排除交易当事人的主要权利时，必须以审慎的态度对待商事惯例的适用过程，必须将当事人的交易环境和交易意图纳入到确定商事惯例的考察范围之内。②再如，在“利比亚阿拉伯国家银行诉英国银行家信托公司案”

---

① 参见 General Reinsurance Corp. v Forsakringsaktiebolaget Fennia Patria［1981］QB 856, 876。

② 参见 Orsolya Toth, *Lex Mercatoria: Theory and Practice*, Oxford University Press, 2017, pp.267-278。

中克里斯托弗·斯托顿（Sir Christopher Staughton）大法官在审理后认为："虽然 CHIPS 是欧洲美元业务下普遍使用的业务系统，但是如果想要构成一个否定性的免责条款以排除原告方的一项权利，以上的事实显然是不够的。我需要更多的证据表明为什么合同的一方要同意这么做，而并不是他从来没有行使过这项权利。换言之，我必须得到充分的证据证明双方当事人已然建立起对于涉诉交易模式的充分信任，然后才能使这种做法产生法律约束力。但很明显，现有事实证据并不足以满足上述条件。"① 在该案中法官强调了将当事人交易意图作为商事惯例进行裁判的核心裁判标准。因此，笔者初步认为，任何国际商事惯例在适用时必须要考虑当事人的真实意思，要通过案件中呈现出的证据准确推断当事人对案件可能涉及的"国际商事惯例"的接受情况。认为国际商事惯例具有自治性，因此就不考虑当事人的接受而直接适用的观点显然很难成立。

从另外一个角度来看，CISG 作为最为权威的国际法律文件，其对惯例的规定也是我们必须考虑的重要依据。根据 CISG 第 9 条的规定，都有"同意"这一明确的限定语。不同的是第 1 款的同意是基于缔约双方当事人的明示同意，而第 2 款则是在商事惯例为从事同样特定贸易的商人广泛知道和经常遵守的事实状态下，当事人知道或应当知道商事惯例的内容的前提下，推定当事人默示地同意商事惯例的内容，进而产生法律约束力。同时 CISG 为了解决当事人的意思在具体的案件中难以探知的难题，规定了理性当事人的标准，根据 CISG 第 8.2 条的规定："当事人的意思表示应按照一个与另一方当事人同等资格、通情达理的人处于相同情况中，应有的理解来解释"。这也从另一个层面证明了惯例必须和当事人的交易意图进行相互印证式的理解。

通过上述论证我们不难发现，商事惯例对当事人产生约束力，进而应当由裁判机关适用的前提是当事人明示或默示地同意商事惯例对他们产生约束

---

① High Court of Justice (Queen's Bench Division, Commercial Court) Judgment in Libyan Arab Foreign Bank v. Bankers Trust Company (Extraterritoriality of U.S. Order to Freeze Libyan Assets; Banking Procedures for Clearing Eurodollar Accounts; Status of Accounts Held in London), 26 I.L.M. 1600 (1987).

力。因此，在进行裁判的过程中必须通过案件的客观证据，从一个理性第三人的角度理解当事人的意图，发现当事人按照商事惯例的行为的真实意图时，通过对意图的理解决定是否适用，以及如何适用商事惯例。我们发现，相对于成文法律，商事惯例的裁判往往更依赖于案件各种事实以及细节的再现。没有这些案件事实细节的阐明，就无法查明当事人对惯例的真实态度，商事惯例的适用也就无从谈起。

二、成文法与商事惯例之间的关系

目前已有的许多著述似乎都试图将国际商事惯例、国内法和国家条约之间建立起机械的效力等级顺位。认为成文法和商事惯例之间存在着一种相互竞争的关系。在此目的论下，他们以商事惯例是当事人之间自发产生的规则且更为具体为由，想当然地为国际商事案件的裁判设定了如下规则适用顺位：合同的明确约定优先于商事惯例，商事惯例又应当优先于国际条约，而国际条约则优先于国内法。[①] 显而易见，这种大陆法系的思维定式确实在某种程度上有利于促进我国的法制统一，使得在案件的裁判中裁判者更加有据可循。不过这种思路的一个最大的缺点是机械地设定不同类型规则的适用顺序，与司法实践的现实并不匹配。这是因为商事惯例和成文法之间的关系很难用一种简单的效力顺序排序就能“一言而概之”的。

在“ADC 公司诉匈牙利案中”，该案涉及的协议准据法选择条款是塞浦路斯和匈牙利双边投资保护协定第 6.5 条：“投资者与东道国之间的争议适用法律，包括本协议在内的两国之间的其他协议，以及公认的国际法原则。”对此仲裁庭解释该条款时采取了一种非常特别的解释方法，仲裁庭依据《华盛顿公约》第 42.1 条的起草历史得出结论，在进行投资仲裁时对于一个事项不能适用两种以上的法律渊源。既然双方同意将争议提交国际仲裁，就意味着双方当事人默示地选择了单一类型的准据法规则适用于他们之间的争端。那么根据该双边投资协定第 4.3 条的规定：“在对征收所造成的损失和补

---

① 参见陈晶莹：《论 CISG 项下国际惯例的效力——兼析我〈民国法通则〉第 142 条的改良》，《国际贸易问题》2011 年第 5 期。

偿方面，应按照东道国的法律作为唯一的裁量依据”，鉴于条约只有在这一处特别规定了由东道国法律来进行调整，这也就意味着双方默示地将关于征收的其他事项归结于非东道国的法律也就是投资协定的约定，而投资协定作为条约中的一类当然要受到国际习惯法和国际商事惯例规则的调整。①

不过即便如此，在根据条约和国际法上的习惯规则确认匈牙利政府的行为构成征收后，接下来需要解决的一个问题是计算赔偿金额，由于投资受到政府行为的不利影响，在计算赔偿金额时必须根据政府行为是否违法以及违法程度来进行计算。匈牙利政府首先主张投资者的租约中关于航空管理权无期限的约定是无效的，因为投资者进行的是公共基础设施投资，这种投资本质上是一种有限期限的特许经营。其次，匈牙利政府根据匈牙利《航空交通法》第 45.1 条的规定，投资者的项目公司应该注册为股份有限公司，投资者的股份占有比例应得到匈牙利公司的批准，而投资者却违反该法律的规定注册为有限责任公司，因此该项目公司的成立是无效的。最后，匈牙利政府还主张根据《匈牙利民法典》第 201 条的规定，该合同存在合同履行双方的交易对价严重不公平的情况。

对于匈牙利政府的抗辩，仲裁庭逐一予以回应：首先，仲裁庭对匈牙利《航空交通法》45.1 条的规定进行解读，管理航空设施的机构可以是：a. 一个政府控制的商业实体或者由政府预算列支的事业机构，或者 b. 是一个政府控股的股份有限公司，该股份公司的控股情况应得到政府的批准和许可。在 a 项和 b 项之间是“或者”（or）的关系，根据仲裁申请人提供的证据，该航空管理项目公司在存续期间是一个由匈牙利政府财政预算列支的机构，完全满足匈牙利《航空交通法》45.1 条 a 项的规定。那么 b 项就失去了适用的必要，所以该公司的形式不受任何限制。其次，仲裁庭认为虽然双方当时没有约定具体期限约定，但是根据匈牙利国内司法中的普遍接受实践做法是将无期限的约定视为 5 年约期。最后，匈牙利政府与投资者所签订的投资合同是双方真实有效的意思表示，匈牙利政府从双方的合作中获得了很多利

① 参见 ADC Affiliate Ltd and ADC & ADMC Management Ltd v Republic of Hungary, ICSID Case No ARB/03/16, Award, pp.291-292。

益，并使投资者在很长一段时间内相信投资协议是有效的，如果匈牙利政府主张该协议是无效的，那他先要考虑是否是自己的违法行为所导致的。仲裁庭的推理也可以从《匈牙利民法典》第4编中的规定得到印证。① 从上述案例我们可以清晰地发现，国际习惯规则、国际商事惯例与国内成文法之间的适用往往是并行和互为补充的，在绝大多数情况下它们之间的适用不存在相互排斥的情况。

即便在国际商事惯例和国家成文法之间发生严重的冲突和对立时，国际商事惯例在很多情况下也不能优先适用。例如在“戴梦德碱业出口公司诉FL.布乔亚有限公司案”中，买卖双方签订了一个CIF合同。在合同履行后，买方以卖方没有提供正式的保险单（policy of insurance）为由拒绝付款，而正式保险单则是双方选择的合同的准据法英国法明确要求卖方提供的。诉讼中作为原告的卖方主张，根据已有的判例证明在CIF合同中，卖方可以使用“保险证明文件”（certificate of insurance）替代正式保险单，理由是这是一项已然形成的商事惯例。英国王座法院的亨利·麦卡特（Sir Henry Mc-Cardie）大法官否决了卖方的主张，其裁决理由是已有判例对惯例的认定不足以推翻法律以及合同长久以赋予买方获得正式保单的这项权利。②

当然，商事惯例也有直接推翻法律规定优先适用的情形，典型案例如德国最高院审理的“船舶经纪人佣金案”，本书前面已然述及，在此不再赘述。总之，梳理国外涉及商事惯例的重要判决，可以清楚地发现商事惯例与成文法之间并没有明确的先后适用顺序。所以不宜机械地认定商事惯例与成文法之间的位阶，必须结合具体的案情，以及商事惯例的性质和接受程度决定到底以什么样的方式适用哪种特殊的事实性规则。

三、国际商事惯例的裁判工具意义

从前文的论述我们可以清晰地发现，商事惯例虽然在形式上具有规则的

① 参见 ADC Affiliate Ltd and ADC & ADMC Management Ltd v Republic of Hungary, ICSID Case No ARB/03/16, Award, para, pp.450-475。

② 参见 443 Diamond Alkali Export Corporation v FL. Bourgeois King’s Bench Division [1921] 3 K.B. 443。

特质，不过这种规则与一般的法律不同，并没有天然的法律约束力。因此，在司法裁判中不应当直接将其作为一种法律渊源直接加以适用。具体而言，商事惯例的存在很大程度上只是具有将具体的行业实践以及交易中的具体的交易意图填补、软化交易法律规则或是填补交易空白的功能。例如根据《美国统一商法典》第1—103条a项的规定能够很清晰地印证本书的上述观点。该项的规定是“该法解释和适用的方针”，其中第2子款规定“使商业做法能够通过习惯、行业惯例和当事人协议不断获得发展”。该子款对于习惯和商业惯例的定位是促进商业做法的发展。虽然第3子款规定该条的根本目的在于“使各州法律统一”。但很明显第2子款和第3子款是相互独立的两个部分。第3子款促进“各州商法”统一的主语是《美国统一商法典》这一成文法本身，与商事惯例并无直接的联系。所以不能在商事惯例和促进法律统一之间构建人为的联系，商事惯例和法律统一是相互独立甚至可以说并无关联的两个问题。

又如在《联合国国际货物销售合同公约》（CISG）中第8.3条、第9.1条、第18.3条对于商事惯例的定位是作为确定当事人行为意图的一种“证据”或“参考”，与法律的统一适用完全没有关联。9.2条是让学者们认定商事惯例具有法律性质的根本依据，[①] 该条规定：如果法院在通过事实检验后发现某个商事惯例被从事某一类贸易的当事人“普遍知道”或“通常遵守”的情况下，可以将该惯例整合进当事人的合同之中成为合同的“默示条款”。乍看之下，该条的规则可以说是将“商事惯例”和“统一适用”相关联起来的根本法律依据。但如果仔细分析该条的语句结构，则完全不能认为该条的规定有意赋予商事惯例法律地位，更遑论要在国际商事交易中予以统一适用。该条规定意图在于将某一类交易当事人通常遵守的商事惯例作为一种“参照物”，推定当事人的行为意图，进而解读和理解在这种意图支配下的行为模式，以帮助裁判者把握案件的真实情况，最终依据法律做出正确的裁决。

---

① 参见左海聪、孙莉：《论〈联合国国际货物销售合同公约〉中商事惯例的规范性效力——基于公约第9条第2款的分析》，《法学评论》2017年第2期。

第四节 据“例”力“证”：国际商事惯例之证据、证明功能

通过前述论证，不难看出笔者的写作意图在于探寻为什么中世纪的自治商人法在近代的消失之谜。作为自发产生的规则，国际商事惯例在根本上带有非常巨大的缺陷，其内容相对模糊且不具有当然的法律约束力。只不过在中世纪时期在严重缺乏制度供给的情况下，商人灰脚法庭不得不以其作为裁判的所谓“依据”。事实上，这种规则的适用更多地带有给裁判者的擅断披上合法合理外衣的意味，但在当时的环境下，裁判商人之间的争议时，裁判者似乎也找不到比商人习惯法更好的裁判依据，所以依据商人法进行裁判在历史的视角下来看确实是相对合理的。然而随着民族国家的兴起，商人灰脚法庭的式微，商人习惯法趋于衰落似乎是历史的必然选择。第二次世界大战结束后，国际社会对统一各国商法的法律需求不断增强，国际商事惯例由于号称具有“普遍接受”的特征而重新“被”粉墨登场。然而，此时的国际商事惯例扮演的角色更多的是一种“精神形态”，以达到证成统一法运动可行性的作用。从实体层面和应用层面这种规则根本无法达到统一法学者宣称的那种效果和地位。国际商法的自治性与国际商事惯例之间也不存在直接可证明的必然的联系。

基于上述理论，笔者认为商事惯例无法成为国际统一商法的最为主要的法律基础，更不可能成为与国际法、国内法并行的第三类法律秩序。但这并不意味着，国际商事惯例在司法裁判中不能发挥任何功能。作为商事交易当事人自发产生的行为模式，这种模式必然能够反映交易当事人的意图和想法。虽然可以被相反的证据推翻，但裁判者完全可以用商事惯例作为一种参考和证据推断，勾勒具体商事交易中当事人的意图。裁判者还可以使用商事惯例作为工具加强其法律推理的说服力、填补合同或法律解释中的不足和漏洞。当然，如果裁判者在审判中发现有明显的证据证明当事人已然接受了商事惯例中的行为模式的要求，裁判者当然可以依据惯例的内容直接作出裁决，甚至可以超越法律的规定。上述不同的适用方法与具体国际商事惯例的

形式、内容以及案件的具体情况之间存在非常复杂的关系。在具体的司法过程中，裁判者根本无法按照单一的思路为国际商事惯例来设定适用方法。总之，我国法律不宜机械地设定国际商事惯例在涉外商事审判中的适用顺位和效力层级。

第四章　国际商事惯例的适用偏好：国际商事仲裁语境

从前文的论证我们可以发现，将国际商事惯例视为天然优先适用的法律渊源的学说最大的问题在于，这种理论完全是建立在一种“先验”的认知基础之上的，认为国际商事惯例是当事人之间自发产生的规则。这种观点过多地带有应然性的成分，相对于逻辑而言，法律更应当被看成是已有经验的总结。在此意义上，笔者认为应当使用已有的商事案件裁决证明国际商事惯例的真正适用地位。在此处，为了尽量全面地探查国际商事惯例的适用地位，笔者此章使用最广义下的国际商事惯例——也就是既包括狭义上的行业商事惯例，也包括通过比较各国法律形成的“跨国商法规则”。在案例使用样本上也采用准据法适用最为自由的国际商事仲裁，这是因为在国际商事仲裁中仲裁员选择准据法规则的范围和自由裁量的权限远远大于国内法院，适用国际商事惯例的可能性更大。

通过本章的类型化研究，笔者试图回答如下几个问题：国际商人或商业行为体是否想逃脱国家法律，用自己的贸易习惯和商业惯例取代它们？适用国际商事惯例是否能够为从事跨国商事交易的商业群体提供一个更有效、更统一的跨国商法体系？在国际商事仲裁中究竟是谁更希望适用国际商事惯例，适用这种规则相对于成文法，对于国际商事仲裁中的当事人能否带来更大的好处？通过对于国际商事仲裁准据法适用偏好的分析能够给我国未来国际商事仲裁制度带来哪些启发和借鉴？

第一节　准据法的直接选择（voie directe）

与法院裁决过程不同，在仲裁裁决过程中仲裁庭往往不严格按照冲突法规范选择准据法，而是首先考虑当事人对于实体法的协议选择，在缺乏这种选择的情况下，仲裁庭则可以根据案件的具体情况决定准据法的适用，而不必受相对机械的冲突规范的指引。以中国国际经贸仲裁委员会的仲裁规则为例，该规则第 49 条第 2 款规定："当事人对于案件实体适用法有约定的，从其约定。当事人没有约定或其约定与法律强制性规定相抵触的，由仲裁庭决定案件实体的法律适用。"国际商会仲裁院仲裁规则第 17 条第 1 款规定："当事人有权自由约定仲裁庭处理案件实体问题应适用的法律规则。当事人对此没有约定的，仲裁庭将决定适用其认为适当的法律规则"。即便是使用冲突法规范寻找准据法，也没有具体的冲突规范体系约束仲裁庭，而是仲裁庭发挥自由裁量权限确定最合适的准据法。[①] 而且在许多仲裁规则中对于各种"交易习惯"或"商事惯例"的态度往往模棱两可，仅强调要对这类规则"予以考虑"或"进行参考"，并没有认定自治性商事惯例，国际商事惯例就是相关交易法律关系的自体法，[②] 且措辞均有不同。[③] 因此，任何通过某个国家或某个仲裁机构条文规定来证明自治性商事惯例，国际商事惯例的适用地位的"举例方法"的说服力并不强。相比之下从已有的国际商事仲裁裁决商事机构做出的仲裁裁决中寻找当事人在仲裁前或仲裁中对于实体法的选择进行数据统计可能更加具有客观性，正如彼得·尼格指出的那样："在国际商事交易中的高效和确定价值的获取，在很大程度上取决于法律制度在多大程度

① 例如《联合国国际贸易法委员会国际商事仲裁示范法》第 28 条第 2 款规定在当事人没有选择法律规则的情况下，仲裁庭适用其认为可以适用的冲突规则。

② 参见 See David Oser, *The UNIDROIT Principles of International Commercial Contracts: A Governing Law?* Martinus Nijhoff publishing, 2008, pp.162-163。

③ 参见《中国国际经贸仲裁委员会仲裁规则》第 49 条第 1 款；《国际商会仲裁院仲裁规则》第 21 条第 2 款；《联合国国际贸易法委员会仲裁规则》第 35 条第 3 款。然而《斯德哥尔摩商会仲裁规则》第 22 条则没有提及对惯例的参考。

上允许当事人选择他们认可的规则。他们是自己利益的最佳判断者，如果把确定规则内容的权力过多地留给法院或仲裁机构则会加大这种不确定性的幅度，因为这太容易被司法沙文主义控制”。①

第二节 国际商事惯例适用的类型化梳理

为了弄清国际商事惯例在国际商事仲裁中的适用地位和功能，显然应当从已有的仲裁裁决出发进行实证性统计研究。众所周知，仲裁裁决最重要的特点之一便是保密，因此本研究不可能对所有的仲裁机构的仲裁裁决进行调研和统计，只能退而求其次地寻求可获得且具有代表性的仲裁机构公布的仲裁裁决数据库。庆幸的是在荷兰著名的克鲁乌尔国际出版公司（Kluwer International Publishing）的支持下，国际商事仲裁理事会（International Council for Commercial Arbitration）收集和整理了世界各主要仲裁机构自 1976 年至今的典型性国际商事仲裁裁决，分年度汇编成册出版为系列丛书，并将其命名为《国际商事仲裁理事会仲裁年鉴》（ICCA Arbitration Years Book），业内通常简称该系列丛书为《国际商事仲裁年鉴》。该年鉴的出版为本研究提供了丰富的研究素材和可靠的研究基础。诚然，年鉴收录的典型仲裁案例并不能涵盖所有的仲裁机构的所有仲裁案例样本，但是鉴于国际商事仲裁理事会的高度专业性和权威性，其精心选择并公布的仲裁裁决无疑颇具代表性和示范意义。同时考虑到样本量的合理性，特选取了该年鉴自 2010 年至 2018 年收录的全部共计 66 个案例为分析样本，年份分布如下表所示：

4-1 案例年度分布表

年份	2010	2011	2012	2013	2014	2015	2016	2017	2018
案例数	7	5	6	10	9	7	8	7	7

① See Peter Nygh, *Autonomy in International Contracts*, Oxford University Press, 1999, pp.2-3.

在这些案例中从争议事项来看可归类为：货物买卖合同争议案件 47 个，投资合作协议争议 7 个，工程承包协议争议 5 个，技术转让协议争议 5 个，行政特许协议争议 2 个。当事方既包括私人企业，也包括个别国家的国有企业，以及少量的国家政府接受了仲裁庭的管辖。笔者经过统计后发现，在全部 66 个案例样本中，涉及当事人通过协议明示选择的准据法的案件有 46 件。其中当事人明示选择国内法的案件有 42 件，占了样本将近 70% 的比例；[①] 也有当事人选择 CISG 为准据法，这种情况相对于选择国内法的情况就偏少，只有 4 件案例，[②] 还有 1 件当事人选择了《海牙代理冲突法公约》这种间接模式确定准据法。[③] 而当事人选择国际商事惯例、商人法以及《国际商事合同通则》（UPICC）等非国家制定的规则的案件仅有 2 件案例，其中还包括一个当事人明示授权仲裁庭进行友好裁判的情况。[④] 此外，当事方未选择准据法的案例有 13 个，未涉及准据法选择的案

---

① 由于案例太多，笔者不可能在脚注中一一标明案例名称和案例号，因此对于样本量较大的案例类型的注释特选择从略。本书读者可以自行从链接：https://pan.baidu.com/s/15xsqlPVR3nYcYrFyxPnn8w 下载全部案例样本，提取码：54g5。

② See Distributor Z (US) v Company A (Mexico), Subsidiary B (US), Final Award, ICC Case No.13184, in Albert Jan van den Berg (ed), *Yearbook Commercial Arbitration 2011*,Vol. 36 ,Kluwer Law International 2011, pp. 96 -118. Seller (Italy) v. (1) Buyer (US)& (2) Consignee and guarantor (Ukraine), Final Award, ICC Case No. 14792, in Albert Jan van den Berg (ed), *Yearbook Commercial Arbitration 2012* Vol.37 Kluwer Law International 2012, pp. 110 -125. Buyer (Germany), Seller (Denmark), Final Award, ICC Case No. 16561, 2010, in Albert Jan van den Berg (ed), *Yearbook Commercial Arbitration 2015*, Vol. 40 Kluwer Law International 2015, pp. 206 – 235. Buyer (Taiwan) v. Seller (Germany), Final Award, ICC Case No. 18671, in Albert Jan van den Berg (ed), Yearbook Commercial Arbitration 2017,Vol. 42 Kluwer Law International 2017, pp. 204 -250.

③ See Agent (US) v. Principal (Russian Federation), Final Award, ICC Case No. 13756, 2008, in Albert Jan van den Berg (ed), *Yearbook Commercial Arbitration 2014* ,Vol.39 Kluwer Law International. 2014, pp. 126-128.

④ See Joint Venture (US) v State W, Final Award, ICC Case No. 14108, in Albert Jan van den Berg (ed), *Yearbook Commercial Arbitration 2011*,Vol. 36 pp. 135 -201. Also See Seller (Liechtenstein) v First Buyer (Spain), Final Award, ICC Case No. 13009, in Albert Jan van den Berg (ed), *Yearbook Commercial Arbitration 2011*, Vol. 36, Kluwer Law International 2011, pp.70 – 95. 在该案中当事人明示授权仲裁庭友好裁判，最终仲裁庭适用了“公正、公平、公认的原则”进行了裁决。

例有 4 个。可见当事人在选择准据法上有着明显的偏好，在绝大多数情况下，当事人都会选择成文的国家制定法作为交易的准据法。具体数据如图一所示：

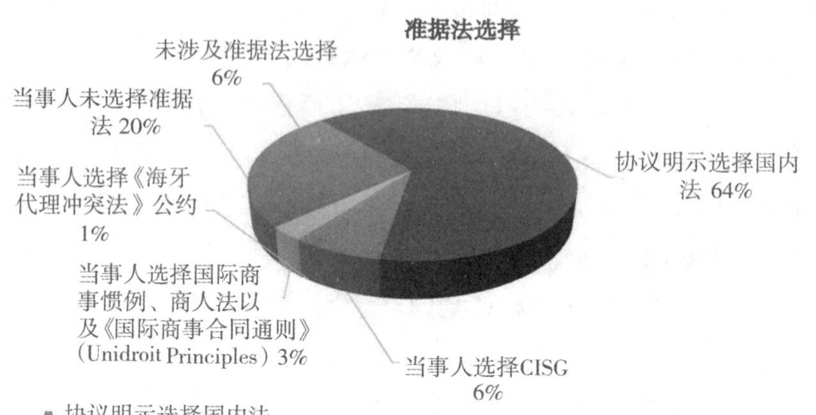

图一

事实上，在国际商事交易中，当事人对准据法的选择的根本动机在于规避他们不愿意适用的某些特定国家法律中的强制性规范，因此才故意制造连接点规避这些国家的法律。[①] 在这个意义上，选择适用所谓的国际商事惯例的帮助并不是很大。因为，国际商事惯例发挥功能的核心区域在根本上是交易的具体模式性规则，大多不涉及强制性规则。[②] 因此，当事人对于国际商事惯例的选择偏好可能并没有支持国际商事惯例优先适用的学者宣称的那样大。同时我们也发现，当事人直接选择 CISG 的情形也相对较少。在大多数

① 参见 Larry E. Ribstein, Choosing Law by Contract, 18 *J.Corp. L*. 248,253 (1993)。

② 参见左海聪：《从国际商法特质看〈民法典（草案）〉中的国际商法渊源条款》，《国际法年刊》2013 年卷，法律出版社 2014 年版，第 310—314 页。

情况下，CISG 的适用当事人在没有明示排除 CISG 适用的情况下，仲裁庭直接依据其职权予以适用的。在本案例样本中，仲裁庭直接适用或者参考适用“国际商事惯例”的案例只有 8 个，仅占样本总量的 12%，有着非常明显的“例外特征”，具体数据如图二所示：

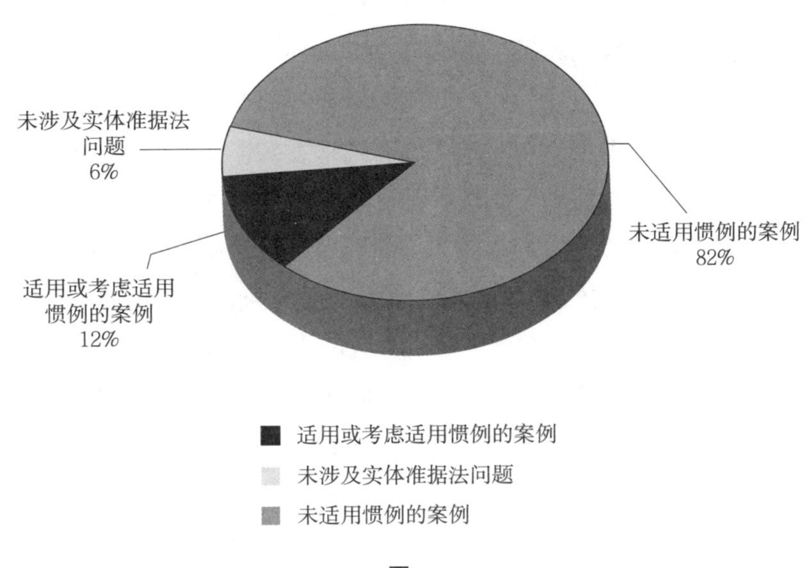

图二

而且通过笔者对涉及适用国际商事惯例的案例的具体案情分析，发现之所以仲裁庭会选择适用“国际商事惯例”都有着明确且偶然的特殊原因，通过对这些特殊原因的归纳可以为我们认识这类自治性规则的适用原理提供经验依据。

第一，由于当事人的特殊身份和争议的特殊性而不愿以国内法作为准据法。在“美国某有限公司诉 W 国政府案”中，美国一家企业与 W 国政府签署了一项特许石油勘探开发协议，但后来 W 国政府的经济政策发生改变，不愿意履行已经生效的协议。在法律适用问题上，W 国政府认为自己作为主权国家不应受到作为平权者的美国的国内法的管辖，而申请仲裁的企业也不愿意适用缺乏透明性且随时可能被更改的东道国国内法。因此，双方经过妥协在仲裁程序过程中达成协议适用双方都能接受且相对中立的 UPICC 作为裁判的准据法。[①] 该规则被许多学者认为是具有自治性的国际商事惯例的汇编的产物,[②] 虽然也有部分学者并不认同该观点。[③] 但可以确定的是，由于当事方具有政府代表的特殊身份，很难让当事方屈服接受另外一个已然怀有敌意国家的法律作为“管辖”他们之间争议的准据法。

第二，根据准据法或仲裁规则对国际商事惯例参酌适用。有时仲裁庭会依据《国际商会仲裁规则》第 17 条第 2 款等类似的规定对相关“商事惯例”予以考虑或参照适用。[④] 此外，在以 CISG 作为准据法的情况下，仲裁庭也会依据该公约第 9 条的规定适用对当事人有约束力的惯例。但从已有的案例样本中，无论是前述哪种情形惯例似乎都不能单独地发挥裁判依据的作用。例如，在一起买卖合同纠纷中，希腊的买方当事人申请仲裁并指责法国的卖方没有尽到妥善交付货物的义务。但是法国的卖方抗辩说双方的合同选择了 CIF 贸易术语，货物是在买方承担风险的区间内发生毁损灭失的。仲裁庭在裁决中既然确认双方在合同中选择了 CIF 术语，因此在对合同进行解释时应当依据 Incoterms 的规定确定 CIF 术语对买卖双方施加的义务。但仲裁庭同时指出:“虽然 CIF 术语决定了买卖双方在货物离开装运港风险转移，但是根据本合同准据法法国法的规定，贸易术语并不能排除卖方销售货物后的附随义务。卖方必须尽一切可能的谨慎安排运输，尽一切努力按照合同规定保留运费并选择能够保证船舶适航的承运人。在本案中，卖方没能保证他选择的承运人的船舶适航性，因此必须承担违约责任。”[⑤] 无独有偶，在瑞士某公司与佛

① 参见 Joint Venture (US) v State W, Final Award, ICC Case No.14108, in Albert Jan van den Berg (ed), *Yearbook Commercial Arbitration 2011*, Vol 36, Kluwer Law International, 2011, pp. 135 -201。

② 参见 Michael Pryles, Application of the Lex Mercatoria in International Commercial Arbitration, 31 *U.N.S.W.L.J*, pp.323,325 (2008)。

③ 参见 Celia Wasserstein Fassberg, Lex Mercatoria-Hoist with Its Own Petard?, 5 *Chicago Journal of International Law,* pp.79,80 (2004)。

④ See Distributor Z (US) v Company A (Mexico), Subsidiary B (US), Final Award, ICC Case No.13184, in Albert Jan van den Berg (ed), *Yearbook Commercial Arbitration 2011*, Vol. 36, Kluwer Law International , 2011, pp. 96 -118.

⑤ See Buyer (Greece) v. Seller (France), Final Award, CAP Award No. 3174, in Albert Jan van den Berg (ed), *Yearbook Commercial Arbitration 2013*, Vol. 38 , Kluwer Law International 2013,p.53.

得角某公司谷物买卖纠纷案中，虽然当事方并没有选择准据法，但是仲裁庭认为根据当事方在履行合同时的表现必须依据成文法裁决该案。这是因为在争端出现以前瑞士公司履行合同依据的法律是法国法律，而佛得角公司履行合同依据的则是佛得角的法律。此时仲裁庭必须从这两种准据法中选择出与案件有最密切联系的唯一的准据法。此时，仲裁庭指出《谷物贸易标准格式合同》（Incograin）是谷物贸易的“一般贸易惯例”，因此根据该格式合同第19条的规定：“除非双方另有协议，否则应以法国法作为交易合同的准据法”，所以应当视为双方当事人已经选择了法国的法律作为其合同的准据法。①

第三，由于法律关系跨越地域而不能适用具体国家的准据法。在美国某项目经理与中国某项目客户纠纷中，来自法国的独任仲裁员认为在双方当事人没有选择准据法的情形下，仲裁庭有充分的自由裁量权决定该纠纷应当适用的法律。而在本案中双方当事人来自完全不同的两个文化圈，而且合同的履行也分别在中国和美国进行，因此UPICC作为自治性的商事惯例反映了中美双方当事人的共同意图，UPICC理应成为当事人之间法律关系的准据法。②

第四，仲裁庭主动对双方选择准据法替代适用。在“阿拉伯联合酋长国某主经销商与分经销商合同纠纷案”中，尽管双方当事人选择了“对欧洲经济共同体有效的法律”，但仲裁员认为在欧洲经济共同体已然不存在的情况下应当重新对双方的选择进行审视，因此仲裁员认为CISG是对大多数欧洲经济共同体国家合同法律关系有效的法律文件。此外，仲裁员还提出阿拉伯联合酋长国不是公约缔约国这一事实对适用公约不构成障碍，这是因为仲裁规则赋予了仲裁员充分的选择准据法的自由裁量权限。由于当事人选择欧洲经济共同体的法律不具备单一性，因此需要转换成为反映欧共体所有国家

---

① See Seller (Switzerland) v. Buyer (Cape Verde), Final Award, CAP Case No. 3203, in Albert Jan van den Berg (ed), *Yearbook Commercial Arbitration 2015* , Vol. 40, Kluwer Law International 2015,p.39.

② See Project Manager (US) v. Project Client (PR China),Final Award, ICC Case No.16816, 2011, in Albert Jan van den Berg (ed), *Yearbook Commercial Arbitration 2015* , Vol. 40, Kluwer Law International 2015,p.240.

共同认可的一般性法律原则，而CISG就是反映这种一般法律原则的法律文件。从这个意义上讲可以将CISG视为国际商事交易中被普遍接受的国际商事惯例，这对同属一个国家的当事人的分销协议同样具有法律约束力。最终，仲裁员驳回了仲裁申请人应根据欧盟现行的《罗马条例I》中的冲突规则的指引而适用阿联酋法的主张，坚持认为仲裁庭不必根据冲突法规则去选择相应的准据法，而应当直接适用具有普遍约束力的国际商事惯例。① 很明显，仲裁员的此种做法根本动机是规避他不愿意适用的阿联酋法律，而试图寻求另一种法律作为替代。

通过上述整理与类型化研究后笔者发现，以当事人自主选择的偏好来看，没有任何证据能够表明“国际商事惯例”或“商人法”更容易为当事人接受和选择，更加没有证据能够证明这类规则更能体现现代国际商事交易当事人的共同利益倾向。恰恰相反，当事人在进行准据法选择的时候大多会选择国内法，甚至类似CISG这样成功的国际商事公约也不能成为当事人的主流选择。因此，没有任何证据能够表明“国际商事惯例”或“自治性商事惯例”是更加贴近交易当事人真实意思的规则体系。在一般情况下，这类规则更多地只能起到辅助裁判者判断事实和补充成文法不足的作用。不过可以肯定的是有相当一部分仲裁员的的确确在不遗余力地宣传、鼓吹这类自治性商事规范的作用，试图将这类规则作为国际通行规则以取代国内法予以适用。② 而且从案例样本中可以看出，绝大多数适用国际商事惯例的发起者和主导者都是仲裁庭的仲裁员，如果没有他们的劝诱和引导，适用这类自治性规则的案例数量还会进一步降低甚至消失。③ 所以，我们更加有必要对这些仲裁员的

---

① See Principal (UAE) v. Distributor (UAE), Final Award, ICC Case No. 18203, 2013, in Albert Jan van den Berg (ed), *Yearbook Commercial Arbitration 2016*, Vol.41, Kluwer Law International 2016, pp.279-280.

② 参见 Gunther Teubner, Breaking Frames Economic Globalization and the Emergence of lex mercatoria, 5 *European Journal of Social Theory*, pp.210, 212 (2002)。

③ 在适用自治性商事惯例的八个案件中，有六个是仲裁庭主动对自治性惯例的适用，有一个案例是在仲裁庭建议后当事人选择了自治性商事（惯例）规则，还有一个案例是当事人明示授权仲裁员进行友好仲裁后仲裁庭适用的自治性商事惯例。适用自治性惯例和仲裁员的影响之间的相关度比例高达惊人的100%。

动机和目的进行进一步的分析。

第三节 国际商事惯例适用的反思：兼论限制适用的合理性

承前文对商事仲裁庭适用准据法情况的总结研究结果可知，在国际商事交易中从双方当事人的选择倾向上来看，他们对于选择“国际商事惯例”似乎并不是那么热衷，反倒是国内成文法成为了他们选择的主要准据法类型。这种结果在很大程度上证伪了“国际商事惯例”当事人偏好优先论者的观点。

从总体上看，国际商事惯例优先论者坚持在仲裁中积极适用这类规则的核心理由不过是“国际商事惯例”是商人社会自发产生的规则，因此对跨国交易当事人更为有利，[①] 又或是这类规则是为跨国商事交易“量身定制”的真正的国际高级规则。[②] 但仅从现实的案例统计数据来看，客观情况的表现完全不足以支持他们的这些观点和主张。这就迫使我们不得不去寻找这种理论和现实产生如此之大的鸿沟性反差的合理解释。

事实上，有学者指出强调在国际商事仲裁中应当将准据法“去国家化”而使用所谓的“国际商事惯例”的主张可追溯到 20 世纪 60 年代西方国家石油公司和新独立的国家政府之间的投资争议。[③] 这类投资争议与一般的商人间的争议不同，投资者往往不愿意选择适用作为其殖民地时期的宗主国的法律。这些投资者的母国政府（往往是西方发达国家）同样认为东道国国家的

---

① *See* Jiirgen Basedow, Lex Mercatoria and the Private International Law of Contracts, *in* Toshiyuki Kono eds., *An Economic Analysis of Private International Law*, 2006,p.63; Also See Alec Stone Sweet, The New Lex Mercatoria and Transnational Governance, 13 *J. EuR. PUB. POL'Y,* pp.627, 634 (2006).

② See Yves Dezalay, *Dealing In Virtue: International Commercial Arbitration And The Construction of a Transnational Legal Order*, University of Chicago Press, 1996, pp.90-93.

③ See Adaora Okwor, Lex Mercatoria as transnational commercial law: is the Lex Mercatoria preferentially for the ‘mercatocracy’, in Mads Andenas and Camilla Baasch Andersen ed., *Theory and Practice of Harmonisation*, Edward Elgar Publishing, 2011, pp.394-397.

法律是带有偏见性和不可靠性的，特别是在殖民地国家独立后有明显社会主义倾向的情况下，西方国家政府和投资者的这种排斥心理更为明显。[①] 因此，出现了大量经过当事方协议授权，仲裁庭根据独立于国内法的“一般法律原则”或者“国际习惯法”做出的裁决。

不过事后证明，根据这些原则做出的裁决往往不利于东道国政府，于是由此招致了很多批判的声音。在之后的投资协议中发展中国家在和西方投资商的投资协议中逐渐废弃了上述做法，转而使用法律冻结条款（legal frozen clause）的方法解决准据法选择的问题。[②] 但令人意想不到的是虽然在解决投资争端的混合仲裁中国际商事惯例的适用逐渐被边缘化，但是在国际商事仲裁领域，适用“国际商事惯例”的呼声却日渐提高，这也解释了为何前述那些仲裁机构的仲裁规则以及联合国仲裁示范法都强调仲裁庭除了适用法律以外还可以适用“法律规则”。很明显，这种制度安排就是给适用“国际商事惯例”留下的空间。有学者指出，出现如此情形在很大程度上是国际商会等机构的仲裁人员的大力游说造成的。[③] 换言之，仲裁人员试图使用“国际商事惯例”这一工具创造一种“一般性法律体系”，这种完全自治的法律系统将不依附于任何一个国家的国内法制度，成为一种真正的“中立法”。[④] 在这个意义上，与其说适用“国际商事惯例”对交易当事人更为有利，不如说适用该类规则对仲裁员带来更为便利，是为国际商事仲裁的仲裁员“量身定做”的获取相应利益的利器。[⑤] 具体而言仲裁员可以从以下几个方面获得利益。

---

① See Nikitas E. Hatzimihail, The Many Lives—and Faces—of Lex Mercatoria: History as Genealogy in International Business Law, 71 *Law & Contemp, Probs*, pp.182,183 (2008).

② See Ivar Alvik, *Contracting with Sovereignty: State Contract and International Arbitration*, Hart Publishing, 2011, pp.30-31.

③ See Gilles Cuniberti, Three Theories of Lex Mercatoria ,52 *Colum. J. Transnat'l L*, pp. 407,410(2014).

④ See Emmanuel Jolivet, Giacomo Marchisio & Fabien Gélinas, Trade Usages in ICC Arbitration, in Fabien Gélinas ed., *Trade Usages and Implied Terms in the Age of Arbitration,* Oxford University Press, 2016, pp.223-227.

⑤ See Christopher R. Drahozal, Contracting out of National Law: An Empirical Look at the New Law Merchant, 80 *Notre Dame L. Rev.,* pp.531,535 (2005).

一、“国际商事惯例”增加仲裁员自由裁量权

“国际商事惯例”与国家制定的成文法相比一个重要的特征在于具有模糊性和不稳定性，例如英国的迈克尔·穆斯提尔（Michael Mustill）大法官对商法的内容进行了总结并称之为国际商事惯例的摩西十诫：1. 契约必须信守；2. 善意原则；3. 合同缔结不得显失公平；4. 不可抗力免责；5. 根本违约时非违约方的合同解除权；6. 减损义务；7. 沉默不表示同意；8. 在解释合同时必须尽量使合同有效；9. 合理时间内不行使权力即为放弃权力；10. 违约方的合理责任。① 像类似的模糊的原则性规定无形之中给了仲裁员过于充裕的自由裁量权，使他们可以根据他们直觉上的“对”与“错”的观念裁决争议。② 那么，这种自由裁量权的扩大，究竟会给仲裁员带来什么具体的好处呢？众所周知，与法院的法官依照职权出庭审理案件不同，组成仲裁庭的仲裁员中的两位边裁人员是争议的两方分别选择的，这就决定了仲裁庭的治理结构和利益架构与法院有本质上的区别。当事人所选择两位仲裁员有强烈的动机去为选择他们的当事方争取更多的裁决利益。虽然首席仲裁员的地位相对比较中立，但也不能改变他也是由当事方选择的事实。这样仲裁员在进行仲裁时很可能达成一种“无声的默契”，他们会有意无意地排除相对确定的国家制定法的适用，从而采用一种相对灵活方法做出裁决，这种裁决更倾向于一种结果主义，通过仲裁员之间的相互交易和妥协达成一个不至于让任何一个当事方不能接受的结果。此时相对模糊的原则的“国际商事惯例”、“商人法”就成了对于仲裁员而言最佳的裁判依据。但这种通过仲裁员之间“交易”的方式做出的仲裁裁判有极大的可能会造成个案不公，也在很大程度上会减损仲裁裁决的可预测性。

二、避免“外国法”适用以减轻仲裁员压力

对于仲裁员而言，适用国际商事惯例的另外一个好处就是可以规避开他

---

① See Michael Mustill, The New Lex Mercatoria: The First Twenty-five Years, 4 *Arbitration International*, pp.112,115,(1988).

② See Nigel Blackaby, Constantine Partasides, Alan Redfern & Martin H. Hunter, *Redfern And Hunter On International Arbitration*, Oxford University Press, 2009, p.179.

们不太熟悉的外国国内法。在国际商事仲裁中，仲裁庭并不都是由法律专家组成，其中相当一部分是从事同类或者相关交易的商人，也有可能是在建设工程纠纷中的专业工程技术人员。所以有时很多仲裁员甚至没有受过专业的法学训练。即便对于首席仲裁员来说，是否熟悉仲裁涉及的法律也仅仅是我们需要考虑的众多因素中的一个而已。[①] 此外国际商事仲裁之所以受欢迎，在很大程度上得益于其相对于法院的中立性，可是这种中立并非天然的，而是取决于仲裁员的身份组成。通常在一项仲裁中为了尽量保证仲裁人员的中立性，会尽量让首席仲裁员与当事人指定的仲裁员国籍不同，此时就会出现这样一种风险：三位仲裁员可能都不熟悉该案件涉及的准据法。即便是有仲裁员可以查阅到准据法的字面内容，可是考虑到国内法的复杂性，以及不同国籍的仲裁员对相关某个具体国内法必然产生的理解上的认知偏差，就会让仲裁陷入一种关于准据法内容的无休止的争论之中。此时降低仲裁员裁决压力的最佳途径之一便是适用内容相对模糊且国家特征不那么明显的跨国"国际商事惯例"。

此外，适用国际商事惯例还可以增加仲裁法律适用的"容错率"。假设仲裁本应当适用英国法作为准据法，那么根据仲裁程序，仲裁员就应当查询英国的相应判例，但此时恰巧是一个仅具有大陆法知识背景的人作为首席仲裁员，那么他忽略某些判例中的具体事实细节进而发生误判的可能性就非常高。[②] 这样做出的法律裁决，胜诉一方自不多言，但是败诉一方如果正好雇用了一位熟悉英美法的专家，就很可能对仲裁员的这种不够专业的做法提出质疑甚至诟病。更为严重的是如果适用准据法错误，在一些非《纽约公约》缔约国还可能导致法院作为承认执行机构直接拒绝承认和执行实体法适用错

---

① 参见《中国国际经贸仲裁委员会仲裁规则》第 30 条的规定："仲裁委员会主任根据本规则的规定指定仲裁员时，应考虑争议的适用法律、仲裁地、仲裁语言、当事人国籍，以及仲裁委员会主任认为应考虑的其他因素。"

② 事实上在大陆法系国家判例法同样在裁决中可以发挥非常重要的作用，但是与英美法不同的是相比较而言，大陆法系不那么强调事实细节在界定判例范围中的作用，很可能会将事实泛化到法律的抽象概念之中。但英美法系就比较强调不同事实背景下规则细节的差异。See Randy J. Kozel, the Scope of Precedent, 113 *Michigan Law Review*, pp.187,192(2014).

误的仲裁裁决，这无疑会给仲裁员的声望带来严重的损失。为了避免上述尴尬局面的出现，仲裁员很自然地会偏好选择难以找到具体成文根源的“国际商事惯例”。此时便会出现即便有时在当事人选择了国家制定的国内法的情况下，仲裁庭也会主动适用“国际商事惯例”或“自治性商事惯例”,[①]并刻意模糊其裁决理由的依据的现象。仲裁庭会这样做事实上很可能是一种“先发制人的回应”，借此封住对于裁决不满的当事方的发声管道。因为任何人都无法直接寻找到具体的成文的规定，质疑他们裁决的合法性和合理性。[②]

总而言之，适用模糊的“国际商事惯例”的最大好处是可以增大仲裁员进行裁决的“容错率”和正当性，让当事人难以直接对准据法的适用进行质疑，达到维护自己的业务形象的根本目的。从另外一个角度，如果我们偏重于要求对仲裁机构的能力加强建设的价值取向来看，这种“走捷径”的法律适用模式可能不太利于仲裁庭对国际法律规则内容以及仲裁文化背景多元化的适应。

三、强化仲裁服务高收费的“合理性”

在经济合理性层面，适用“国际商事惯例”还可以让仲裁员得到额外的经济上的好处。众所周知，国际商事仲裁在收费上远远高于司法诉讼。[③]但从事国际商事交易的企业仍然对这种争端解决方式趋之若鹜。除了其程序相对快捷以外，维系国际商事仲裁高收费的合理性的其他优势在于，国际商事仲裁一直强调其作为一种法律服务具有“国际性”的优势。为了印证这种优势，一种聪明的选择就是在整个仲裁裁决过程中在尽可能体现出与传统司法

---

① See Distributor Z (US) v Company A (Mexico), Subsidiary B (US), Final Award, ICC Case No.13184, in Albert Jan van den Berg ed., *Yearbook Commercial Arbitration 2011*, Kluwer Law International, 2011, pp. 96 – 118.

② See Charalambos Pamboukis, Lex Mercatoria Reconsidre, in paul Largarde ed., *Le droit international privé : esprit et methods*, Dalloz Editeur, 2005, p.657.

③ 以国际商会仲裁院为例，根据 2017 年开始实施的国际商会仲裁收费规则，国际商会仲裁院的最低收费标准为 5000 美元。如果案件标的超过 5 亿美元，仅仲裁管理费就高达 15 万美元。笔者使用国际商会官方网站提供的仲裁收费计算器，输入 50000 美元的仲裁标的额，选择收费最为低廉的速裁程序、聘任独任仲裁员，计算出的最低收费也高达 9804 美元。

诉讼的差别。除了仲裁庭人员的组成要体现国际性这一特征以外，适用的实体法律规则也绝对不能雷同于国内法院适用的法律。那么在此思路指引下仲裁员就要在他们的当事人面前表现出其技能的“与众不同”，此种不同最为集中的表现就是他们熟悉真正国际化的规则，这种规则至少从表面上来看是必须独立于国内法的。显然，这种独立于国内法的“国际规则”的适用将大大地提高商事仲裁的服务层次。在某种意义上，适用与国内法完全不同的“国际商事惯例”可以给当事人以下的暗示：其一，仲裁的高收费的原因是这种争端解决方式与收费低廉的法院的争端解决模式有巨大差别；其二，仲裁更为高端的服务层次是高收费的根本原因；其三，服务层次更高集中体现是适用的实体法规则与国内司法诉讼有着本质的区别。由此推论，仲裁员掌握“国际商事惯例”就成为国际商事仲裁获得与法院竞争优势的核心竞争力。即便这些仲裁员可能并不完全掌握仲裁需要的国内法知识也不要紧，因为他们从事的是真正的“国际性”法律服务。

四、限制适用“国际商事惯例”的理由

通过前文的分析，我们发现适用“自治性商事惯例”或“国际商事惯例”能够切实地给从事跨国商事仲裁的仲裁员带来非常大的好处，这恐怕是某些仲裁员不遗余力地强调适用这些“自治性规则”的根本原因。但对既有的仲裁案例类型化梳理后发现没有任何证据能够表明适用这类规则能够给从事跨国交易的当事人带来仲裁员们宣传的那样的巨大利益。在美国联邦第七巡回法院审理的“乔治·瓦特公司与蒂凡尼公司上诉案”中法兰克·伊斯特布鲁克（Frank Easterbrook）大法官指出：“仲裁庭是案件当事人的代理人，其只能为了当事人的利益在授权范围内行事。”[①] 笔者认为这是对仲裁性质和仲裁员地位的最佳概括，仲裁在本质上是当事人通过协议将争议提交给更具专业知识和专业技能的争议解决专家解决他们自己不能解决的纠纷的一种法律服

---

① See United States Court of Appeals, Seventh Circuit, GEORGE WATTS & SON, INC.v. TIFFANY AND COMPANY, No. 00-3231.Decided: April 16, 2001, available at: https://openjurist.org/248/f3d/577.

务。不同于法院，仲裁庭本身并没有被主权者赋予权限去管理当事人的交易，而是作为当事人的代理人协调他们之间的纠纷。当然，作为代理人的仲裁员不是不能做出独立于当事人的意思表示，而且也不是不能在审理案件的过程中附带性地实现自己的利益，但是这种独立和自利必须以为了实现作为被代理人的当事人利益最大化为根本前提。

通过实证以及案例类型化的分析后我们可以很清晰地发现：在当事人进行了准据法选择的情况下，绝大多数当事人都选择了国内法或者是相对具有确定性的国际商事公约作为交易合同的准据法。这清楚地表明在国际商事交易中当事人追求的核心价值是交易关系的确定性。① 但适用“自治性商事惯例”或“国际商事惯例”最为突出的功能是可以让仲裁员规避适用其不熟悉的国内法的同时极大地增加其自由裁量的权力。因此，笔者认为不加限制地鼓励使用“国际商事惯例”的裁判思路很可能会减损商事仲裁的权威性与严肃性。在一般的商事仲裁中，当事人选择仲裁作为他们之间出现的争议的解决途径，并不是因为他们对适用国内成文法的恐惧，而是看重商事仲裁庭的相对中立特性。在这个意义上，作为当事人代理人的仲裁员就更不应当为了一己私利而抛却具有确定性特征的国内法，而去适用所谓具有国际特征的“国际商事惯例”。因为这样做至少会从两个层面减损当事人的仲裁利益：首先，适用“国际商事惯例”事实上等于不顾当事人的预期与意愿进行法律拟制前提下才可为之适用。这不仅从本质上背离了仲裁制度尊重当事人意愿的初衷，而且扩大了仲裁员对于模糊的“国际商事惯例”与确定成文法的认知差异，还加大了仲裁中同案不同判结果的失衡可能。并且这种认知差异由于仲裁中的保密原则无法如同司法判决那样可以互相参照以达到补充弥合的效果，无疑会减损商事交易人在仲裁中的整体利益。其次，由于仲裁的“一裁终局”特性，这使得仲裁员如果借助适用“国际商事惯例”不恰当地发挥自由裁量权的情况下，不恰当的

① See Gessner Volkmar, *Contractual Certainty in International Trade : Empirical Studies and Theoretical Debates on Institutional Support for Global Economic Exchanges*, Hart Publishing, 2009, pp.13-15.

裁决将很难得到监督和纠正。事实上，仲裁制度在设计之初就意识到了必须限制仲裁员过大的自由裁量权，大部分仲裁机构的仲裁规则都从程序上对于友好仲裁，也就是依据“公允善良的原则”（ex aequo et bono）这种低可预测度规则进行的仲裁设定严格的前置程序条件，规定只有在获得争端当事人明示许可的前提下才可为之。[①] 同样道理，我们没有理由不对适用“自治性商事惯例”规则这种容易出现“难以预测”结果的裁决采取一种审慎的态度。

第四节 限制适用国际商事惯例的例外情形

国际商事惯例不能被完全地排除在商事仲裁的考虑范围之外，而应使用较为精确和更容易预测的规则来适当限制仲裁员的自由裁量权限。例如目前罗马统一私法协会正在通过使用法律重述的方式构建相对独立于国内法的商事交易规则，一些学者也在通过“渐进编纂”的方式试图将自治性“商事规则”具体化成文化。[②] 虽然笔者并不认同这些规则就是“交易惯例”或“商业习惯”的编纂，[③] 且意义似乎也有限。但这些成文规定确实有独立于具体国家国内法的本质且较详尽和系统。在当事人没有选择准据法或准据法没有相关规定的情况下可以起到补充参照适用的作用。美国著名国际私法学者弗里德里希·荣格就曾经在给《俄罗斯联邦民法典》草案的建议稿中提出在当事人没有选择合同准据法的情况下直接适用“自治性国际商事惯例”或者其他中立机构编纂的自治性商事惯例[④]。虽然他的意见似乎没有得到俄罗斯政

---

① 参见《中国国际经济贸易仲裁委员会国际投资争端仲裁规则》第 46 条第 2 款；《国际商会仲裁规则》第 22 条第 3 款；《斯德哥尔摩商会仲裁院仲裁规则》第 22 条第 3 款以及《华盛顿公约》第 42 条第 3 款。

② See Peter Berger, *The Creeping Codification of Lex Mercatoria*, Kluwer International, 2010, pp.436-462.

③ 参见宋阳：《自治性商事惯例法源地位否定论》，《当代法学》2018 年第 3 期。

④ See Friedrich K. Juenger, The Lex Mercatoria and Private International Law, 60 *Louisiana Law Reviews*, p.1148. (2000).

府立法正式的采纳，[①] 但这种早已出现的思维模式却影响到国际商事仲裁的法律解释和法律适用。

一、承认国际商事惯例对成文法的补充功能

在一些仲裁案件中，仲裁庭虽然强调必须要适用成文法，但在潜移默化中也掺杂进自治性惯例的一些元素，以体现对这些非成文规范的考虑。例如在“利比亚国家石油公司与太阳石油公司仲裁案”中，享有管辖权限的仲裁机构虽然根据法律选择条款适用利比亚法律作为合同履行的准据法，但对于“不可抗力”规则的解读与识别却引入了相关的国际商事惯例明确相关法律概念的外延边界。[②] 具体而言该案件的争议焦点在于美国的一家石油公司和利比亚国家石油公司签订了一项石油资源勘探开发合同，但后来由于美国政府与利比亚政府的政治关系急剧恶化，美国政府宣告对利比亚进行单方面的经济制裁和严格的技术管控。在此背景下，美国太阳石油公司为执行美国政府禁令，遂单方宣告解除和利比亚国家石油公司的合同，并援引合同以及合同准据法中的不可抗力规则试图排除掉自己的违约责任。但是利比亚国家石油公司对美国的贸易制裁和技术禁令属于可以免除违约责任的不可抗力的观点并不认可。对此美国太阳石油公司辩称根据石油行业通常的交易惯例，石油公司必须使用自己的技术和公司在编人员完成石油勘探开发合同，现在美国政府的禁令使得按照这种方式履行合同已然不可能，因此他有权援引合同以及利比亚法律中的不可抗力规则免除自己的违约责任。但仲裁庭在审理后认为：“目前还没有证据表明，一家在国际范围内开展业务的大型石油公司只能通过使用持有该公司母国护照的技术人员以及该公司自身拥有

---

① 《俄罗斯联邦民法典》（第六编），张建文译：http://article.chinalawinfo.com/ArticleHtml/Article _21409. shtml。

② ICC Arbitration Award No. 4462/1985 and 1987 National Oil Corporation v Libyan Sun Oil Company. 对此案件具体的讨论可以参见 Peter Berger, “Force Majeure” in International Contract Law—A Comment on National Oil Corporation v. Sun Oil in P Wautelet, T. Kruger, and G. Coppens (eds), *The Practice of Arbitration: Essays in Honour of Hans Van Houtte,* Hart Publishing,2012, pp.33-39。

的技术履行其勘探义务。事实上，有很多专家证词倾向于表明存在相反的惯例。”由此仲裁庭裁决太阳石油公司必须承担没有履行勘探合同的违约责任。该案件正是将自治国际商事惯例的实践作为一种“事实依据”解释法律中的某个概念的真正含义，并依据这种解释确定了当事人的实体上的权利和义务。但同时需要特别强调的是，此时相关国际商事惯例所发挥的规范作用是依托于国内法规定的基础之上的，只是仲裁庭根据仲裁规则对这种成文法以外的惯例作为解释法律规定的依据，并不能把这种补充功能解读为国际商事惯例能够脱离相关国家的国内法“自成体系”的发挥规范作用。

二、国内法对国际商事惯例的直接准用

此外，我们还必须认识到在一些具有高度技术性的专业领域，例如在信用证交易中，国内法在很大程度上已经被相关的国际自治性规则所取代。以我国为例，最高人民法院于2006年颁布实施了《关于审理信用证纠纷案件若干问题的规定》处理信用证领域的商业纠纷。该司法解释对《跟单信用证统一惯例》(UCP）的内容几乎完全准用，该司法解释第6条规定：“在审理信用证纠纷案件中涉及单证审查的，应当根据当事人约定适用的相关国际惯例或者其他规定进行；当事人没有约定的，应当按照国际商会以及国际商会确定的相关标准，认定单据与信用证条款、单据与单据之间是否在表面上相符。信用证项下单据与信用证条款之间、单据与单据之间在表面上不完全一致，但并不导致相互之间产生歧义的，不应认定为不符点”。该条款不但将UCP600中的实质相符吸收引入，作为审单的实质标准，而且还进一步明确规定在当事人没有约定的情况下直接按照国际商会所编纂的相关国际商事惯例进行处理。这毫无疑问是我国法律准用商事惯例的一个重要证据。①

事实上，世界上绝大多数国家在信用证的立法上几乎完全准用UCP的

---

①　最高人民法院：《〈关于审理信用证纠纷案件若干问题的规定〉的说明》，《人民法院报》2005年12月9日。

相关规定。例如匈牙利法律明确规定："巴黎国际商会制定的跟单信用证统一惯例对于任何跟单信用证均有约束力"。[①] 又如玻利维亚法律规定："本法未尽事宜，一律适用国际商会制定的最新之惯例解决"。[②] 埃及的法律则规定："除非本法有相反规定，信用证一律优先适用国际商会制定的统一习惯和实践"。[③]《洪都拉斯商法典》第 910 条则规定："在当事人合同没有规定或本法前文没有规定的，国际商事惯例和国内的惯例将适用于信用证的所有事项并具有同等效力"。[④] 美国《统一商法典》第 5 篇的修改过程更能证明本文的前述观点，在 2004 年美国修改《统一商法典》后，该法第 5 篇第 116 条 c 款明确确立了一套规则的"冲突等级制度"。该制度将 UCP 规则的效力等级摆放在几乎最高的位置，其明确规定：除非本节有相反的规定，否则信用证的开出人、指定付款人以及提示人的责任均受制于各种商业习惯尤其是 UCP 规定的限制。当有其他可以适用的规则和 UCP 的规定相冲突时，优先适用 UCP 的规定。此外《美国统一商法典》还反复强调当事人必须顺从和遵守信用证的一般性实践。而国际商会对于 UCP 的评述可以被认为是假若出现不同实践时的仲裁人和规则的最后决定者。即便是信用证的本身条款不同于 UCP 认定的"一般实践"也要按照"一般实践"确定双方当事人的权利义务。同时从《美国统一商法典》第 5 篇中的文字表述来看，该法典大量的借鉴了 UCP 的语言表述和法律概念。此外在该法典的序言中，统一州法全国委员会和美国法学会的成员将该法典的修改与"统一的需要"挂钩，指明在美国使用信用证是和"国际贸易中使用信用证"具有一致性，因此美国关于信用证的立法也必须与国际通行的做法保持协调一致。探其缘由，主要是因为修改《美国统一商法典》第 5 篇的人员几乎与制定和修改 UCP 规定专家委员会的人员高度重合，所以在定制《美国统一商法典》时，很像制定 UCP 的熟人的俱乐部探讨和起草另外一套规则。在这种情况下出现有关信用证的国内成文法和国际商事惯例之间的高度一致的"异花受精"现象也就

---

① Hungary, Decree No. 6/97, § 14.

② Bolivia, Decreto-Ley, No. 14379 .

③ Egypt Law No. 17/1999.

④ Honduras Commercial Code Article 910.

毫不奇怪了。[①] 沿此思路出发，在仲裁中遇到类似于信用证法律关系这类特殊领域的案件时，仲裁庭就可以直接考虑适用相关的国际商事惯例规则替代相关国家的国内法规定。

三、允许当事人选择适用国际商事惯例

还有是否允许当事人明示选择“国际商事惯例”也是一个重要的问题。特别是笔者通过梳理国际商会仲裁院已有的仲裁案例，发现在争议当事人中有某国政府或者被政府控制的大型企业的案件中，当事人暴露出非常不愿意接受案件涉及的相关国内法管辖的意愿。此时，我们就不得不在仲裁中对当事人的这种偏好倾向予以顾及，应在这类案件中充分满足当事人意图明示或默示选择国际商事惯例的欲求。例如 2005 年欧盟曾经提出过一个立法动议，该动议试图对欧盟合同法律适用法规则进行修改。在修改建议稿中第 3 条规定：“允许交易当事人选择为国际商业社会公认的原则和规则作为合同的准据法”。[②] 但同时该建议规定不得被解释为允许法官依职权选择上述规则和原则进行断案。不过即便如此，该条款也被欧盟成员国直接否决。但需要注意的是上述情形是针对法院而言的，在仲裁中显然不必绝对否决当事人对“国际商事惯例”的主动选择，只不过应当在仲裁规则中对“国际商事惯例”的范围进行明确规定，例如可以考虑规定：“当事人如明示选择公认的商业或行业规则与原则作为交易准据法时，仲裁庭将……视为当事人的主动选择予以适用”。这样既尊重了当事人的意愿又增加了适用实体规则的明确性。同时笔者建议对仲裁中可能适用到的国际商事惯例的具体适用过程进行具体化、成文化的编纂。比较可行的路径是通过对既有的国际法案例进行总结，并建立相应的国际法适用判例制度，同时构建国际习惯或一般法律原则的内容数据库，以帮助对商事仲裁案件进行稳妥且有切实法律依据的裁决。

---

① 参见 Janet Koven Levit, Bottom-Up Lawmaking Through a Pluralist Lens: The ICC Banking Commission and The Transnational Regulation of Letters of Credit, 57 *Emory Law Journal*, pp.1182, 1183(2008)。

② See Proposal for a Regulation of the European Parliament and the Council on the Law Applicable to Contractual Obligations (Rome I), COM (2005) 650, art. 3.

综上所述，笔者认为我国商事仲裁员在进行仲裁时应时刻不忘自己只是当事人的代理人的“初心”，同时要不断告诫自己不是居高临下的法官，从而牢记只是帮助当事人解决争议服务者的“使命”。所以仲裁员必须在仲裁的过程中坚决地克制自己代替当事人“构建”（construct）合同的欲望，只有在前述几种特定的条件下才能依据国际商事惯例或规则裁决案件。① 不宜过分拔高“国际商事惯例”以及“自治性商事惯例”的法律地位，应当明确公认的国际商事惯例和一般法律原则的范围和种类，在仲裁规则或者仲裁法中规定哪些成文规则属于这些自治性规则以及这些规则的适用方法和适用范围。如果在当事人有明确选择国内法的情况下，应考虑进一步限制“国际商事惯例”的适用。

第五节　寄情中国：仲裁行业发展与国际商事惯例适用

2019 年 2 月最高人民法院公布了新一批指导性判例。在“中化国际（新加坡）有限公司诉蒂森克虏伯冶金产品有限责任公司国际货物买卖合同纠纷案”中，人民法院在当事人明示选择纽约州法律的情况下，排除当事人的选择而适用了 CISG 进行裁决。人民法院认为，“美国亦为 CISG 缔约国，因此该公约可以视为对美国纽约州有效的法律”。②

从司法解释以及法律适用的角度来看，该判决似乎无可厚非，然而其中暴露出的一种潜在的思维定式却已然走到了“正确的边缘”。诚然，查明外国法的规定并准确地对外国法进行适用是一件既耗时耗力又颇具风险的工作。在此情势下，任何一个裁判者都有充分的动机和理由想方设法地对当事人选择的准据法进行变通，适用统一实体法或者“国际商事惯例”不但于法有据，而且还可以增大裁判者的自由裁量权限，减少出现法律适用错误的风

① 参见宋阳：《论国际商事惯例（习惯）中的主观要素》，《环球法律评论》2019 年第 2 期。

② 参见“中化国际（新加坡）有限公司诉蒂森克虏伯冶金产品有限责任公司国际货物买卖合同纠纷案”最高人民法院指导性判例第 107 号，2019 年 2 月 25 日公布。

险。但应当警醒的是：如此做的代价是大大减损了当事人对准据法适用的合理预期，并降低了国际商事裁决结果的可预测性。

如果说法院作为国家司法主权的体现，如此行事尚且能够被容忍的话，那么，对于国际商事仲裁而言，这种法律适用理念将会给仲裁本身带来非常负面的效果。这是由于仲裁庭并不是天然地对商事案件享有管辖权力，而是基于当事人的委托成为解决纠纷的代理人，这就意味着仲裁庭的裁判权力无论如何也要受到当事人的意思表示的制约。在此大前提下，超越当事人对准据法的选择扩大自己的自由裁量权限将会对仲裁制度本身产生破坏作用。

我国的仲裁行业起步较晚且在全球范围内竞争力并不突出，这便要求我们更加不能别出心裁地在当事人没有授权的情况下适用当事人并不偏好的“国际商事惯例”裁决案件。这样只会让当事人远离对我国仲裁机构的选择，进而弱化我国仲裁行业的“制度竞争力”，对我国发展仲裁行业的负面影响是显而易见的。成为“一带一路”沿线国家的仲裁服务中心已经成为我国未来法律服务业发展的一个重要战略目标，为实现此目标必须加强我国仲裁机构以及仲裁人员的自身的法律掌握和运用的能力建设，能否快速地查明当事人选择的外国法并精准地加以适用是衡量我国仲裁能力水平高低的重要指标，我国显然不应当为了仲裁员的方便去有意弱化这方面的能力建设。当然，我们也不能忽略对“国际商事惯例”的研究和适用，但应当将其框定在合理的作用范围内以发挥这类规则的积极功能。

第五章　国际商事惯例中的主观要素：法律确信

在国际商法领域，谈及国际商事惯例或习惯[①]时必须解决的一个问题是当事人声称的“商事惯例”是否对当事人具有约束力。在国际公法领域内，对于习惯法规则产生法律约束力的要件被归结为两种：一种是当事人反复的行为，这被认为是一个需要证明的事实问题，并不与习惯法规则能否发生法律约束力直接相关；另外一种则是习惯法发生法律约束力的关键性问题，即当事人主观价值层面的“法律确信”（Juris opinio）。

在国际商事领域中，在确认商事惯例约束力时是否仍然需要确认当事人的这种主观方面，在具体司法过程中又应当采用何种具体的方法确认这种当事人的主观意志要素。令人遗憾的是，现有学术研究并未能很好地对此作出回答，甚至出现“虽然时时在被引用，但是引用的人却不知其为何意；虽然知道法律确信具有法律功能，可不知该功能如何行使”的尴尬局面。[②]通过知网搜索，我们发现这样一个有趣的现象：国内文献中涉及国际习惯法或民商事习惯法律地位及其适用的文献汗牛充栋，但对于如何界定和识别“法律

① 在国际公法语境下，对习惯和惯例有较为明确的区分，通说认为：国际法上的习惯是具有法律约束力的规则，而惯例则是指不具有法律约束力的通例。但在国际商法语境下，对于惯例（usage）和习惯（custom）并没有严格意义上的区分，都指有规范约束力的规则。对于没有约束力的惯行则通常以 general practice 指称。参见 David Bederman, *Custom as a Source of Law*, Cambridge University Press, 2010, p.18; Leon Trackman, *The Law Merchant: The Evolution of Commercial Law*, Fred B. Rothman& Co., 1983, pp.41-42。

② 参见 Christian Dahlman, The Function of Opinio Juris in Customary International Law, 81 *Nordic Journal of International Law*, pp.327, 327-328 (2012)。

确信”这一重要法律范畴的著述却比较稀缺。

从实践层面看，由于缺乏对法律确信的深入研究，我国公民和企业在对外交往过程中往往出现了惯例或习惯遵守上的混乱和困难。① 我国台湾地区著名民法学者陈自强曾经指出：“何谓普通一般人之法律确信？如何确定一定多年惯行之事实已经成为普通一般人之法律确信？透过问卷调查乎，抑公民投票耶？以上问题，恐不易有解。关于习惯法之形成，德国的魏德士认为于法治国，习惯法是否存在及其内容系由终审法院决定，在现今之内国法律生活，习惯法实际上仅存在于固定之法院惯习中。”②

显然，这种把皮球踢出去的做法并不能从根本上解决问题。无论是在仲裁还是司法诉讼中，裁判机构均不约而同地对国际商事惯例或习惯的适用采取了非常谨慎的态度。③ 如果裁判机构未能很好地确认商事惯例对双方当事人的约束力，就会错误地施加给当事人本不应施加的义务，从而不合理地增加交易履行的解释性错误成本（interpretive error costs）。④ 鉴此，有必要深入研究惯例的认定及其产生约束力的根源，亦即“法律确信”这一主观要件。

---

① 例如有学者发现，有消费者购买国际机票后想要退票，需要到购买地办理退票手续。在消费者居住地和机票购买地相距甚远的情况下，这会给消费者带来很大麻烦。但是据称此种做法是各国航空公司通行的“国际惯例”。参见姜世波：《习惯法形成中的法律确信要素——以习惯国际法为例》，载谢晖、陈金钊主编：《民间法》第 8 卷，山东人民出版社 2009 年版，第 15 页。

② 陈自强：《联合国商事契约通则在契约法中之地位》，《台大法学论丛》2010 年第 3 期，第 323 页。

③ 有实务人员对我国法院的 315 份判决书进行了实证研究，发现只有八件案件认定并适用了商事惯例；在当事人主张商事惯例存在时，法院大多采取了回避的态度。参见彭海波：《商事交易习惯司法适用困境透析与完善进路——以 315 份生效判决书为分析样本》，《全国法院第 2018 年学术年会论文集》，第 796 页。在仲裁中采用商事惯例进行裁决的案件比例也并不高。美国学者德拉祖尔对国际商会仲裁院的裁决调查发现，只有 3%—4% 的案件采用了国际商事惯例作为准据法。参见 Christopher R. Drahozal, Contracting Out of National Law: An Empirical Look at The New Law Merchant, 80 *Notre Dame Law Revie,* pp.538, 539 (2005)。

④ 参见 Lisa Bernstein, Customs in the Courts, 110 *Northwestern Law Review*, pp. 88, 89 (2016)。

第一节 有关“法律确信”的理论争议

现有文献梳理显示，对于习惯类规范的概念划分比较混乱，对于具有法律约束力的惯例或习惯以及没有法律约束力的习惯性做法之间的界定也比较模糊。很多文献往往将这些术语相互通用、混用。[①] 即便有学者注意到了二者之间的区别，也只是简单地将惯例的约束力归入“被国家所认可”这一陈词滥调式的概念范畴之下。[②] 因此，我们必须首先解决国际惯例的约束力根源问题。

《国际法院规约》第38条关于国际习惯的表述是：“国际习惯，作为通例之证明而经接受为法律者。”很明显该条款可以分为两个部分：首先作为法律渊源的国际习惯必须具备通例的性质，即存在反复之行为，此为习惯法之客观要件；其次还需要该行为模式“被接受为法律”，亦即习惯法之主观要件。不论是国际公法领域中的国际习惯法，还是国际商法中的国际商事惯例，恐怕都需要符合这两个要素才可以作为法律规范进行讨论。[③] 其中，作为主观要素的“法律确信”可以说起到决定性的作用。但是，这种试图对行为主体进行“心理学”上的描述的努力却很可能让研究陷入神秘且不可捉摸的窘境。[④]

---

① 目前国内学者似乎没有对习惯、习惯法以及惯例等概念进行严格界分。例如，清华大学高其才在其著述中反复使用“习惯法”这一概念，并认为法律并不一定出自国家，习惯法是独立于国家法律之外的、具有“一定强制性”的规范体系。不过笔者反复查阅了他的专著，发现他并未详述这种强制性从何而来以及这些强制力的正当性问题。参见高其才：《中国习惯法论》，民主法治出版社2008年版，第3页。

② 参见田东奎：《民国水权习惯法及其实践》，《政法论坛》2016年第6期。

③ 王铁认为，在国际公法中“法律确念”是使重复的行为转换成有法律约束力的行为规范的，换言之国家必须要承认有义务这样做。参见王铁崖：《国际法引论》，北京大学出版社2000年版，第80—81页。在国际商法领域，中世纪评论法学派学者巴托鲁斯(Bartolus) 指出，习惯规则若想成为法律规则，必须要群体中的成员“默示地”同意某行为模式才能使之成为有效的法律规则。参见 Emily Kadens, The Myth of the Customary Law Merchant, 90 *Texas Law Review*, pp.1153, 1164 (2012)。这两者虽然涉及的领域和主体有所不同，但基本理念以及法律原理是完全一致的。

④ 参见 Jack Goldsmith & Eric Posner, Theory of Customary International Law, 66 *Chicago Law Review,* pp.1118, 1121 (1999).

对此，不少学者提出“法律确信”对于习惯法的形成属于多余，试图将这个“过时的概念”在司法中予以淡化甚至抛弃，认为至少应当采用各种方法使该主观要件客观化，即通过某些可观察的现象行为推论人内心的法律确信。笔者对这些学者的观点进行了梳理，发现大体可以分为两种类型。

一、惯例（习惯）行为客观论

这类观点认为，只要能够证明一种行为模式被通常遵守，就构成了惯例获得规范性效力的根据，从而对当事人产生约束力。例如有学者指出，将当事人对惯例是否同意作为惯例的效力依据是大陆法系已然过时的做法；从本质上讲，“国际惯例的主观要件只是一种法律拟制，惯例的效力本身与当事人的意志无关，只要满足在国际贸易中被广泛知道并经常遵守的客观条件，该做法就具有法律效力”。①

该观点颇具代表性，而且似乎也可以得到法律实践中的支持证据。例如，从立法层面上，美国最具影响力的国内统一法文件《美国统一商法典》（UCC）就在很大程度上采取了客观论。该法典第1—205条规定：“行业惯例指进行交易的任何作法或方法，只要该作法或方法在一个地区、一种行业或一类贸易中已得到经常遵守，以至使人有理由相信它在现行交易中也会得到遵守……协议中任何一部分内容之履行地的行业惯例，应作为解释协议该部分之履行的依据。”在该条款中似乎没有特别说明行业惯例必须为当事人接受，只需要证明“经常遵守”这一事实的存在就可以令其获得规范性的法律效力。在该条的官方评论中指出：“本法把交易习惯看作一个因素，据此可以了解当事人订立协议在商业上的含义……交易习惯和目前为大多数正派的交易商遵守的习惯，仍可以得到充分的承认。”②

目前，在国际贸易领域影响力最大的统一法公约《联合国货物销售合同公约》（CISG）也有很明显的“去主观化”倾向。该公约第9条被分为两个

---

① 左海聪、孙莉：《论〈联合国国际货物销售合同公约〉中商事惯例的规范性效力——基于公约第9条第2款的分析》，《法学评论》2017年第2期。

② 美国法学会、美国统一州法委员会：《美国统一商法典及其正式述评》（第一卷），孙新强译，人民大学出版社2004年版，第30页。

部分，其中第 1 款指明在具体的当事人之间的“一般性做法”必须经过当事人的同意才能对当事人产生约束力；但该条第 2 款却采用了完全不同的标准，规定只要商事惯例被相关特定贸易的当事人“知道”并“经常遵守”，法律便认为当事人自动默示地同意惯例对他们的约束。CISG 第 9 条第 2 款虽然名义上以当事人“同意”的理由确立惯例的法律效力，但该款设定的特殊“承认规则”——“只要他人通常遵守，你就必须遵守”——从根本层面忽略了当事人主观上对惯例的接受，使得“法律确信”在普遍意义上被排除掉了。

由于我国《合同法》在很大程度上是以 CISG 为范本起草制定，[①] 因此在交易习惯等自治性规范领域似乎也受到了 CISG“去主观化”理论的影响。例如，根据最高人民法院颁布的《关于适用〈中华人民共和国合同法〉若干问题的解释（二）》第 7 条第 1 款的规定，“在交易行为当地或者某一领域、某一行业通常采用并为交易对方订立合同时知道或者应当知道的做法”就视为《合同法》指称的“交易习惯”。此时根据《合同法》的相关规定，这些做法就可以直接对当事人产生法律约束力，甚至可以优先于《合同法》的默认规则。

二、惯例（习惯）实效客观论

还有一派学者并未直接否认惯例或习惯本身所需的“确认要素”，而是从另外的“实效”角度出发，指出惯例由于是当事人之间自发产生并自我实践的，因此这种规则理应得到优先适用。例如，加州大学伯克利分校的罗伯特・库特（Robert Cooter）运用法经济学的分析方法提出，在立法和司法的过程中应当采取一种“去中心化的法律发现方法”，即让当事人的自发性惯例发挥调整行为的作用，这样才能将规则更好更快地“内化”到当事人的行为之中，从而减少执法的成本和司法的成本。[②] 又如，香港中文大学的布莱恩・德鲁金（Bryan Druzin）认为，由于国际商业环境下经济交往的高频度

---

① 参见梁慧星：《合同法的成功与不足》（上），《中外法学》1999 年第 6 期。

② 参见 Robert Cooter, Decentralized Law for a Complex Economy: The Structural Approach To Adjudicating The New Law Merchant, 144 *University of Pennsylvania Law Review,* pp.1694, 1696 (1996)。

和高参与度（high engagement），[①] 交易主体之间的角色处于不停地转换之中，因而形成了商业共同体中的无知之幕。在这种商业交易无知之幕的影响下，他们不得不以互惠（reciprocity）的行为模式指引自己的行为。因此，自发形成的商事惯例才是调整商人之间法律关系的最为有效的规则，而这种规则体系的形成显然并不需要处于商业无知之幕下的当事人的同意或者对规则的认可。[②] 此外，还有学者先验地认为国际商事惯例由于出自"各种国际社会组织或社会权威团体"，由这些机构制定出的规则当然会反映共同体的一致利益；根据"自然秩序原理"，该群体为了维护最低限度的正义及秩序，必然会接受之。[③] 换言之，这些学者认为商事惯例（习惯）的自发性是惯例为群体成员接受的充分条件，从而就不再需要确认具体成员的"法律确信"了。

三、对两种惯例（习惯）客观论的分析

行为客观论将外在行为作为识别惯例的依据，理由在于法律作为外部规范很难评判当事人的主观心理。不论是国际公法中的国家还是从事跨国商事交易的商人，可以轻松观察到的是其外部行为，而支配这种行为的内在动机和想法却难以测量。在司法裁判中，这对于裁判者而言也是棘手的难题。唯其如此，在既有判例中出现了大量的法官用自己的看法或者所谓"一般观念"代替当事人意思的情形。[④] 从另一个角度讲，法律确信概念的存在也确实可能

---

① 参见 Bryan Druzin, Law Without The State: The Theory of High Engagement and the Emergence of Spontaneous Legal Order Within Commercial Systems, 41 *Georgetown Journal of International Law*, pp.584, 586 (2010)。

② 参见 Bryan Druzin, Anarchy, Order, and Trade: A Structuralist Account of Why a Global Commercial Legal Order is Emerging, 47 *Vanderbilt Journal of Transnational Law*, pp.1085, 1086 (2014)。

③ 参见胡绪雨：《国际商事惯例的作用空间与效力基础》，《当代法学》2006 年第 2 期。

④ 例如在"温布尔登号案"中，国际常设法院依据所谓"一般观念"，认定"温布尔登号"轮通过苏伊士运河丝毫没有影响奥斯曼帝国的中立地位，就像这艘船通过巴拿马运河一样。法官们认为，根据大众一般的观念，该航道水域已经被同化为"天然海峡"了。在该案中，法官丝毫没有关注当事方国家的意见和态度。 参见 Permanent Court of International Justice, Case of the S.S. "Wimbledon", United Kingdom, France, Italy & Japan v. Germany, Judgment, http://www.worldcourts.com/pcij/eng/ decisions/ 1923. 08.17_wimbledon.htm, 最近访问时间［2019-03-07］。

阻碍一个新惯例的出现，因为我们很难确定商业社会对于某种行为的普遍认知状态。①

正是为了解决上述困境，学界试图将行为主体的主观意图客观化，只考虑行为主体的可观察性、可察觉性的客观行为模式，并将这种统一的行为模式作为识别确认国际习惯的依据。在国际商事交易领域，美国法学家卡尔·卢埃林（Karl Llewellyn）基于现实主义法学思想提出了惯例整合理论。该理论认为，法律的发展从根本上说是建立在“交易经济”的基础之上，能否使交易当事人获益是判断法律是否健全的根本标准。为了达到这个目标，法律就要做好两件事情：首先是还原合同依托的真实环境，以判断当事人在合同中的真实目的和意思表示；其次是当合同本身不健全时，根据合同依托的商业环境判断当事人交易的真实意思。因此，他特别强调在商业司法审判中将当事人在商业交易中依托的交易习惯和交易过程并入到（incorporating）合同的条款中去，以作为合同依托的语境（context）解释。② 前文提及的 UCC 和 CISG 在很大程度上就是受到了他的思想影响。该理论将从事类型经营活动的商业共同体中的其他交易作为参照物，坚信当事人在形成自己的交易意思时一定会参照从事同样交易的其他人的行为模式。如果在一个地区、一类行业中当事人通常采取某类行为模式，那么这种行为模式就默示地被某个具体的交易当事人同意，并成为这类交易的“交易背景”。该理论正是通过这种“交易背景”、“交易环境”的拟制，试图将不可知、不可察觉的当事人的主观意志转化为客观的、可测量的普遍性行为规则，以达到调整商事交易过程的根本目的。

实效客观论则明显是受到自由经济学派和法律道德主义学派的影响。他们将法律的实效和法律的效力看成两个功能等同的范畴，认为法律必须如实反映社会的客观规律与需要。他们认为，由于惯例或习惯是交易当事人之间自发产生的规则，因此这类规则当然更加贴近当事人的行为模式，从而更容

① 参见 Roy Goode, Rule, Practice, and Pragmatism in Transnational Commercial Law, 54 *International &Comparative Law Quarterly*, pp.551, 551(2005)。

② 参见宋阳：《论交易习惯的司法适用及其限制》，《比较法研究》2017 年第 6 期。

易被当事人接受和内化。在功利主义角度上，更加具有实效性的规则当然应当被法律体系接受，从而转换为实在法律。[①]

此外，持该类观点的学者还试图从法律的公正性角度出发，论证自发性惯例的正当性问题。这种理论很可能是受朗·富勒（Lon Fuller）的法律道德分析方法的启发。朗·富勒在其名著《法律的道德性》中提出了所谓“作为义务的道德”的概念，其核心内涵在于人类社会得以维系的纽带在于一种基于“互惠的义务”；“只要我从你那里得到保证说你将以你希望被对待的那种方式来对待我，我就会投桃报李地以类似的方式来对待你”；“以你期待他人对待你的方式来对待他人”。社会由一条无所不在的互惠关系纽带绑在一起，这一概念的踪迹可见于每一种义务的道德当中，从那些严重依赖自我利益的义务的道德，到那些基于“绝对命令”（categorical imperative）的高尚要求。每当一项对义务的诉求需要为自己寻找正当化依据的时候，它总是会求助于某种类似于互惠原则的东西。[②] 很显然，在商事交易的过程中，由于商事主体之间交易的反复性和频繁性，他们的行为模式必然会因为博弈而形成“均衡状态”，而商人社会中自发形成的惯例或习惯就是这种均衡状态的最佳反映。法律所要做的显然是对这种既成事实的承认，至于当事人是否对此状态进行法律确信则并不重要。

上述理论的进步之处在于，其成功地突显出商事惯例与国际公法上的习惯法存在背景上的差异。相对于国际公法而言，国际商法针对的主体是地位相对平等的商人，这与国际公法面对的强国对于弱国、大国对于小国的“绝对压制”有着明显不同。尽管如此，这只能证明国际公法上的法律确信在一定情况下会出现失灵的情形，而不能就此断言在国际商法领域不需要行为主体对于自发产生的国际商事惯例之“同意”。

该学说的另一个可取之处在于，其很好地将自发形成的习惯性规则与成文法规则的效力产生方式做出了界分。与成文法那种自上而下的“命令性强

① 参见宋阳、张源：《自治商法理论的批判研究》，《湖北大学学报》（哲社版）2018 年第 4 期。

② 参见［美］朗·富勒：《法律的道德性》，郑戈译，商务印书馆 2012 年版，第 22 页。

制”不同，惯例或习惯的强制力来源于成员共同体之间的“互惠对等”关系，即对于惯例或习惯的不遵守会导致成员的应对性报复。在这点上，国际公法和国际商法的情形是相通的。但令人遗憾的是，前述学说并未指明这种“互惠对等”关系在司法实践中应当以一种怎样的形态加以体现，以致难以在司法中得到具体应用。

总之，上述学者从不同角度论证了将惯例这种自治性法律规则客观化的必要性以及相应的路径。可以说，在司法裁判中将当事人的主观意图客观化是必要的，否则就将使裁判者陷入主观臆断的陷阱之中。但他们却不约而同地走入了另一个误区，即将客观行为模式的榜样作用绝对化、夸大化，将惯例的客观行为模式直接认定为惯例产生约束力的根源，完全忽视了具体行为主体对于自治性惯例的同意的法律作用。这不但与司法的现实需要不符，也不利于惯例本身发挥正常的法律功能。

第二节　“法律确信”裁判功能之确认

承上一部分所述，目前国内外学界对于国际惯例或习惯的确认过程有“去主观化”的趋势。但笔者认为在现阶段经济交往的背景下，不宜过早将当事人“法律确信”这一主观要素从司法裁判中的考虑范围中去除。为此，笔者将对前述“去主观化”理论加以批判，并指明法律确信在法律裁判中的实际价值。

一、“法律确信”与惯例的外在法律约束力

在英国判例法体系下，法官造法的过程往往等同于对既有的惯例或习惯的发现。对于惯例或习惯约束力的确认，英国法官往往秉持“著名、确定、合理”三个正面标准，同时还强调一个“负面标准”，即“必须与交易通常做法相区别。”[①] 在这个意义上，我们除了使用法律确信这个概念对两者之间

---

① Richard Austen-Baker, Terms implied by custom, usage or course of dealing, in Richard Austen-Baker ed. *Implied Terms in English Contract Law*, Edward Elgar Publishing, 2011, p.86.

进行界分外，似乎没有更好的办法。

国际法委员会2016年的一份报告明确指出，国际习惯作为法律渊源的两要素构成仍是必不可少的，“确定一项习惯国际法规则需要找到两个构成要素：一项一般惯例以及该惯例被接受为法律（法律确信）”。[①] 对此，国际上绝大部分学者持支持态度。[②] 例如，著名国际投资法学者帕特里克·达姆波利就指出：“无惯行不成规则，无确信则不成其为法”；“在惯例形成过程中会有多种多样的情况，有时当事人意图让这种规则具有法律约束力，但另外一些惯行则可能只构成一种礼让的通例而已。”[③]

此外，从国际法协会的报告中我们可以清楚地发现一个重要的论证瑕疵：“法律确信作为一种主观因素，在国际习惯法的确认中并非总是必需的。”[④] 该说法明显有意模糊法律确信的存在状态。在实践中，在很多情况下再广泛遵循的习惯性做法也存在例外。那么在什么情况下，一个行为主体不按照“通常的”行为模式行事便可以视为“违法”呢？换言之，国际法协会报告只是看到既有理论的不足，但是它提交的报告只能对既有理论产生破坏作用，丝毫没有解决已然存在的问题，甚至如同在倒洗澡水的同时把澡盆中的婴儿也一起倒掉了，反倒会引发更多的麻烦。

在著名的“利比亚阿拉伯外国银行诉英国银行信托公司案”中（原被告以下分别简称“利比亚银行”和“英国信托”），英国王座法院就必须要解决一个通行的惯例是否具有法律约束力的问题。在该案中，利比亚银行委托英国信托赎回其储存于欧洲美元账户中的1.3亿美元资金。英国信托接受了委托，但在没有征求利比亚银行意见的情况下，就通过总部和服务器均位于美

---

① 参见国际法委员会2016年第68届会议记录第5章。http://legal.un.org/docs/index.asp?symbol= A/CN.4/L.872&referer=http://legal.un.org/ilc/sessions/68/&Lang=C. 最近访问时间[2019-1-23]。

② 参见 John Yoo & Ivana Stradner, Customary International Law, in Laurent Mayali ed., *Customary Law Today*, Springer Verlag, 2018, p.323.

③ Patrick Dumberry, *The Formation and Identification of Rules of Customary International Law in International Investment Law,* Cambridge University Press, 2016, p.308.

④ Committee on Formation of Customary (General) International Law, 69 *International Law Association Conference*, pp.742, 742(2000).

国的清算所同业支付系统（CHIPS），提取了美元。此时恰逢里根政府对利比亚进行制裁，美国遂以该笔资金的实际所有人为利比亚政府为由进行了冻结。利比亚银行由此提起诉讼，要求英国信托赔偿其损失。英国信托提出抗辩认为：在欧洲美元交易中普遍使用的结算系统都是 CHIPS 系统，而且与利比亚银行先前的几次交易也都是使用 CHIPS 完成，利比亚银行此前从未提出任何形式的异议，因此可以认为，使用 CHIPS 进行欧洲美元结算构成了利比亚银行和英国信托之间合同的默示条款。①

克里斯托弗·斯托顿（Sir Christopher Staughton）大法官在审理后认为："虽然 CHIPS 是欧洲美元业务下普遍使用的业务系统，但是如果想要构成一个否定性的免责条款以排除原告方的一项权利，以上的事实显然是不够的。我需要更多的证据表明为什么合同的一方要同意这么做，而并不是他从来没有行使过这项权利。换言之，我必须得到充分的证据证明双方当事人已然建立起对丁涉诉交易模式的充分信任，然后才能使这种做法具有法律约束力。但很明显，现有事实证据并不足以满足上述条件。"②

由上可见，一种行为模式在一定区域、一定行业中具有一定"流行性"并被当事人通常采用，并不必然意味着这种行为模式对该地区、该行业的所有主体具有直接的、当然的法律约束力。此时，"法律确信"要素的功能就显得格外重要，否则就可能导致司法裁判中的标准不一，甚至前后矛盾。还以贸易融资领域的信用证和独立保函为例，最高人民法院于 2006 年颁布实施的《关于审理信用证纠纷案件若干问题的规定》第 6 条将国际商会制定的《跟单信用证统一惯例》（UCP）作为优先适用的规则，而 2016 年开始实施的《关于审理独立保函纠纷案件若干问题的规定》第 5 条却规定当事人必须明示协议一致援引国际商会的《见索即付保函统一规则》（URDG）人民法院才予以适用。对于同一机构制定的性质完全一致的法

---

① 参见 High Court of Justice (Queen's Bench Division, Commercial Court) Judgment in Libyan Arab Foreign Bank v. Bankers Trust Company (Extraterritoriality of U.S. Order to Freeze Libyan Assets; Banking Procedures for Clearing Eurodollar Accounts; Status of Accounts Held in London), 26 I.L.M., p.1600 (1987).。

② Ibid., p.1624.

律文件，最高人民法院前后两份司法解释的态度可以说截然相反。从已有证据来看，最高人民法院似乎认为UCP已经为银行界接受为“法律”，而URDG进入我国时间尚短，且开具保函的主体并不以银行为限，对于国际组织编纂的商事惯例可能不够熟悉，所以并不当然对其产生约束力。由此可见，谨慎对待自治性的商事惯例是必要的；在确定惯例的约束力进而加以适用时，必须将当事人是否接受这种规则作为重要的考虑因素，尤其是在惯例可能排除当事人的权利之时。此外，即便是直接适用UCP，在司法实践中也存在很多问题。例如UCP600第14条规定银行应在五工作日内审查卖方所提交的单据是否与买方开立的信用证的要求一致，并仅以单据为基础，以决定单据在表面上看来是否构成相符提示。同时其第16条规定当单据存在不符点时，银行可以依其独立判断联系申请开证人放弃不符点，并选择对信用证拒付。同时如果开证人不放弃不符点，银行不得承兑或者支付信用证，否则将承担民事责任。对此，英格伯格·施文策尔（Ingeborg Schwenzer）指出：“信用证和贸易合同的相互独立事实上要求卖方必须提交与信用证要求严格相符的单据，否则将会导致银行的拒付，从而让买方在事实上规避（avoid）合同的约束”。① 但根据CISG第25条的规定，只有在根本违约的前提下，也就是一方的违约导致剥夺了另一方有权依据合同期待达到的后果时，才能允许另一方宣告合同无效退出合同。我国《合同法》第94条也明确规定，只有在一方违约行为导致合同的根本目的不能实现时，非违约方才有权解除合同。而UCP600的审单标准事实上等于加大了卖方交货的相符义务，当卖方不能提交与信用证要求相符的单据时，往往意味着丧失了获得银行付款的权利，即便其提交的货物远未达到根本违约的程度，也可能由于单据与信用证的要求不符而在事实上丧失合同。这种情形在买方不放弃不符点的情况下，很容易导致双方立场发生对立。在此情形下，如果不考虑当事人对UCP600作为国际商事惯例的

① Ingeborg Schwenzer, The Danger of Domestic Preconceived Views with Respect to the Uniform Interpretation of the CISG: The Question of Avoidance in the Case of Nonconforming Goods and Documents, 36 *Victoria University of Wellington Law Review*, pp.343, 345（2006）.

同意就直接对其适用，显然对卖方不公平。[①]

二、对 UCC 和 CISG 客观标准论的批评

承前文所述，有人之所以试图将惯例约束力客观化，其依赖的最有力证据便是 UCC 和 CISG 的规定。二者均未对当事人是否存在法律确信提出明确要求，只要当事人“知道或者应当知道某做法为特定群体通常遵守”便对其产生约束力。如此规定的缘由似乎可以从 UCC 第 1—102 条 b 款得到某种程度的解释。该条规定，UCC 的基本宗旨为“使商业作法能够通过习惯、行业惯例和当事方协议不断获得发展”。这反映了 UCC 起草者的核心思想：“应当将不断变化的商业实践并入交易的法律规则之中。传统成文法最大的弊端是不能及时对商业实践的变化做出回应，而商事交易合同显然应当依托最新的商业实践模式作为背景来进行解读。”[②] 总的来说，UCC 希望让成文法律保持与时俱进的生命力，并试图将对商事争议的裁判同化为对商业社会中既有习惯的发现过程；只要当事人能够证明这种做法被同地区、同行业的经营者在交易中经常遵守，就可以直接纳入当事人的合同之中并视为合同履行的依据，当事人是否同意该惯例则在所不问。

但这种直接将外部行为模式“并入”合同的法律方法也招致了学界的批判，其中的代表人物是芝加哥大学丽莎·伯恩斯坦。丽莎·伯恩斯坦使用全美粮食行业协会的仲裁判例为素材，通过梳理跨越二十的仲裁案件后得出实证结论：“在仲裁时，仲裁机构往往不允许适用未经当事人明示同意的习惯性做法，即便这种做法已经为当事人所熟知”；“裁判者往往从严格意义上解释当事人的合同，不允许习惯性交易规则有超出合同字面含义来对当事人产生约束力”。[③]

---

① 在国际贸易实务操作中，在卖方提交的海量单据中找出轻微的单证不符点是非常容易的，不过很多不符点并不影响买方购买货物的合同目的。但在货物价格有下行趋势时，买方往往借题发挥，拒绝配合卖方修改信用证要求，以迫使卖方接受其减价要求。虽然卖方可以根据买卖合同来起诉买方，但在跨国交易的背景下，这样做的成本无疑太高。

② Dennis Patterson, Good Faith, Lender Liability, and Discretionary Acceleration: of Llewellyn, Witgenstein, and the Uniform Commercial Code, 68 *Texas Law Review* 169, 171 (1989).

③ Lisa Bernstein, Merchant Law in a Merchant Court: Rethinking the Code's Search for Immanent Business Norms, 144 *University of Pennsylvania Law Review*, pp.1765,1769 (1996).

此外，有证据表明在适用 UCC 时，由于缺乏当事人对习惯性做法的明示或者默示同意，裁判者不得不在司法过程中对当事人主张的所谓“交易习惯”持一种非常谨慎的态度。他们不得不随时检查这些“交易惯例”或“惯常做法”是不是“为大多数负责任的企业接受且能够公平地对待各方利益”。① 法院还在程序层面对 UCC 的适用加以严格限制。例如在一起保险合同纠纷中，纽约州法院对惯例的适用提出更为严格的要求，要求其必须是当事人默示地同意在进行交易时予以参照的交易惯例。② 可见，虽然 UCC 试图不再考虑当事人的主观法律确信，这种客观化思路也确实成为美国在裁决国内商事案件中的主流做法，但我们不能对这种做法引发的问题和法院在实际操作中的有意补救措施视而不见。③

对我国而言，讨论 CISG 第 9 条第 2 款的规定应当更具实际意义。该条款规定：“除非另有协议，双方当事人应视为已默示同意对他们的合同或合同的订立适用双方当事人已知道或理应知道的惯例，而这种惯例，在国际贸易上，已为有关特定贸易涉同类合同的当事人广泛知道并为他们经常遵守。”CISG 在此并未完全排除当事人对惯例的同意，只是使用了一种技巧性措辞，将惯例推定为当事人同意的。同时需要注意的是，CISG 第 8 条第 3 款强调“在确定一方当事人的意旨或一个通情达理的人应有的理解时，应适当地考虑到……当事人之间确立的任何习惯做法、惯例。”综上可知，CISG 引入惯例的目的在于为理解、断定当事人的意图提供一种可为裁判者感知的参考标准。

证明上述观点的另一个证据是 CISG 起草时的准备工作文件（travaux préparatoires）。在起草 CISG 时，第 9 条的草案被提交给包括中国在内的 62 个国家的代表讨论。巴基斯坦代表提出，应当将第 9 条第 2 款的“除非另有协议”替换为“除非其行为另有表明”（unless their conduct shows otherwise），从而试图构建起一种完全的客观标准。但是该建议被国际贸易法委员

---

① Giord v. J&A Holdings, 63 Cal. Rptr. 2d 253, 259 (Cal. Ct. App. 1997); Cf. Gen. Motors Corp. v. State Motor Vehicle Review Bd., 862 N.E.2d 209, 220-21 (Ill. 2007).

② 参见 SR Int’l Bus. Ins. Co. v. World Trade Ctr. Props., LLC, 467 F.3d 107, 134 (2d Cir. 2006)。

③ 参见 Christopher Drahozal, Usages and Implied Terms in the United States, in Fabien Gélinas ed., *Trade Usages and Implied Terms in the Age of Arbitration*, Oxford University Press, 2016, p.121。

会最终否决，理由是这“会给确定当事人是否有接受惯例约束的意图带来不必要的麻烦”。[①] 可见，认为 CISG 第 9 条第 2 款意图构建惯例约束力的客观标准这种观点并不全面。相反，CISG 一直将当事人的主观意志作为构建其法律关系的基本要素。

当然，第 9 条第 2 款的规定确实也给裁判者建立起一个非常具有诱导力的裁判导向。当当事人没有证据证明其在缔结和履行合同时确实不同意某种可见的惯常做法时，该做法就会被视为他们的一种“默契”，进而转化成为合同的一部分。此时，裁判者只需要根据已有的其他人签订的类似合同，就可以为当事人确立相应的权利义务。这种做法在实践中产生了许多问题。有学者指出，CISG 要求的交易惯例“被广泛知道和经常遵守”在实践中颇不易操作，因为确定某个“惯例”是否“广为人知”可能并不简单，在具有高度技术性的贸易领域，很少有人真正了解哪些惯例真正适用于该交易。[②] 所以，在实践中通常就将一些国际组织制定的示范性条款作为当事人应当知道、普遍了解的“惯例”调整国际货物买卖。笔者通过美国佩斯大学的 CISG 数据库查询发现，中国国际经济贸易仲裁委员会审理的案件中如果涉及国际惯例，通常就将国际商会的《国际贸易术语解释通则》（Incoterms）作为被当事人广泛熟知的交易习惯。[③] 但即便是在广泛使用的贸易术语中，也有与当事人真实意思相冲突的情形存在。例如，在 CIF 术语下，卖方需要的投保价值应为货物成本价再加 10%，该要求的主要目的是补偿买方转售货物的预期利润。[④] 但是这种做法在有些情况下是值得怀疑的，并不是每个买方都要求卖方在投保时加投 10% 额外价值的保险。此时，作为国际商

---

① William P. Johnson, The Hierarchy That Wasn't There: Elevating "Usage" to its Rightful Position For Contracts Governed by the CISG, 32 *Northwestern Journal of International Law & Business*, pp.295, 297 (2012).

② 参见 Leonardo Graffi, Remarks on Trade Usages and Business Practices in International Sales Law, 29 J*ournal of Law and Commerce*, pp.282, 284 (2011)。

③ 参见 *Beech Log Case*, http://cisgw3.law.pace.edu/cases/021104c1.html; *Metallic Silicon Case*, http://cisgw3. law.pace.edu/cases/080109c1.html, 最近访问时间［2019-01-01］。

④ 参见 Jan Ramberg, *ICC Guide to INCOTERMS 2000:Understanding and Practical Use*, ICC Publishing,1999, p.121。

事惯例的贸易术语，这种类似强制性的要求很可能与当事人的预期不符。在俄罗斯仲裁的一个案件中，裁判机构更是直接否决了这种缺乏当事人在签订合同时默示同意的贸易术语要求。①

三、法律的内在方面与司法裁判适用规则的关系

如上所述，客观论的赞成者认为，法律在发展中需要贴近现实需要，应当与时俱进。法社会学代表人物欧根·埃利希（Eugen Ehrlich）认为，真正的法律秩序并不存在于成文法的字面含义之上，而是蕴含于社会本身之中。他认为，社会产生的自发秩序比法律本身发挥的功能要大得多："尽管对契约法有很详细的规定，但在每个个案中起决定作用的远不是有关契约的法律规则，而是契约的内容……比较而言，裁判者很少单纯依据法条作出裁决；大量的裁决是根据法律文书、证人与专家证言，根据契约、团体章程、遗嘱和其他宣告进行的。因此按照法学家的行话，这在大多数情况下与其说是有关法律问题的判断，还不如说是有关'事实问题'的判断。而事实问题恰好就是人类团体的内部秩序，它们由法官从证人与专家证言、契约、团体章程、继承人分配共同财产的协议以及遗嘱宣告中提炼出来的。"② 总之，在法社会学派的眼中，当事人之间形成的自发秩序是构建整个法律体系的基础，因此当事人自发的行为模式是判断案件是非曲直的核心标准。此外弗里德里希·哈耶克（Friedrich Hayek）认为，在社会活动中个人的行为自由是最重要的价值，为了保护和实现这种价值，必须防范成文法陷入必然的无知（inevitable ignorance），后者会形成个人自由意志的桎梏。为此，必须把成文法和国家命令限定于附随性地位。③

---

① 参见 Tribunal of International Commercial Arbitration at the Russian Federation Chamber of Commerce and Industry, 13 Apr. 2006, http://cisgw3.law.pace.edu/cases/060413r1.html. 最近访问时间［2019-01-02］。

② ［奥］欧根·埃利希：《法社会学原理》，舒国滢译，中国大百科全书出版社 2009 年版，第 38 页。

③ 参见［英］弗里德里希·哈耶克：《自由秩序原理》，邓正来译，生活·读书·新知三联书店 1997 年版，第 43—45 页。

上述两种理论都有将自发行为和自发秩序神圣化的倾向，从而让社会自发行为模式取代法律对社会关系的调整。笔者无意否认，法律的制定和发展不能从根本上脱离社会内部规律，更不能破坏社会自然秩序。但是，法律对社会内部秩序之遵守的表现形式应当是在一定范围和时间跨度上的趋近，而不是所有法律条文都要完全依附于所谓“社会内部的自发性秩序”。

从司法角度而言，前述埃利希和哈耶克的理论忽略了法律效力和实效之间的关系。规范法学学派泰斗汉斯·凯尔森（Hans Kelson）认为，法的效率与实效是相互关联但又区别明显的一对范畴，法的实效是指在不涉及制裁等强制因素的情况下人们对法律的遵守情况，法律效力则是表明规则对裁判者是否具有约束力的情况。他举例说，法律禁止盗窃，当人们没有遵守这个规范时，可以说明这个法律规范的实效受到了挑战使其缺乏实效性，但是法官必须依据这个法律规则惩罚盗窃者，这是因为此法律规则对于法官而言是具有法律效力的。①

姑且不论当事人自发产生的行为模式是否具有较高的实效，至少法官在裁决案件时并不应当将实效作为首要考虑因素，而是要考虑这个规则是否具有效力。因为实效是一个长期的过程，是立法者首要考虑的因素，对于裁判者而言则是一个次要考虑因素。在商事交易中，当事人将争议提交给裁判机构往往意味着想要终结这个交易。此时，裁判者的首要任务是分清是非曲直，让有过错的一方承担责任，让应当承担风险的一方承担风险。自发的行为模式再具有高效性，也只有在当事人有意继续从事交易的前提下才有发挥的空间。因此，在面对庞杂的自发性惯例规则时，裁判者要解决的最重要、最棘手的问题是哪些惯例对当事人有约束力，哪些惯例对当事人没有约束。怎样做才能让交易更为高效，对于审理一个特定案件的法官而言并不是一个紧迫和具有现实意义的问题。在此语境下，裁判者必须克制自己制造合同（contract construction）的欲望，而将当事人的预期和获得救济的需要放在首要位置。②

---

① 参见［美］汉斯·凯尔森：《法与国家的一般理论》，沈宗灵译，中国大百科全书出版社 1996 年版，第 31—32 页。

② 参见 Tolga Ayoglu, Application of Trade Usages in International Institutional Arbitration – Some Reflections, 30 *ASA Bulletin*, pp.546, 546 (2012)。

在此思路指引下，惯例的“法律确信”这个主观因素无论怎样强调都不过分。

第三节 “法律确信”司法标准的构建

诚如牛津大学的罗伊·古德爵士所言，强调“法律确信”在裁判推理中的重要地位，并不是因循守旧地固守传统法学理论中过时的思想桎梏，而是必须对法律确信概念及其司法判断标准进行修正和创新。[①] 总体而言，现有的法律确信概念至少在两个方面存在明显缺陷。

一、现有“法律确信”要件缺乏明确的司法标准

如何认定惯例或习惯在具体案件中对具体当事人的法律约束力，无疑是一个困难的问题。特别是，在其没有明示同意或者选择的情况下，如何以一种可操作的标准判断当事人已经接受惯例或习惯的约束，更是非常棘手的。对此，一些学者提出了自己的判断标准。例如左海聪将惯例产生约束力的来源归结为一种可期待的预期。[②] 还有学者认为法律确信应归结为所谓“一般人的确信”，即不仅仅是司法界对判例提出之规则的无异议的接纳，还要求有关各阶层、学说上及一般舆论对其均无异议的接纳。[③] 也有人主张从国际法的整体目的和体系观察当事人的法律确信乃至约束力问题。[④] 虽然法律确信从本质上说是当事人的主观心理状态，但在司法实践中必须确定一种客观的可观测的标准确认这种状态，且这种状态应当是中立、公正的。传统理论对于构建这种司法标准显然并无太大的帮助。

---

① 参见 Roy Goode, Usage and Its Reception in Transnational Commercial Law, 46 *International & Comparative Law Quarterly*, pp.33, 34 (1997)。

② 参见左海聪：《国际商法》，法律出版社 2013 年版，第 8 页。

③ 参见彭诚信、陈吉余：《论〈民法总则〉第 10 条中的习惯——以“顶盆过继案”切入》，《华东政法大学学报》2017 年第 5 期。

④ 参见 Hiroshi Taki, Opinio Juris and the Formation of Customary International Law: A Theoretical Analysis, 51 *German Year Book of International Law*, pp.465, 468 (2008)。

二、“法律确信”概念的逻辑悖论

“法律确信”还有一个我们必须面对的难题，即义务的循环悖论问题。根据法律确信概念的经典定义，法律确信是行为主体从主观上感受到的一种义务感，遵循这种义务感，就会形成具有法律约束力的规则，这种规则就是前文反复提及的具有约束力的惯例或者说是习惯。我国旅英学者郑斌特别强调这种义务感的作用，并依托这种“义务感”理论提出了所谓“即时形成性国际法”的概念。[①] 正是这种义务感导致产生了当事人行为上的义务。但这种义务感来自于什么呢？显然应当来自于当事人之间存在的权利义务关系。这就造成了逻辑上的循环。具体到司法上，法律确信的这种循环论证式的定义会导致裁判者面对具体案件无所适从甚至混乱。试想，在一项商事交易中一方当事人认为一项义务应当由对方承担，而这种义务来源于对方理应感知到的一种“义务感”。但这种义务感又来自何处？是否对方应当具备这种义务感？这种义务感又是否合理？这种理论的缺陷在于，将法律规则建立在当事人“自我感觉”的基础之上。事实上，行为主体的主观状态并不具有可推广性，一方认为理应如此的行为模式并不必然约束另一方。此时便很可能出现“各执一词”的局面。在此情形下，裁判者便要从中做出选择，这往往涉及到合同解释技术问题。目前主流的处理方法是通过缔约过程、履约过程的种种证据明确当事人的真实意思。诚然，根据合同的签订、履行等细节判断当事人的意图对于裁判者而言是成本最低的方法，但从当事人的视角来看，有三方面因素导致这种合同解释方法面临现实困境。首先，对于细节的注意和解读会不可避免地掺入裁判者的主观思维，裁判者往往会根据其以往经验选择性地注意交易中的某些细节，从而很可能导致“同案不同判”，有损程序正义。其次，一些经验丰富的当事人可能会利用技巧刻意强调某些履行细节诱导裁判者，甚至这些细节本身就可能是其在签订合同时预设的陷阱；这样裁判者就很可能在不经意间沿着当事人预设好的思维路径做出对交易经验相对缺乏一方不利的判决。最后，当交易转化为诉讼时，所有交易细节不可

---

① 参见 Cheng Bin, United Nations Resolutions on Outer Space: “Instant” International Customary Law? 23 *Indian Journal of International Law*, pp.12, 15 (1965)。

能完全重现，此时如果完全依赖合同解释技术，很可能会让诉讼变成当事人举证能力的比拼，导致牺牲个案公正。总之，使用合同解释技术往往会给法官留下过于充分的自由裁量权，给法官基于个人好恶代替当事人进行价值取舍留下太多空间，从而增大当事人真实意思被扭曲的风险。笔者之所以提出确认国际惯例的“主观要素”，并不是奢望在每个具体案件中弄清楚每个具体当事人在签订和履行合同时内心的真实想法，而是试图将从事同类交易的同行态度和认知作为一种商业现实（commercial reality），以此为参照推知当事人最为可信的可能意图，进而作为裁判者的判断依据。

三、“批判反思态度”对于“法律确信”的工具意义

为解决前述关于“法律确信”理论的重大挑战，笔者认为需要借助哈特（Hart）的法律承认规则作为分析工具，以期构建明确且具有可操作性的法律确信的判断标准。在《法律的概念》一书中，哈特清楚地认识到在群体中有两种完全不同的习惯性规则。一种习惯性规则是并不具有约束力的习惯，这种习惯虽然在某个群体内部具有一定普遍性，该群体的成员在行为模式上“事实上趋同”，但若有人偏离这种行为模式，并不会招致批评或承受压力；另一种则是会招致他人批评和压力的习惯或者惯例。① 对这两种习惯性规则的区分也许可以成为识别判断“法律确信”概念的关键。具言之，使法律确信具有司法上可识别的操作性的关键并不在于行为人自身的心理接受状态。恰恰相反，法律确信的判断应当来自行为主体的相对人以及与其身处同一群体的旁观者，他们对于偏离习惯性规则的态度才是破解难题的关键。哈特称这种态度为“批判反思态度”（critical reflective attitude，CRA）。如果行为主体对某个习惯性规则的违反会导致群体内大多数人的批判意见，这种批判就会形成一种来自群体内同行的压力（peer pressure），要求其遵守具有约束力的规则；如若当事人对这种压力不予理睬，就会导致相应的不利结果。例如，假若某个商人不遵守商人之间约定俗成的行为，那么在平等交易的市场

① 参见［英］赫伯特·哈特：《法律的概念》，张文显译，中国大百科全书出版社 1996 年版，第 59 页。

中就将无人愿意甘冒风险与之合作，他就将面临被市场淘汰的不利后果。① 这种同行压力就是对所谓“法律确信”的最好表征，同时这种表征在司法层面也相对容易识别和应用。

此外，批判反思态度理论也是破解“法律确信”循环悖论的关键。惯例是否具有约束力并不在于当事人自身如何认识，而在于群体中大多数人对这种确信的认识。具体可以概括为：在规则形成过程中，法律确信是逐步积累、渐渐生成的；在“法律确信”生成之前，反复和趋同的行为并不具有法律上的约束力。但在此过程中，交往的客观需求会促进人们相信某种行为模式对于他们之间构建和谐的关系是必需的。如果行为主体违反惯例或习惯表达的行为模式，其他人对此种违反产生批评和非难态度，并产生足以使违反者屈服的同行压力，那么就说明该行为模式在此群体内已然因“法律确信”而被接受为具有法律约束力的行为规则。此时，群体内成员就必须照此模式安排自己的行为，否则就将被视为没有履行其应尽之义务。这种义务与行为人自身的感觉和感知并无直接和必然的联系，而是取决于群体内其他成员对该行为模式的认定和取舍。简言之，遵守惯例的根本外在压力和正当性来源，是特定群体内部成员交往和共存的客观需要产生的一种带有普遍性的主观“心理信赖反馈”。

在国外已知的判例中，裁判机构往往借助专家证言（expert testimony）确认惯例是否存在，而专家往往是从事涉诉交易的资深商人。但在已有的案件中，向专家证人询问的问题往往是“该做法你是否知道”，“该做法是否常见或普遍”等，而不是“如果违反这种做法你是否会产生厌恶”，“不这么做你今后是否还愿意同他做生意”等，更没有使用数据统计方法验证所谓惯例是否为大部分从事同类型交易的当事人接受。这种做法显然给惯例的认定和适用带来了很大的任意性和随机性。② 笔者认为，引入批判性反思态度这种判断标准，就是要将案件当事人的业务同行的意见引入到裁判中来，确认对

---

① 参见 Orsolya Toth, *Lex Mercatoria Theory and Practice*, Oxford University Press, 2017, p.168。

② 参见 Lisa Bernstein, The Questionable Empirical Basis of Article 2’s Incorporation Strategy: A Preliminary Study, 66 *University of Chicago Law Review*, pp.710, 715 (1999)。

案件所涉惯例的违反是否会损害该类交易当事人的“共同预期”。在有理由相信从事该类交易的同行对该种行为模式的违反会产生较为强烈的“非难态度”时，就可以认定这种行为模式具备惯例需要的“法律确信”的主观要件，进而能够对当事人产生法律上的约束力。

四、影响“法律确信”形成的客观因素

在识别“法律确信”的司法过程中，还需要注意以下几个影响“法律确信”形成的客观因素。

一是需要注意不同群体惯例的差异性。伯恩斯坦指出：“被普遍接受为具有法律约束力的交易惯例或习惯根本不存在，因为不同地区、不同层次的交易主体对所谓交易惯例的内容充满了争议。”仅就美国的干草行业而言，合同中“一大捆”（a large bale）的概念在东部地区和西部地区之间就存在着巨大差异，究竟应当用质量还是用占用空间的大小衡量也是众说纷纭，甚至在芝加哥这个城市内，干草公司也不能给出“大捆”与“小捆”之间差别的明确定义。[①] 因此，在确定当事人对一个惯例或习惯是否具有“法律确信”时，一定要考虑空间因素和属人因素。在某种意义上，交易习惯或惯例之间的冲突甚至比不同国家和地区之间的法律冲突更为巨大和复杂。[②]

二是需要确认规则内容的合理性。“法律确信”强调当事人主观上应当具有认可某种行为模式并愿意受其约束的心理状态，但对其进行合理的外在约束也是必要的，这便是合理性的要求。在对 CISG 草案中第 9 条进行意见反馈时，中国代表便要求应以“合理性”作为惯例产生约束力之前提。[③] 合理性要求在司法上应当体现为两个方面：一方面，法院在审理案件时应当从发展和公正的角度判断惯例是否具有合理性，各种限制性的商业惯例即便取得行业内公认也不能认为其“法律确信”是有效的。关于什么是限制性商

---

① 参见 Lisa Bernstein, The Myth of Trade Usages: A Talk, *23 Barry Law Review*, pp.121, 121 (2018)。

② 参见宋阳：《自治性商事规则法源地位否定论》，《当代法学》2018 年第 3 期。

③ 参见张玉卿：《国际货物买卖统一法：联合国国际货物销售合同公约释义》，中国商务出版社 2009 年版，第 89 页。

业惯例，联合国《关于控制限制性商业惯例的公平原则和规则的多边协议》（Multilaterally Equitable Principles and Rules for the Control of Restrictive Business Practices）规定："限制性商业惯例指企业的下述行动和行为：通过滥用或谋取滥用市场力量的支配地位，限制进入市场或以其他方式不适当地限制竞争，对国际贸易，特别是发展中国家的国际贸易及其经济发展造成或可能造成不利影响；或通过企业之间的正式或非正式、书面或非书面的协议或其他安排造成了同样的影响的一切行动或行为。"《中华人民共和国技术进出口管理条例》列举了七种技术转让行业惯例，明令这些惯例条款不得出现在我国技术进出口合同之中。在此要求下，符合上述特征的行业惯例即便取得了行业内的认可，甚至被明示作为合同的条款，也属于不合理的行业惯例，自始不能产生法律约束力。另一方面，在司法裁决过程中，难免会出现在一些个案中"法律确信"的模糊状态，此时判断惯例或习惯是否具有约束力就不得不运用合理原则确定。例如，美国某法院在一个销售马匹的判例中认定"马匹买卖合同中卖方不承担健康担保义务"是一项具有法律约束力的惯例，理由是马匹是一种易患病的动物，让卖方保证已经脱离其照管的马的健康对于卖方而言是明显不合理的。在另外一个案件中，法官认定合同中的6—8月交货的真实含义应当是在7月前交货，因为买方购买衣服的目的是要赶在学生返校前，并在学生返校期间进行销售。总之，以"合理性"为依据判断惯例是否具备"法律确信"要素也是法院普遍采用的做法。①

三是需要注意当事人之间的信息对称性。"法律确信"从根本上讲是当事人对某种行为模式的接受，因此一个重要的前提便是当事人已然清楚这种行为模式及其带来的后果。UCC和CISG虽然从法律适用层面并不要求考虑当事人对于惯例或习惯的主观接受状态，但二者均要求当事人知道并了解惯例或习惯的内容。换言之，如果在裁判中发现双方当事人地位强弱悬殊或者一方获知交易习惯内容及其法律后果的能力明显弱于另外一方，那么裁判

---

① 参见 Richard Craswell, Do Trade Customs Exist? In Jody S. Kraus & Steven D. Walt eds. *The Jurisprudential Foundations of Corporate and Commercial Law*, Cambridge University Press, 2009, p.140。

者就应当对此类规则的直接适用予以严格限制，以防止信息获取的优势方采取策略性诱导行为损害弱势群体的利益。正如加拿大著名新马克思主义学者克莱尔·卡特勒（Claire Cutler）指出的："各种商事习惯只是表面上显示出公平性的特质，但其背后往往都服务于资本主义跨国寡头的需要。"[①] 就此而言，"法律确信"的成立还须以交易当事人之间具有相对平衡的信息获取能力和判断力为前提。

第四节　主客相成：传统法律确信理论的主、客观修正

在适用诸如国际商事惯例、国际习惯乃至国内民商事习惯、惯例时，有必要修正 CISG 和 UCC 的纯客观方法。当事人对于惯例或习惯的主观心理接受状态是确定惯例等自治性规则是否具有约束力的重要识别指标。单纯基于重复或一致的行为模式便断定惯例或习惯具有约束力，会破坏当事人的信赖甚至导致法官的主观擅断。但与此同时，也有必要修正传统"法律确信"理论中的表述方式。裁判者应当认识到，惯例或习惯的法律约束力来源于行为人之外的同行压力，因此必须将群体内成员对其成员违反惯例或习惯的态度作为"法律确信"的识别特征。如果该群体对于违反惯例或习惯要求之行为模式的行为并没有较强的非难与谴责态度，就可以认定该"惯行"并未满足"法律确信"的要求或者说"法律确信"尚未最终形成。而当这种谴责和批判态度较为强烈时，裁判机构则应当依据其职权，对这种已然获得"法律确信"的习惯规则进行效力宣告，并主动加以适用。

---

① Claire Cutler, *Private Power and Global Authority Transnational Merchant Law in the Global Political Economy*, Cambridge University Press, 2007, pp.216-217.

第六章　国际商事惯例识别制度的构建：以国内法院语境为切入点

适用任何规则的前提是裁判者能够准确把握规则的内容。诚如绪论之阐释，国际商事惯例和商事惯例并无明确的界限划分，这是由于商法无国界的本质特征决定的。故本章在行文中对此二者不加区分，会根据行文方便混合使用。

多数情况下国际商事惯例是以不成文的形态存在的，这就使得裁判者如何正确地识别和把握这种不成文规则成为了一个核心难题。长久以来，我国不论是在立法层面还是在司法层面都不存在一种可靠的商事惯例识别制度。虽然在司法解释层面，我国最高院颁布的《合同法解释二》第 7 条对商事惯例和交易习惯采取的是当事人“知晓”和“采用”标准，这显然在很大的程度上受到了《联合国国际货物销售合同公约》（UN Convention of International Sale of Goods，以下简称 CISG）第 9 条的影响。然而前述司法解释完全没有明确如何识别和认定商事惯例的具体方法，只是笼统地规定由当事人举证证明惯例的存在。

由于司法机关在实践中缺乏相应的识别判断标准制度，司法机关在识别和认定商事惯例时只能凭借裁判者的主观感受认定商事惯例的存在和内容，[①] 因此出现了不少难以令人心悦诚服的裁决。例如在“王小春与北京千伟广祥国际商贸有限公司缔约过失责任纠纷案”中，人民法院认为“根据商

---

① 参见彭海波、黄晨：《商事交易习惯司法适用困境透析与完善进路——以 315 份生效判决书为分析样本》，全国法院第 2018 年学术年会论文集，第 796—804 页。

铺租赁惯例，订立商铺租赁合同应当签订书面协议，或者支付租金。在本案中，原告、被告既未签订书面合同，也没有支付租金，因此合同未能成立”。[①] 这种推断带有明显的武断成分，既没有考虑到我国《合同法》第 10 条的规定，也没有考虑到现实中已然成立的租赁合同承租人拖欠租金的客观可能。之所以出现上述问题，在很大程度上就是由于商事惯例认定司法标准的空白所导致的，亟待理论研究予以完善。

然而在英美法系国家，其长久的判例法制度以及缺乏判例情况下的法官造法传统对商事惯例的识别已有相对成熟的经验可以借鉴，可以考虑梳理和借鉴其判例法中形成的商事惯例识别制度构建我国的商事惯例识别制度体系。故而本节从英国“再保险案”这一国内法视角为切入点，探讨国际商事惯例识别方法的构建。

第一节　方法论构建

一、现有研究方法的缺陷

翻阅国内的相关文献，发现绝大多数学者的著述中主要的研究似乎都指向了商事惯例的历史文化背景、[②] 商事惯例的功能与性质、[③] 不同类型惯例和习惯的内容、[④] 法理学意义等理论问题。[⑤] 相对于国内学者，国外学者对于商事惯例的研究则更多地偏向于技术层面，例如有学者通过道德分析的方法确立商事惯例的识别和适用标准。[⑥] 还有学者主张通过问卷调研和实证统计的方法确定商事惯例的内容，然后根据商人对商事惯例的接受情况对商事惯例

---

① 2015 年密民（商）初字第 07861 号。

② 参见何勤华:《法律文明的起源——一个历史学、考古学、人类学和法学的跨学科研究》,《现代法学》2019 年第 1 期，第 18—33 页。

③ 参见陈彦晶:《商事习惯之司法功能》,《清华法学》2018 年第 1 期。

④ 参见高其才:《中国习惯法论》，中国法制出版社 2008 年版，第 109—125 页。

⑤ 参见李可:《习惯法：理论与方法论》，法律出版社 2017 年版，第 288—353 页。

⑥ 参见 Jim C. Chen, Code, Custom, and Contract: The Uniform Commercial Code as Law Merchant, 27 *Texas International Law Journal*, pp.91, 136 (1992)。

进行有选择的适用。①

纵观国内外的几种研究方法和思路，笔者发现对于商事惯例的研究存在的最大问题和缺陷是几乎所有的文献都没有能够从一般且可操作的标准层面解决商事惯例的识别和认定问题。这些研究方法仅从惯例的本身性质出发，试图通过对商事惯例功能和内容的确认“毕其功于一役”地解决商事惯例的适用问题。然而，这种研究方法从本质上说仍然是将研究成文法的方法套用在本质上不成文的商事惯例规则之上，不能从根本上解决商事惯例的具体适用问题。从性质和本质层面看，商事惯例是在商事交易中自发形成的自治性规则，与成文法产生的过程有着本质上的区别。② 而且，商事惯例与一般民间习惯和民族习惯不同，其追求的核心价值在于交易的创新，因此商事惯例的变化性与灵活性都远远高于成文法且内容处于不断地快速演进和变化的过程中。在此意义上，如果我们用静态的研究方法与标准去捕捉商事惯例这种动态变化的规则就好比试图用固态的容器存储阳光一样。同理可知，前述论著的研究方法对于帮助我们认识和掌握商事惯例的意义相对有限。

二、典型案例切入法的优势

笔者认为，在研究商事惯例的识别问题时，必须跳出传统研究方法中实体法研究的窠臼。商事惯例的识别标准是一个事实与实体紧密结合的法律问题，因此必须通过典型判例的带入明确商事惯例的识别标准，通过法官面对案例时的推理思路，可以帮助我们真正了解裁判机构对于商事惯例的认定和识别标准。通过这种研究方法既可以规避对于易变的商事惯例的功能与内容陈词滥调式的叙述，也不同于总结适用商事惯例主体之间的权利分配，而是通过在典型案例中总结商事惯例发生约束力的二级承认规则解决我国对于商事惯例识别的认知不足问题。

---

① 参见 Lisa Bernstein, Custom in the Courts, 110 *Northwest University Law Review*, pp.63, 97 (2015)。

② 参见 Celia Wasserstein Fassberg, Lex Mercatoria-Hoist with Its Own Petard?, 5 *Chicago Journal of International Law,* pp.80,81 (2004)。

三、切入案例的背景介绍

经过反复筛查与思考，笔者决定选择英国著名的“芬尼亚保险公司与通用再保险公司保险纠纷案”（General Reinsurance Corporation and Others v Forsakringsaktiebolaget Fennia Patria，为行文方便下文简称此案为“再保险案”）作为分析模板案例。[①] 该案件不但从根本上阐明了商事惯例的确认标准，而且还从问题的反面阐述了如何否认一个惯例对当事人约束力的事实标准。在该案件中，虽然英国王座法院和上诉法院最后的判决结果完全相反，但两次审理中法院都集中对于什么是对当事人具有约束力的商事惯例进行了系统性的分析，并对当事人的“声称惯例”（alleged usage）的作用边界进行了定义。总的来说，研究该案例对于帮助我们深入认识商事惯例的适用条件的意义非常巨大。

该案是芬兰的芬尼亚保险公司（Forsakringsaktiebolaget Fennia Patria）和德国的通用再保险公司（General Reinsurance Corporation）因为再保险合同发生的纠纷，后来在英国著名法院进行诉讼。案件的缘起是芬尼亚保险公司作为欧洲最大的保险公司之一，承保了英国的欧洲货运公司（Eurocan Ltd）从英属哥伦比亚向欧洲大陆运输和销售价值 2700 万芬兰马克特种纸张的财产保险，专门承保因为非人为火灾造成的风险。这批纸张全部储存在比利时的安特卫普港的仓库中。对于该保险业务，芬尼亚保险公司进行了再保险的商业处理。芬尼亚保险公司与以通用再保险公司为首的 28 家保险公司开展了辛迪加再保险合作，约定当超过 1500 万芬兰马克的保险标的额时，由再保险公司集体承担剩余保险义务，在 1500 万芬兰马克保险标的额内则由芬尼亚公司自己承担理赔义务。1977 年 2 月 11 日，一场大火席卷了安特卫普港，在仓库中储存的纸张全部毁损灭失。然而就在 1977 年 2 月 14 日，芬尼亚保险公司指示它的经纪人向再保险人发出修改保单的通知，将原来 1500 万芬兰马克的自保额修改为 2500 万，还明确告知将这种修改效力追

① 参见 General Reinsurance Corporation and Others v Forsakringsaktiebolaget Fennia Patria. Court of Queen’s Bench (1981), [Hereafter QB Judgment] ; and Court of Appeal(1983), [Hereafter *CA Judgment*]。

溯至 1977 年 2 月 1 日，也就是说只有超过 2500 万的保险标的损失时，才由再保险人承担理赔义务。1977 年 2 月 15 日，在通用等再保险公司的商业代表已经在修改后保单上签名首字母后，芬尼亚保险公司由于了解到火灾的规模程度，通知所有再保险商取消其于 1977 年 2 月 14 日发出的保单修改通知。除了通用再保险公司以外，其他 27 家再保险公司均同意了芬尼亚保险公司撤销修改保单的通知。然而随后通用再保险公司代表所有再保险商向芬尼亚公司发出通知，只同意承担 200 万芬兰马克的理赔份额，这导致芬尼亚保险公司在垫付了理赔金后，就剩余价值 1000 万芬兰马克的保险责任，提起了对通用再保险公司的诉讼。

在案件审理过程中，芬尼亚保险公司提出了两项主张：首先，芬尼亚保险公司认为通用保险公司对于保单修改的通知的草签不构成有效的承诺只是一项要约，这项要约被芬尼亚保险公司随后的取消通知拒绝。因此，将原保险单修改的合同还未成立。其次，芬尼亚保险公司认为即使新的保险修正已然成立，但作为保险人仍然在所有再保险人接受修改保单前有单方面的取消保单修改的权利。事实上，除了通用再保险公司以外其他的再保险人也都同意了这项取消性修改。这种单方修改权利源自于英国伦敦再保险市场上存在的“商事惯例”，该商事惯例可以从从事再保险业务的“保险人”、“经纪人”和“投保人”的认知角度得到印证，而且这种权利的存在构成了伦敦再保险业务市场的运作基础。[①] 对此，通用再保险公司表示不能认同：“芬尼亚保险公司修改原保单的意旨足够明确且带有可以核查确定的对价，显然属于要约。基于此理由，对于这个要约通用再保险公司的首字母签名就构成了有效的承诺，合同在首字母签名时就已然成立。没有任何证据能够证明存在一种商事惯例使得保险人获得了对修改后保单的单方取消权。退一步说，即便这种商事惯例存在，亦不能赋予芬尼亚保险公司追溯取消已然修改了的保单的权利，在 2 月 11 日保险事故发生之时，就应当按照芬尼亚保险公司修改后的保单条款执行保险事务。”[②]

---

① *QB judgment* at: 1023,1025.

② *QB judgment* at: 1024.

对于双方的控辩，不论是初审的王座法院还是二审的上诉法院都一致认为芬尼亚保险公司修改保单的行为构成有效要约，所以修改后的保单构成了对双方有约束力的合同。在此大前提下，确认是否存在保险人单方面撤销保单修改权利的惯例以及在该案件中是否能够对芬尼亚保险公司取消保单修改通知的行为起到支持作用就成了该案的焦点问题。

第二节 国际商事惯例约束力的产生前提

对于如何识别商事惯例的约束力，构成商事惯例的构成要件是什么，国内学者对该问题的研究明显处于相对初阶的状态。例如有学者认为，国际商事惯例的约束力来源于当事人的选择或者国家法律的规定。[①] 还有学者主张只要惯例践行者彼此存在某种可推定的期待，就足以产生遵守惯例的义务。[②] 又有学者说商事惯例发生约束力的根本依据在于这种规则是否已然书面化。[③] 总之，我国学者对于国际商事惯例的理解大多从遵守的角度去理解，因此往往给予这种规则以“过高”的地位。诚然作为一个初入国际市场的从业者，确实需要在某种程度上“小心翼翼”地遵守既有的市场规则，但这种态度不应适用于裁判者的立场之上。作为裁判者，并不是所有当事人声称的“商事惯例”都要成为裁判者依据的金科玉律，这是因为即便是具有天使般品德的人也往往会过高地估计自己行为的合理性，为此必须对当事人行为的动机通过裁判进行调整。[④] 具体而言，裁判者必须以一种客观中立的态度审视判断商事惯例发挥约束力的信息控制点，按照一定的承认标准判断惯例发生效力的条件和标准。当发生相互冲突的惯例时，裁判者还应当阐明惯例之

---

① 参见郑远民：《国际商事习惯法发展趋势研究》，湖南人民出版社 2010 年版，第 33—34 页。

② 参见左海聪：《国际商法》，法律出版社 2013 年版，第 8—13 页。

③ 参见吕文学、郝丽华：《国际工程管理中的国际习惯与国际惯例》，《国际经济合作》2015 年第 6 期。

④ 参见 Frederick Schauer, *The Force of Law*, Harvard University Press, 2015, p.166。

间冲突的原因，按照一定的规则决定应当适用哪种惯例。

一、现有商事惯例约束力的识别标准

对于商事惯例产生约束力的控制要素，各国法律的规定不尽一致。例如根据英国的法律，具有约束力的从而被适用的商事惯例应当具备“著名、确定以及合理”三要素。根据传统英国判例的解释所谓著名（notorious）是指某个商事惯例是古老传统形成的规则，并且这种规则是经过反复实践被当事人普遍接受的自治性规则。确定（certain）则是指惯例的适用前提和内容具有完整的确定性。合理（reasonable）在很多语境下经常与“适法性”相等同，要求惯例的内容不能违反法律的规定。①

然而，上述传统的三个控制要素标准在很大程度上由于受到挑战而逐渐发生着变化。首先，在“著名”层面，这种传统要求正在被新的立法实践侵蚀。如《美国统一商法典》在其第 5 条第 2 款的官方述评中明确指出：本款中的交易惯例必须具有规定的经常性遵守的特征，本法放弃了判断习惯的那些古老的英国标准，不要求惯例必须是“古老或悠久的”、“普遍的”、“众所周知的”，等等，新的交易习惯和目前大多数正派的交易上遵守的习惯就应当认定其约束力。② 不过美国《统一商法典》的这种规定也不是完全没有问题，例如何谓大多数商人遵守就存在很大的模糊性，我国台湾地区著名学者陈自强对此问题不无悲观地指出：“如何确定多年惯行之事实已经成为普通一般人之遵守？透过问卷调查乎，抑公民投票耶？以上问题，恐不易有解。关于习惯法之形成，德国的魏德士认为于法治国，习惯法是否存在及其内容系由终审法院决定，在现今之国内法律生活，习惯法实际上仅存在于固定之法院惯习中。”③ 这种思路很明显废弃了商业群体的大多数人认同的标准，转而将认定的权力交给法院，可这并没有解决任何问题，法院又根据什么标准

---

①　参见 Roy Goode, Herbert Kronke, Ewan McKendrick, *Transnational Commercial Law (2nd edition)*, Oxford University Press, 2015, pp.36-38。

②　美国法学会、美国统一州法委员会：《〈统一商法典〉及其正式述评》，孙新强译，中国人民大学出版社 2004 年版，第 30 页。

③　陈自强：《联合国商事契约通则在契约法中之地位》，《台大法学论丛》2010 年第 3 期。

认定商事惯例的正当性和约束力呢？其次，合理标准在很大程度上也有被废弃的危险。譬如在CISG的起草过程中，我国谈判代表对CISG第9条的起草意见中提出对于当事人具有约束力的商事惯例应当是具有“合理性”的商事惯例，但该意见并未被CISG的最终文本采纳。① 承前文所述，即便将合理性理解为“适法性”，但在具体实践中，也受到了极大的挑战，例如在英国审理的“Perry v. Barnett案”中，英国法院认为商事惯例甚至可以改变法律中的禁止性规定。② 无独有偶，在德国最高法院审理的“船舶经纪人佣金案”中德国最高法院根据汉堡港存在的商事惯例直接排除了德国《民法典》第652条的适用。③ 我国最高院的《第二次全国涉外商事海事审判工作会议纪要》中甚至考虑不再将公共秩序保留制度指向国际海商事惯例。④

由此可见，传统商事惯例的三大控制要素中只剩下确定性这个标准还尚未受到全面的挑战。然而所谓“确定”标准也是三大控制要素中最具弹性和最不容易把握的。在实践中经常出现商事惯例的不确定性所引发的问题。例如丽莎·伯恩斯坦指出：“商事惯例远未达到商人之间共同认可的程度，因此试图寻找商人之间合理和确定的商业标准是非常困难的。”“在曼哈顿的交易商之间即便打了很多年的交道，对于什么是‘一级品’什么是‘二级品’这样的日常用语也没有达成共识，因此奢求不同商业群体之间共同遵守的确定下的习惯性做法是根本不可能完成的困难任务”。⑤ 面对此困境，笔者主张应当回归传统，以主客观相结合的控制要素构建商事惯例的识别规则。事实上，早在20世纪美国西北大学著名学者安东尼·达马托（Anthony D' Amato）就根据《国际法院规约》第38条的规定，提出必须通过对惯例或

---

① 参见China (A/CONF.97/C.1/L.24) available at: https://www.cisg.law.pace.edu/cisg/ 1stcommittee/ summaries9.html [2019-8-12 Last visited]。

② 参见Richard Austen-Baker, Terms implied by custom, usage or course of dealing, in Richard Austen-Baker ed., *Implied Terms in English Contract Law*, Edward Elgar Publishing, 2011, pp.88-90。

③ 参见Bundesgerichtshoff, 1.12.1965 (VIII ZR 271/63), NJW 1966, p.502 (*Shipbroker Decision*)。

④ 参见李健男：《论国际惯例在我国涉外民事关系中的适用——兼评〈涉外民事关系法律适用法〉》，《太平洋学报》2011年第6期。

⑤ Lisa Bernstein, the Myth of Trade Usages: A Talk, 23 *Barry Law Review*, pp.122,123 (2018).

习惯物质要素以及心理动机要素来控制国际习惯法识别的根本坐标体系的学说。[①] 笔者认同达马托对习惯法规则的两分法分析框架，不过笔者要基于商事交易的客观需要以及“再保险案”中法官所做的推理建立商事惯例独特的识别控制要素标准。

二、商事惯例识别的客观要素

商事惯例识别的客观要素是一个事实与规范相结合的二元体系。不过，笔者并不认为在国际商事交易中，商事惯例能够通过国际公法中相关主体曾经的多次重复行为所确定。这是因为，国际商事交易中交易的具体模式从根本上来说一直在不断变化中，先前的反复行为处于随时可能变化的状态。而且法官也不可能让商人通过民主表决的方式认可某种商业行为模式是否构成商事惯例的客观要素。比较可行的方法是裁判机构通过咨询相关专家证人的方式判断某种行为模式是否构成在具体交易环境下的“重合性多数人行为”(congruent majority conduct，以下简称 CMC)。这也是“再保险案”两审程序中所有法官的共识。

需要特别指出的是，英国法院在审理中虽然将判断商事惯例的客观要素作为事实问题交给当事人通过委托专家证人进行举证证明，不过法院在对商事惯例的客观要素进行识别时对专家证人的证言确立了规范的判别标准。法院认识到传统习惯法的“法律确信”在很大程度上是一个“框架性的概念”，因此带有很大的模糊性。单纯透过专家证人的一种认知性感觉对于确认商事惯例客观要素的帮助不是非常明显，而且还很可能会让法院的审查陷入一种循环论证的迷宫之中。[②] 为了摆脱上述困境，英国法院的法官在审查专家证言时要求证言承载的信息必须呈现出一种客观存在的事实并且确认这种事实的可见标准。此外，证人的证言还需要帮助法官理解这种惯例形成的客观原因，以及如果不按照商事惯例行事将对相关的商业

① 参见［美］安东尼·达马托：《国际法中习惯的概念》，姜世波译，山东文艺出版社 2012 年版，第 37—58 页。

② 参见宋阳：《论国际商事惯例（习惯）的主观要素》，《环球法律评论》2019 年第 2 期。

市场造成的不利后果。如果不满足上述客观条件，单纯的证人个人感知和直觉将不能被法院采信。[①]

专家证人的证言被法院采信的另外一个条件是必须能够证明当事人声称应当遵守的商事惯例的行为模式是市场交易所必须的，如果不能证明这点则不能将当事人声称的商事惯例中的行为模式认定为相关市场中的“CMC”，也就不成立对相对方具有约束力的商事惯例。在“再保险案中”，王座法院根据证人的证言查明在伦敦的再保险业市场中存在一种“减记交易惯例”（writing down trade usage）的“CMC”，该惯例规则允许保险经纪人单方面地减少再保险人承担的保险额度和随时修改再保险的条件，以满足让再保险人平均负担再保险额度，从而一方面能够使再保险交易得以足额完成的同时又不至于让再保险的整体保险额度超过 100%。[②]

需要特别指出的是，法院在认定这种减记交易惯例的存在和内容时，前置条件是对这种惯例产生的原因做出了分析和说理。在再保险交易中，再保险人和保险人的交易状态在再保险全额认购完成以前处于一种相对不确定的状态，而且当事人之间的利益也存在着竞争性冲突。被保险人及其经纪人寻求从每个认购人处按相同条款投保 100% 的风险。保险人的经纪人也会与再保险人接洽，试图以相同的条件实现完全承保的理想目标。然而，现实的情况是上述目标不可能每次都能顺利完成，这就给了经纪人或其客户在认购全部完成前退出或改变交易的合理理由。具体而言，在实际操作中完成再保险的保单分配可能要花费数周的时间，在此期间出现的现实障碍和情况变化都可能导致再保险交易不能顺利地进行下去。如果每个再保险人都完全按照相同的保险额度进行再保险就可能导致保险额度不足 100% 或者超过 100%。如果不足 100%，被保险人很可能会取消再保险保单，为了避免这种情况的出现再保险经纪人就可以通过改变保险条款以便让更多的再保险认购人参与进来；而超过 100% 时保险经纪人就有权单

① 参见 Orsolya Toth, *Lex Mercatoria: Theory and Practice*, Oxford University Press, 2017, pp.265-266。

② 参见 *QB judgment* at:862-865。

方面地通过减记再保险人的担保份额和收益，以保证再保险认购额度能够被调整为100%。换言之，之所以赋予经纪人和再保险认购人改变和退出交易的权利，是因为再保险交易既要考虑交易的灵活性（flexibility），考虑交易的终局性 (finality)，如果不允许经纪人随时改变再保险的交易条件，在认购人随时可能退出再保险的情况下，保险经纪人就永远无法达到100% 再保险认购额的最终目的。[①]

由此可见，英国法院在审理确认“再保险案”中商事惯例的客观要素时，虽然将这种要素视为事实问题，需要通过当事人举证证明交易市场中确实存在确定的“CMC”。但同时英国法院又明确了识别“CMC”的客观规范标准：1. 充当商事惯例客观方面的多数人行为模式必须有客观且可操作的识别标准，而不能只是专家证人的主观感觉。2. 证人必须向法官阐明这种多数人的行为模式在相关交易市场的成立理由。3. 如果不按照这种多数人的行为模式从事交易会产生什么样的客观后果。裁判时法官必须综合考虑以上三种要素，才能确认商事惯例是客观存在的。

三、商事惯例识别的主观要素

在“再保险案”的二审程序中，英国上诉法院的克里斯托弗·斯雷德（Christopher Slade）大法官指出：“在特定的市场环境下，对于经常遵守的习惯做法必须区分这种做法的形成究竟是源于当事人的一种惯习（habitual）的好意施惠，还是在法律上能够产生约束力的法律权利性要求对与解决本案的实体问题是非常重要的。”[②] 对此，罗伊·古德教持同样的观点：“对于商事惯例的约束力，在不考虑法律规定的情况下，最让人满意的识别路径可能是相关商业团体认为在成员之间相互作出的商业行为时必须要承担责任的情况下，才可以考虑将商事惯例与一般的好意施惠或漠不关心的容忍相区别开来。”[③] 为了进一步阐明前述道理，笔者认为似乎可以引用著名学者哈罗

---

① 参见 *CA judgment* at: 864, 866。

② *CA Judgment* at: 856, 874 (per Slade U).

③ Roy Goode, Usage and Its Reception in Transnational Commercial Law, 46 *International & Comparative Law Quarterly*, pp.10, 12 (1997).

德·伯尔曼（Harold Berman）生前上课时所讲的一个他个人生活中的故事说明该问题："我（指伯尔曼）除了是一个研究法律史的学者以外还是一个模范丈夫，与我的妻子露丝·伯尔曼结婚六十多年以来，我在每个周日的早晨都会为露丝准备一顿丰盛的早餐，这种惯例既具有条件的明确性（每个周日早晨），也具有持续性（长达六十余年），还具有确定的行为内容（做一顿丰盛的早餐）。然而上周日早晨我对露丝昨晚的行为感到很愤怒，所以我完全不想起来做饭。那么露丝能否将在上个周日早晨享受那不用动手的丰盛早餐作为一种基于习惯赋予的权利为诉求来起诉我呢？"① 对于伯尔曼的提问，我们不难得出否定的答案。因此在这个意义上，商事惯例的形成恐怕与当事人先前的持续行为的重复次数关联度并没有那么大，在更大程度上惯例的约束力取决于相关利益群体对于偏离惯例要求的行为模式后的态度。

那么，如何确定相关商业利益群体对惯例内容的态度呢？在"再保险案"中，英国法院仍然采用了"批判反思态度"（critical reflective attitude，以下简称CRA）的识别标准。这种识别标准的理论源于赫伯特·哈特（Hebert Hart）将惯例和习惯所做的内部分类：一种习惯虽然在一个群体内部具有一定的普遍性，该群体的成员在行为模式上是"事实上趋同的"。不过如果有人偏离这种行为模式并不会招致批评与承受压力。他随后举例说在教堂通常要脱帽以示对神的尊敬，但即便有人拒绝脱帽也不会有其他人对这种行为进行非难。第二种则是会招致批评和压力的习惯或者惯例。像是在国际象棋中移动王后的类似习惯（一个对棋手们移动这些棋子的态度一无所知的外来观察者能够记录这种习惯），而且他们对这种行为方式有一种沉思的、审慎的态度：他们将此行为方式看作所有参赛者的一个标准。每个棋手不仅本人以一定方式移动王后，而且对所有以那种方式移动王后的行为的适当性"有看法"。这些看法在偏离行为现实存在或出现预兆时，体现为对他人的批评和对他人提出服从要求；在接受别人的批评和要求时，体现为接受这种批评和要求的正当性。为了表达这种批评、要求和承认，一系列"规范性"语言被

① David J. Bederman, *Custom as a Source of Law*, Cambridge University Press, 2010, pp.x-xi.

人采用。如“我（你）不应当那样移动王后”，“我（你）必须那样移动”，“那样是对的”，“这样是错的”。[①] 总之，对于确认商事惯例的主观方面不应观察当事人自身的心理状态，而应当观察从事同一行业的其他从业者对偏离惯例指引的行为模式是否存在批判态度。

在“再保险案”的一审过程中，克里斯托弗·斯托顿（Christopher Staughton）大法官根据专家证言查明，对于经纪人撤销或修改再保险保单的请求，再保险人通常会“愉快地、等不及地和惯习地”（cheerfully, readily and habitually）接受这种撤销请求。[②] 在上诉程序中迈克尔·克尔（Michael Kerr）大法官敏锐地对该事实提出了一项质疑：根据证人的证言列举的撤销保单的经验来看，他列举的那次再保险业务的认购额明显无法超过 50%，此时证人向已经认购的再保险商发出通知，要求撤销再保险商的认购份额，所有再保险商均“愉快地、等不及地和惯习地”接受了撤销请求。很明显这是由于再保险商看到再保险安排无法最终完成，才选择接受了该撤销请求。单凭这个例子显然无法说服一个理性的第三人相信这种单方撤销权已然构成了一种具有法律约束力的惯例。[③] 不过随后专家证人补充了一项证言指出：“根据伦敦再保险业务一贯实践，如果再保险商不接受经纪人撤销保单的要求他将无法在伦敦再保险业内立足，因为这会导致整个市场都反对他。”[④] 根据此证言，才打消了上诉法院法官的怀疑和疑虑。可见在识别商事惯例时，必须认真分析当事人是否接受这种惯例的主观状态。如果在市场中从事相同类型交易的当事人对违反商事惯例的行为产生批判与排斥的同行压力（peer pressure），受到此压力的当事人假若出现由于受制于这种同行压力而选择接受惯例的行为模式主观状态，裁判者可以考虑将商事惯例视为对当事人具有约束力的规则。

综上所述，传统方法对于商事惯例的识别标准不论是对惯例的客观描述，还是以当事人对于惯例的知晓情况判断商事惯例的控制要素都不可避免

① ［英］赫伯特·哈特：《法律的概念》，张文显等译，中国大百科全书出版社 1996 年版，第 59—63 页。

② 参见 *QB Judgment* at: 1038。

③ 参见 *CA Judgment* at:895, 896。

④ *CA Judgment* at:873.

地会出现逻辑上的瑕疵以及司法实践中的适用困难。笔者认为只有将惯例的主客观层面予以分别把握，并透过两者的有机联系构建商事惯例的识别规则体系，才具有较高的合理性。

第三节　英国“再保险案”中识别国际商事惯例的推理方法

虽然前文已然构建起识别商事惯例约束力的两重控制要素，但是在实际的司法实践中光是知晓这两重要素仍然是不够的。必须构建基于案件事实基础之上的识别推理程序，才可能让商事惯例从单纯的客观事实转化成为裁判者能够清晰认知并准确适用的实际规则。结合“再保险案”中法官的推理过程，我们发现要通过确认四个方面的信息建立商事惯例的识别规则体系，具体如下：

一、确认商事惯例适用的属人范围

在此推理阶段裁判者必须确认根据案件的具体情况是否存在商事惯例的客观事实。为此目的，裁判机构首要工作就是必须确认商事惯例依托的“相关商业群体”(relevant business community)。根据我国关于国际商事惯例的主流学说，商事惯例是被普遍承认和采纳的规则体系。① 国外学者相对于国内学者更为细化，认为必须是特定的商业群体之间的专业性交易才可能产生交易的“同意密致”（consensual density）进而形成相对稳定的商事惯例。② 在司法实践中，商事惯例适用的属人范围相对于理论学说还要狭窄得多的多，以“再保险案”为例，双方当事人的一个共识便是要确认“伦敦保险市场中客观存在的商事惯例”。③ 由此可见，在本案中商事惯例的作用范围具有

---

① 参见王传丽主编:《国际经济法》（第二版），高等教育出版社 2008 年版，第 11—12 页。又见余劲松、左海聪主编:《国际经济法》，高等教育出版社 2016 年版，第 34—35 页。

② 参见 Klaus Peter Berger, *The Creeping Codification of Lex Mercatoria,* Kluwer International,2010, pp.143-144。

③ *QB judgment. a*t:1022.

明显“本地化”、“专业化”的特征。特别需要注意的是“再保险案”发生的保险业务属于“非海事保险”。因此，海事保险中的惯例并不能适用于本案，相对应地本案中认定的商事惯例也不能适用于海事保险的案件之中。[①] 还有在该案上诉程序中，法院还确认该案件的性质属于“非关税市场中的辛迪加式的再保险合同纠纷”。[②] 只有在这种市场环境情况下，才会出现本案争讼的“再保险商被动保单参与的商业做法”，即经纪人将保险份额直接分给各再保险商，最终完成再保险的全部额度。

确定商事惯例适用的属人范围对于识别和确认商事惯例的意义非常重大，因为只有确认了争议当事人属于相关商业群体的成员，才可能确定争议当事人是否有义务遵循商事惯例规定的“CMC”以及相关商业群体对偏离惯例行为模式产生的“CRA”是否存在；另一方面，在当事人选择证人出庭作证时，裁判机构也应当注意证人的身份是否属于“相关商业群体”的成员。在“再保险案”中双方虽然都请求了相关的专家出庭作证以证明他们的诉求，不过王座法院的法官排除了其中一些没有长期从事再保险研究的法律和经济专家，认为他们的经验和认知与再保险的具体实践没有切实的联系。[③] 总之，一方面裁判者应当要求争议当事人证明是否存在这样一种“相关商业群体”的存在；另一方面裁判者也应当通过当事人之间的交易情况及交易的关联性等因素判断他们是否属于同一个“相关商业群体”。不过在“再保险案”中双方当事人均认为他们虽然来自于不同国家，但都愿意服从伦敦保险业市场客观存在的“整体利益规则”。[④]

二、确认具体的商事惯例的成立和存在

承前文所述，商事惯例发生法律效力的主要控制点来自于两个方面即客观方面“CMC”以及主观方面“CRA”。当事人应当通过相关的证物或证人

---

① 对此，我国学者沈木珠在其专著中将该案例归入到海事保险的典型案例中，这种认识似乎是值得商榷的。参见沈木珠：《国际贸易法研究》，法律出版社 2010 年版，第 186 页。

② *CA judgment* at:*864*.

③ 参见 *QB judgment* at:1021.

④ *QB judgment* at:1025.

证言证明商事惯例的存在，在举证层面商事惯例的成立应当被识别为一个事实问题。然而，在裁判者是否应当接受当事人的主张的层面上，司法程序的视域焦点显然应当转向到法律规范与法律标准的轨道层面。裁判者需要综合分析当事人提供的证据是否能够满足商事惯例的客观条件和主观条件。特别应当指出的是，法院在审视商事惯例是否成立时，不应把裁判者自身的主观好恶加入判断之中，而应当站在相关商事交易人和商事交易群体的立场上判断惯例能否成立。在"再保险案"中，芬尼亚保险公司的证人指出："在再保险交易的商业安排中，经纪人的目标是让所有再保险商以相同的条件进行再保险分配，最终完成保险标的之 100% 的再保险分配。从这个意义上说，再保险交易市场的实践憎恶（abhors）不同条件的再保险分配"。对于该证言，一审程序和二审程序的法官都认为该证言意图证明的惯例虽说有些愚蠢(daft)，然而却也接受了该证言的内容，支持了在再保险市场上形成的商业惯例允许再保险经纪人单方面撤销已经发出的保单安排的说法。[①] 并指出如果不允许这么做将给再保险市场上的经纪人的保单处理带来"相当大的管理困难"（considerable administrative difficulty）。[②]

从上述推理可以看出，在确认商事惯例是否成立时，裁判者不应当将自己的主观意识带入惯例的识别和确认的司法过程之中，也不应将成文法中规则带入这个过程来判断商事惯例是否成立。似乎也不应用成文法中的规则来判断商事惯例是否成立，这是因为在具体的商事交易中有的时候商事交易的客观要求可能会在一定程度上偏离。以"再保险案"涉及的再保险合同为例，其中就有许多安排是在很大程度上偏离《合同法》的一般规定的，例如"共同命运条款"就突破了合同的相对性原理，直接将被保险人与保险人的合同约定以及诉讼结果约束再保险人。而且在当事人之间没有约定的情况下，该条款作为一种基于惯例的"默示条款"无需保险人和再保险人做出任何意思表示也当然适用。[③]"再保险案"中的"减记交易惯例"似乎也在很大程度上

---

① 参见 *QB judgment* 1039, evidence of Mr Shaw, Also discussed in *CA judgment* at:865。

② 参见 *QB judgment* 1039。

③ 参见郑云瑞：《再保险合同条款研究》，《政治与法律》2004 年第 4 期。

与合同法中的“缔约自由”原则相冲突。然而，由于在具体的再保险交易中，经纪人与再保险商自发形成的“商事惯例”满足了商业群体的 CMC 要求和 CRA 要求，将转换成再保险合同中的“默示条款”，完全能够超越一般的法律规定对当事人产生法律约束力。①

最后需要指出的是成文法阻碍商事惯例承认的路径也是客观存在的，虽然本书前面曾经指出我国最高院在海事审判层面似乎有将公共秩序保留制度不适用于商事惯例适用的想法。不过笔者仍然认为不宜在所有涉外商事交易领域将商事惯例豁免于公共秩序保留制度。笔者认为公共秩序保留制度至少应当在《涉外民事法律关系适用法司法解释（一)》第 10 条规定的几类事项上保证公共秩序保留制度的存在，其中金融安全是公共秩序保留最为核心的事项，任何商事惯例也不能违背我国在金融安全领域的强制性规定。

三、确认当事人的诉求能否为商事惯例支持

确认当事人“声称”的商事惯例能否支持他在案件中的具体诉求是最为重要也最为复杂的一个环节。“再保险案”之所以出现二审程序完全推翻一审程序的判决情形出现之根本原因，也就在于两级法院的法官采取了对于商事惯例认定不尽相同的推理方法和判断识别标准，这直接造成了两级法院对于“减记交易惯例”能否予以适用存在根本性的分歧。

在一审和二审的过程中，法院根据从事再保险业务的专家的证言确认了“减记交易惯例”是伦敦再保险市场中具有法律约束力的商事惯例。不过接下来的重要问题是这种惯例的适用条件是否与案件中芬尼亚保险公司撤销保单修正通知的情形相匹配。在一审程序中斯托顿大法官检查了案件中芬尼亚保险公司撤销保单修正的具体情形：“在安特卫普仓库着火后的第三天，芬尼亚保险公司向通用再保险公司发出修改保单的指示并要求通用再保险公司签字，该保单修改追溯性地增加了芬尼亚的保险责任。不过在知晓了火灾具体规模后，芬尼亚要求取消这项保单修改。这项取消遭到了通用再保险的拒

① 参见 Fabien Gélinas, Trade Usages as Transnational Law, in Fabien Gélinas ed., *Trade Usages and Implied Terms in the Age of Arbitration,* Oxford University Press, 2016, pp.269-270。

绝，坚称保单的修改通知已然构成一项具有法律约束力的合同。”斯托顿大法官先是排除掉芬尼亚保险公司在交易中存在恶意的可能性，查明当芬尼亚知道安特卫普的仓库发生火灾时，根本不知道火灾的具体规模。然后他发现这种取消与“减记交易惯例”的存在与发生作用的环境条件不是十分一致："减记交易惯例”发挥作用的情形是保险人的经纪人根据再保险人认购再保险份额的实际情况，随时有权单方面撤销再保险保单。案件的情况则是保险人是否有权指示经纪人取消一项保单的修改通知。斯托顿大法官认为，双方提供的证人证言都不能完全令人满意，都无法证明在取消修改保单通知的问题上存在或是不存在相应的商事惯例，所以无法判断芬尼亚保险公司的行为是否能够得到惯例的支持。[①]

不过，最终斯托顿大法官还是采用了类推的法律方法支持了芬尼亚保险公司的主张，他在判决中指出：“我在案件的现有证据中没有发现关于能否取消保单修改的惯例。不过在我看来不论是取消再保险保单还是取消保单的修改，两者之间在法律性质上没有根本性的区别。根据相关的证人的证言，只要在所有再保险接受再保险之前的合理时间内，保险经纪人都有权在支付了相应的风险溢价金的前提下单方面取消保单。那么在此案的情形下，经纪人仅仅隔了一天就通知取消保单修改，显然属于合理时间范围内。至于风险溢价金在本案中似乎也并不涉及”。[②] 不难看出，在一审的程序中斯托顿大法官虽然认识到撤销保单与取消保单的修改并不是同一事实情形，所以“减记交易惯例”不能当然地适用于取消保单修改的问题之上。然而，他采取了概念类推的法律方法，将撤销保单和取消保单修改共同归入同一个上位的法律概念之中，进而根据这种法律上的共性将“减记交易惯例”延伸至取消保单修改的问题之上，从而避开了已有证人证言对CMC事实证明不足的问题。

在上诉程序中，英国上诉法院的法官推翻了斯托顿大法官的推理。这是由于一方面在法律概念的识别层面，上诉法院的法官将一审程序对于芬尼亚保险公司取消保单修改的单方面的定性改变为芬尼亚保险公司是否有权撤销

---

① 参见 *QB judgment* at: 1039。

② *QB judgment* at: 1040.

一项已然成立的合同。这样在确认惯例内容时就不能只从保险经纪人的视角层面看经纪人是否有权单方面取消保单修改，而应当从再保险人的视角观察再保险人是否有义务接受经纪人的这种保单修改的取消。沿此思路出发克尔大法官指出："问题的关键不在于经纪人是否能够通过商事惯例获得单方面取消权利，而在于芬尼亚保险公司是否应当受到修改后的保单的约束。斯托顿法官接受了一个过于宽广的法律概念，认为撤销保单与取消保单修改属于同一种单方权利，但在我看来后者的行使条件完全不同，带有明显的双方件。"[①] 从该判决推理中我们可以看出，克尔大法官之所以拒绝承认"减记交易惯例"能够为芬尼亚保险公司的行为提供正当依据，一个重要原因在于他洞察到"减记交易惯例"适用的情形与芬尼亚保险公司的行为环境条件存在明显的不同。那么顺理成章地，上诉法院认为"减记交易惯例"的存在不能从根本上为芬尼亚保险公司取消保单修改提供正当性依据。

另一方面在二审程序中，上诉法院的法官洞察到保险事故的发生从根本上改变了商事惯例发生作用的条件环境。正如通用再保险公司主张的即便有权单方面取消保单修改的权利，但由于保险事故已然发生，这种修改取消也不应当追溯到保险事故发生以前生效，这是因为在保险事故发生时单方取消依托的环境条件就已然发生了改变。克尔大法官对此做出了进一步的解读："我完全不能接受证人的证词试图证明在保险事故发生后，允许再保险人单方面解除再保险合同的惯例的存在。因为这将从根本上破坏保险人和再保险人之间对于承担标的风险共同命运的商业默契。那么相对应地，在保险事故发生后保险人也不应当依据商事惯例逃脱对他依据修改过的保险合同而已然生效的保险义务。"[②] 可见，上诉法院的法官敏锐地发现了芬尼亚保险公司撤销保险单修改的行为依托的情况条件与"减记交易惯例"的不同，从而驳回了芬尼亚保险公司要求根据商事惯例免除按照原保单进行理赔义务的诉求。

---

① *CA judgment* at: 867.

② *CA judgment* at: 873.

四、确认当事人是否有意减损商事惯例的效力

商事惯例是在实在行业经营的过程中自发形成的，既要求具备重合性多数人行为的客观方面特征，并且又要在偏离这种行为模式时会遭到市场中从事相关业务的市场主体的批判。从这个意义上讲，商事惯例的成立与当事人自身的具体意志并无直接的关联，但这并不意味着在具体的当事人之间，不能通过约定的方式排除相关商事惯例的适用。在“再保险案”的一审程序中，斯托顿大法官详细询问和审查了当事人是否有意排除伦敦再保险行业的商事交易习惯的约束，在得到双方明确的否定回答时，才按照“减记交易惯例”做出了相应的裁决。①

然而，问题在于，如果在审判过程中双方无法对惯例的减损达成一致时又当如何处理呢？笔者认为，在案件推理的过程中可以考虑借助 CISG 第 9 条的规定解释当事人的意思。根据 CISG 第 9.2 条的规定：“除非另有协议，双方当事人应视为已默示地同意对他们的合同或合同的订立适用双方当事人已知道或理应知道的惯例”。从该条款看当事人如果意图排除商事惯例的适用似乎有两条可行的路径：其一是明示协议排除法，具体行为模式则可以参考 CISG 第 12 条的规定，通过明确在协议中约定不适用某个“相关商业群体”中的某个具体的“商业惯例”。在没有这种明示约定的情况下，则应当考虑相关的商业惯例自动适用。其二是声明信息不对称法，这种方法是当事人在合同的鉴于条款中明确声明“对于某个具体市场中的商业惯例并不了解”或“不知道该市场中相关商业惯例的后果”等，通过这类不知道商事惯例内容以及后果的声明也可以间接地排除掉商事惯例的适用。如果当事人没有相应的事前明示意思表示，裁判者不能在审判中随意减损商事惯例在处理案件时的法律效力。

第四节　我国国际商事惯例识别制度的构建

通过对“再保险案”中英国两级法院对于商事惯例识别认定的推理过程

① 参见 *QB judgment* at: 1019。

的梳理，不难发现商事惯例确认和识别的过程是一种混合了事实问题和法律识别标准问题的综合性推理过程。令人遗憾的是我国目前在商事惯例的识别问题上基本处于空白状态，这是导致当事人的举证质量不高以及裁判机构对商事惯例的识别采取回避态度的根本原因之一。基于商事惯例存在本身具有强烈的事实性特征，笔者不能同意为商事惯例的适用设定机械的效力层级顺序，因为这完全与商事惯例的适用规律不相匹配，[①]而是应当采取通过证明程序规则设定商事惯例的内容及其法律功能的识别和判断规则制度。[②]结合"再保险案"的审判推理，笔者认为以下几个方面的经验可以用以完善我国的惯例识别制度：

一、构建商事惯例的举证证明责任程序

虽然我国在《合同法解释二》中规定当事人有义务证明交易习惯的存在，可是由于缺乏明确的程序和方式指引，导致当事人对于如何证明商事惯例有些无所适从，最终使得当事人举证质量不高。这种制度的缺失也间接导致裁判者在裁判时根据自己的主观经验臆造商事惯例的内容。为解决此问题，似乎可以考虑在《民事诉讼法》以及仲裁机构的仲裁规则中设定商事惯例的证明程序制度，通过专家证人证言的证明方式查明已然存在的商事惯例。总之，必须构建代替裁判人主观判断的科学的识别程序达到商事惯例查明的根本目的，否则科学适用商事惯例将无从谈起。

二、确立证人证言的采信制度

虽然商事惯例的举证是一个事实问题，但裁判者如何保证证人证言的公正性和科学性则完全是一个重要的法律问题。若想构建科学的证人证言采信制度，似乎必须考虑以下几个因素：首先是证人选择的科学性，当事人的身

① 参见 William P. Johnson, The Hierarchy That Wasn't There: Elevating "Usage" to its Rightful Position For Contracts Governed by the CISG, 32 *Northwestern Journal of International Law and Business,* pp.284, 285(2012)。

② 参见宋阳、赵晴：《开放新视野下的商事惯例》，知识产权出版社 2019 年版，第 200—205 页。

份经验必须与“相关商业群体”相契合，主持“再保险案”一审的斯托顿大法官在审理另外一个非常重要的涉及商事惯例的“利比亚国家银行案”中，对于证人的知识经验提出了很高的要求，指出经济学家和法学家未必具有“相关商业群体”交易的知识和经验，因此他们的证言的参考价值有限，然而从事相应实务的人员的证言往往更有帮助。① 其次，在证人证言的采信层面，要注意不同角色代表意见的均衡性。例如在“再保险案”中，之所以出现二审推翻一审的情况，重要原因之一便是在一审程序中，裁判者过多地听取了惯例存在的主张者一方即经纪人的证言，对于受到惯例影响的另一方如被保险人和再保险人的证言听取严重不足。最后，证人证言的采信标准也是非常重要的。一方面证人的证言必须是可以直接观察到的事实，而不应当是证人自身的感觉，所以对于证人的主观感受的信息在裁判时应予以过滤，只留下客观事实的证言才可以考虑采信；另一方面要注意证人证言之间的一致性。在“再保险案件”的二审过程中，导致芬尼亚保险公司败诉的一个重要事实原因就是该公司提供的证人之间的证言之间以及证言与案件之间承载的信息被上诉法院发现了明显的矛盾之处。② 所以从这个角度看，对于相互矛盾或不能相互印证的证言，裁判者应当考虑在裁判时对这些证言信息予以理性和有选择性地过滤。

三、确认商事惯例约束力的判断标准

通过“再保险案”的推理过程，我们认识到商事惯例的确认和识别既不在于法官自身的经验认知，也不在于当事人先前的行为以及某种行为模式持

---

① 参见 High Court of Justice (Queen’s Bench Division, Commercial Court) Judgment in Libyan Arab Foreign Bank v. Bankers Trust Company (Extraterritoriality of U.S. Order to Freeze Libyan Assets; Banking Procedures for Clearing Eurodollar Accounts; Status of Accounts Held in London), 26 I.L.M., p.1658 (1987)。

② 例如芬尼亚保险公司提供了两名资深的保险业商人斯塔克（Mr. Stark）和肖（Mr. Shaw），他们的证言就被发现了矛盾之处：斯塔克说有时再保险人可能会勉强地同意经纪人撤销保单，而肖则说再保险人会“愉快地、等不及地和惯习地”接受保单撤销。此外，斯塔克和肖在证言中都说经纪人撤销保单需要有“好的理由”，可芬尼亚保险公司的诉求却是要求无条件的撤销保单修改命令，这些都构成了证言的矛盾之处。See: *QB judgment* at:1039,1041。

久的传统，甚至与当事人自身在交易中的意思也没有必然的联系。商事惯例产生约束力的根源在于“相关商业群体”在从事商事交易时对某种行为模式的客观需要，以及对偏离这种行为模式而自发产生的批判排斥态度及放逐这种行为的同行压力。这就从客观上要求裁判者在审理案件时，必须从相关市场的商业群体的整体视域出发，了解和掌握这种商事交易的背景知识和基本原理，通过这些知识媒介判断当事人主张的商事惯例是否属于具体商事交易的客观合理需求。同时还要从同业者的主观视角出发，判断当事人偏离惯例要求的行为模式是否会招致同行的厌恶与排斥。只有根据从事相关行业的交易人的主观和客观两种因素，才能得出判断商事惯例约束力具有可操作性的识别标准。

此外，在识别和适用商事惯例时，还必须特别注意商事惯例的适用范围和作用条件。裁判者必须谨记的是，与适用法律相同，商事惯例也有严格适用范围和前提条件。而且商事惯例的适用范围和条件甚至可能比适用法律更为严格，根本不存在所谓普遍适用的商事惯例，商人社会更不会自发地产生放之四海皆准的行为模式。在适用惯例时，需要时刻提醒自己与当事人之间的规则是具体的、生动的，具有严格的适用条件和前提。裁判者绝对不能将尊重商事惯例作为自己擅断的借口，更不能把自己的主观经验作为所谓的商事惯例强加于当事人和“相关商业群体”的意志之上。

第五节　由内而外：英国“再保险案”对国际商事惯例识别制度的贡献

现如今，国内学界对于商事惯例的研究似乎存在两大误区：一是认为商事惯例为所有从事商业交易的当事人普遍遵守，因此可以不假思索地、毫无限制地予以适用这种天然统一的法律规则；二是试图生硬地借用理解和把握成文法的法律方法去挖掘及描绘商事惯例的规范内容，通过追求惯例内容的确定，证明商事惯例已然成为独立于国际法和国内法之外的“第三类法律秩序”，最终实现商事惯例与国家制定法的竞争的目的。殊不知这种使用成文法方式把控商事惯例的法律方法从本质上看是一种“刻舟求剑”和“水中捞月”的做法。

商事惯例作为习惯规则的一种，自始至终地处于自我纠正和自我进化的过程之中，[①] 所以很难完全地以成文法形式固定下来。基于商事惯例的这一发生和发展原理，我们也几乎不可能肯定地说商事惯例就是什么规则，商事惯例要求的具体行为模式是什么。商事惯例不会也不可能成为不同国家、不同行业、不同阶层从事商业交易普遍遵行的确定的规则体系，而且商事惯例的适用相对于成文法往往更为复杂。

不过商事惯例也绝不是毫无规律、无章可考的，其产生的根本原理是市场中一定的交易群体在从事某种交易时达成的一种重叠性共识，是一个从事实到规范进行不断转化的法律现象。在一个具体的案件中，从主观和客观两个层面分析这种重叠性共识以及还原这种法律转化过程是完全有可能完成的。“再保险案”的整个审理过程就可以被看作裁判者分解伦敦再保险市场中这种重叠性共识的具体推理过程，该案件审理的思维模式和推理方法对于构建我国科学的商事惯例识别适用体系显然具有极大的借鉴意义。

---

① 参见 Frederick Schauer, Pitfalls in the interpretation of customary law, in Amanda Saussine ed., *The Nature of Customary Law*, Cambridge University Press, 2007, pp.31-33。

第七章　国际商事惯例冲突法规则的构建

国际商法学界似乎存在一种思维定式：国际商法本质上是一种自治、统一、独立的法律体系，因此国际商法的国际法渊源一定优先于国内法渊源适用。之所以形成这种思维定式，似乎与我国《民法通则》第142条的规定有直接联系——该条的立法意旨在于在涉外民商事领域，相关国际法渊源理应优先于国内法渊源。对于这种优先性，学者给出的理由大多是："国际商事惯例更能体现国际商事交易当事人的意思且更为具体"[①]，又或是"商事惯例反映了国际商业共同体的一致利益；根据'自然秩序原理'，该群体为了维护最低限度的正义及秩序，必然会接受之，故理应优先适用"[②]，再或是"国际商事惯例更适合于解决国际商事争议，更能够体现实体正义所以应当予以优先适用。"[③]

然而上述论述没有具体说明仲裁员应当以一种怎样的法律推理思路适用国际商事惯例。根据国外一些著名的国际商事仲裁机构仲裁规则，仲裁员在当事人没有选择法律的情况下，可以适用他认为适当的"法律规则"（rules of law）作为解决案件争议的实体法。这种法律选择方法被称为"准据法直接选择法"（voie directe）。[④] 这种准据法选择方法的选法范围不必局限于国

① 左海聪：《国际商事条约和国际商事惯例的特点及相互关系》，《法学》2007年第4期。

② 胡绪雨：《国际商事惯例的作用空间与效力基础》，《当代法学》2006年第2期。

③ 左海聪：《从国际商法的特质看〈民法典（草案）〉中的国际商法渊源条款》，《国际法年刊2013年卷》，法律出版社2014年版，第312页。

④ 参见《国际商会仲裁院仲裁规则》第17条、《斯德哥尔摩仲裁院仲裁规则》第21条、《伦敦国际仲裁院仲裁规则》第14.2条以及《新加坡国际仲裁中心仲裁规则》第31条等。

家的制定法，因此被学者认为是国际商事仲裁支持适用广义的国际商事惯例的实施依据。①

笔者虽然认同在仲裁程序中“准据法直接选择法”确实给适用国际商事惯例留下了充分的空间，但是笔者发现就像法院选择具体的国家的法律作为准据法的过程一样，仲裁庭选择国际商事惯例作为国际商事交易的准据法同样需要明确的理由和推理过程以证明适用国际商事惯例的正当性。但我国相关机构的仲裁规则和《仲裁法》对适用国家商事惯例的条件缺乏明确的指引。相关程序规则甚至没有将该指引因素纳入裁判的考虑范围内，这就使得仲裁这种准司法程序中的法律适用环节变成了仲裁员单方面行使自由裁量权的过程，严重损害了仲裁裁决的公平和公正性。

第一节 “准据法直接选择法”与冲突规范

一、准据法直接选择法中的程序正义

如果按照相关国际仲裁机构仲裁规则对准据法直接选择法方法的规定是很简单的选法过程：因为仲裁规则授权给仲裁员直接适用他们认为“适当的”法律规则分配当事人的权利义务。这就完全避开了使用传统冲突法的方法选择准据法，准据法的选择完全取决于仲裁员的自由裁量。同时这也给仲裁员选择适用国际商事惯例留下了充分的空间。乍一看，传统冲突法的准据法选择方法带来的弊端似乎被仲裁规则中明确允许的准据法直接选择法方法解决掉了，仲裁员可以轻松地选择最适宜调整国际商事争议的自治性国际商事惯例处理跨国商事纠纷。然而问题随之出现，在如此大的自由裁量权之下，仲裁员适用国际商事惯例的依据是什么？仲裁规则中唯一的限制要素就是“适合的”法律规则，那么“适合的”尺度和标准应当作何理解？裁判者应当以怎样的推理方法得到适合的法律规则以体现程序正义的要求？长久以来，国

① 参见 Juana Coetzee, Trade usage: Still law made by merchants for merchants?, 28 *South African Merchant Law Journal*, pp.85,111(2016)。

际商法学界似乎形成了一种“国际化倾向”的思维定式，在处理国际商事争端时，如果在国际法规则和国内法规则之间选择，一定要适用国际规则；在适用自治性规则和国家制定法律之间选择就一定要适用自治性国际商事规则，如果在涉外商事审判和仲裁中适用“国内法”似乎可以对裁判者设定“有罪推定”的价值预判。①

上述法律选择的思路与国际私法学界和国际商法学界共同批判的法律适用“回家去趋势”（homeward trend）可以说是一种思维理念的两个极端。②只不过不同的是“回家去趋势”的价值判断是适用法院的法律优先，而“国际化倾向”则反其道而行之，完全倾向于适用非国法内。虽然准据法的选择方向南辕北辙，但从裁判中立的高度观察，两种思维倾向似乎都有失偏颇。从程序正义的视角看，既然仲裁规则将国内法、国际条约以及国际商事惯例都纳入到了仲裁员选择准据法的范围之中，当然应当设定一定的程序规则和标准平等地对待不同类型的法律规则。换言之，仲裁庭不应预先对某种规则设定实体上的偏好，认为适用某类规则就一定是正确的、先进的，而适用另外一类规则就应是错误的、落后的。这从根本上违背了“准据法直接选择法方法”制度的设计初衷。而且如果没有程序标准的限制，还会导致仲裁缺乏相应的仪式感、庄重感、严肃感。仲裁员如果不能根据公正的程序以及充分的说理就武断地、先验地适用国际商事惯例，败诉的当事人很可能会质疑仲裁庭作出的裁决结果的公正性，进而影响仲裁机构和仲裁程序的口碑和声誉。③

---

①　例如有学者分析了我国法院审判涉外民商事案件中适用 CISG 的情况，但在研究过程中作者似乎先验地设定了一种价值预设，只要可能适用 CISG 但法院没有适用的话就推定法院的判决是错误的。参见贺辉：《我国法院适用 CISG 的问题、成因及改进》，《法学》2019 年第 4 期。在适用国际商事惯例层面也有相同的思维倾向，根据仲裁规则或仲裁法规定允许仲裁庭可以适用国际商事惯例等跨国法规则，就意味着仲裁庭应当在仲裁中适用这些自治性的商事规则。See: H. Patrick Glenn, The Law Merchant and Choice of Law, in Fabien Gelinas(ed.), *Trade Usage and Implied Terms in the Age of Arbitration*, Oxford University Press, 2016, pp.250-252.

②　何其生、许威：《浅析我国涉外民事法律适用中“回家去的趋势”》，《武汉大学学报》（哲学社会科学版）2011 年第 2 期。

③　参见 L. Silberman and F Ferrari, ‘Getting to the Law Applicable to the Merits in International Arbitration and the Consequences of Getting it Wrong’ in F. Ferrari and S Kröll (eds), *Conflict of Laws in International Arbitration,* Sellier Publishing, 2011,pp. 294–305。

或许正是基于这种顾虑，我国仲裁机构如《中国国际经贸仲裁委员会仲裁规则》第49条对于仲裁员选择实体法作出相对模糊的规定："仲裁庭应当根据事实和合同约定，依照法律规定，参考国际惯例，公平合理、独立公正地作出裁决。"但该条规定没有给出仲裁庭以什么选择方法和选择标准进行准据法选择，仅仅把国际商事惯例作为一种参考而排除在准据法的选择范围之外，这种与仲裁制度先进的国家的仲裁规则的差异，在很大程度上阻碍了我国仲裁事业走出去的路途。因此在未来修改仲裁规则时势必要发挥后发优势，构建比西方发达国家更为先进的仲裁准据法选择制度。

二、建立适用国际商事惯例冲突法规则的必要性

著名国际商法学者彼得·伯格指出："在国际商事仲裁中适用适当的法律规则，就像国内法院在适用外国法律时一样，都必须经过缜密的法律推理通过一定的冲突法规则才能证明适用不同种类法律规则的正当性。"① 伯格认为，在国际商事仲裁中，当仲裁员依据"准据法直接选择法"选择准据法时，由于仲裁规则赋予了仲裁员更大的自由裁量权，这就加大了仲裁员对于他选择适用某类规则更为沉重和严格的说理义务。尤其是适用"国际商事惯例"这种非国家制定的规则时，仲裁员必须充分和详尽地论证他选择这种规则的理由和目的。所以笔者认为，虽然国际商法的学者一直试图通过构建一种"统一的实体法规则体系"彻底消除法律冲突问题，但事与愿违的是裁判机构要想让适用国际商事惯例具有正当性，仍然必须借助冲突法规则解决问题。因此，从这个角度看，虽然仲裁规则通过"准据法直接选择法"赋予了仲裁员充分的自由裁量权选择准据法规则，然而为了实现准据法选择的合理性以及实现程序正义的价值目标，国际商事仲裁中的仲裁员还是不得不去借助相应的冲突法规则证明适用法律规则的正确性和合理性。从这个意义上说，在国际商事仲裁中不能仅凭借仲裁庭适用了多少次自治性"国际商事惯例"就说国际商事惯例具有天然的优先适用价值，必须要研究仲裁庭为何要

---

① Klaus Peter Berger, *The Creeping Codification of Lex Mercatoria*, Kluwer International, 2010, p.202.

适用这类规则。因此在研究仲裁庭选择适用准据法规则时，还是不得不去借助相关的冲突法规则说明问题，只不过这种冲突法规则中的连接点和系属不太同于一般国际私法中的规则的相应范畴罢了。

三、国际商事仲裁适用国际商事惯例的推理方法

从已有的仲裁裁决看，没有任何证据表明仲裁庭会先验地将自治性的"国际商事惯例"作为优先适用的法律规则。在仲裁庭行使"准据法直接选择法"的自由裁量权时，仲裁庭往往会小心谨慎地判断到底哪种法律规则是作为案件的最合适的准据法。例如在国际商会仲裁院仲裁的"法国与日本某技术许可纠纷仲裁案"中（以下简称"日本案"），[①] 争议双方对于应适用何种法律作为合同的准据法产生了严重的分歧，申请人法国某公司主张："合同缔结地法也就是比利时法不应当成为合同的准据法，因为比利时与合同不存在实际联系。争议涉及的合同是专有技术独占许可使用的合同，而这种专有技术的开发地是法国，当该专有技术被申请人日本公司窃据并许可给他国公司使用时，法国的技术开发者是这种违约行为的最大受害者，所以理应适用法国的法律作为合同违约的准据法。"被申请人日本公司则认为应当适用日本的法律作为合同的准据法，理由是该合同签署后所有的履行行为均是在日本进行的。面对准据法选择的争议，仲裁庭没有直接动用仲裁规则赋予的选择准据法的自由裁量权去适用所谓"中立"、"自治"的"国际商事惯例"，而是援引了 1980 年《罗马国际合同债务法律适用公约》中的规定。该公约规定在决定国际商事合同应当适用与合同有最密切联系的法律作为准据法，仲裁庭进一步解释道，所谓最密切联系应当根据在合同履行过程中，国际合同自身客观体现出的履行特征决定适用哪里的法律。仲裁庭仔细审查了合同的履行过程和履行特征，最终得出结论：该合同如此复杂，仲裁庭没有发现决定性的连接因素将该争议指向法国法或者是日本法，因此仲裁庭只好退而求其次地动用仲裁规则赋予其自由裁量的权力，适用了对双方都有法律约束

① ICC International Court of Arbitration 9875,2000 .available at: http://www.unilex.info/case.cfm?pid= 2&do=case&id=675&step=FullText［2019-8-17 last visited hereafter Japan Case］.

力的“国际商事惯例”裁决该案件。[①]

无独有偶，在斯德哥尔摩商会仲裁院仲裁的“卢森堡与中国某技术转让纠纷仲裁案”（以下简称“中国案”）中，来自卢森堡的一家专利渔夫投资公司和中国一家高新技术公司就技术转让在北京达成了协议，双方未选择准据法。在合同中仅约定“当发生争议时，双方同意将争议提交瑞典斯德哥尔摩商会仲裁院并根据该仲裁机构的仲裁规则进行仲裁。”此时，根据《斯德哥尔摩仲裁院仲裁规则》第 21 条的规定可以直接选择仲裁庭认为合适的准据法。瑞典的仲裁庭与国际商会的仲裁庭一样，也没有直接认为国际商事惯例就是解决该争议最为适合的准据法。而是综合地考察了许多与该合同相关的合同履行要素例如“履行地”、“约定的结算货币”以及“合同签订地”等，以上这些要素全部指向中国。可是仲裁庭发现争议的技术转让合同是和另外一个易货合同紧密相连的，两者之间形成了相互的对价。这就导致了两份合同形成了一个密不可分的整体，而它们法律重心却分别指向了中国和卢森堡。所以在解决技术转让合同时，不论是适用中国的法律还是适用卢森堡的法律似乎都有所不妥。仲裁庭由此得出结论：“面对以上复杂的局面，仲裁庭只能适用在一般情况下能够保护从事该行业通常的生意人利益的合理规则。”在此推理下，最终适用了《国际商事合同通则》（UPICC）作为该案件的准据法。[②]

不过也有与上述案件完全相反的情况，在“叙利亚与加纳某货物买卖纠纷仲裁案”（以下简称“加纳案”）中，来自美国的独任仲裁员指出申请人要求根据合同签订地叙利亚的冲突法规则选择争议的准据法，但申请人忽略了一个重要的事实是双方在合同中明确选择根据法国的仲裁法进行仲裁。根据法国《仲裁法》第 1496 条和国际商会仲裁规则的相应规定，仲裁员有权选择他认为合适的实体法进行裁决，而不必拘泥于叙利亚的冲突法的规定。然后，仲裁员指出虽然仲裁规则要求在任何情况下都要考虑国际商事惯例的要求，然而这并不是每项仲裁中最为重要的考虑因素。在本案中，由于原告和

---

① 参见 Japan Case, p.34。

② Arbitration Institute of the Stockholm Chamber of Commerce 117/1999, 2001, availiable at: http://www. unilex.info/case.cfm?id=793 [2019-7-31 last visited hereafter China Case] .

被告双方就适用叙利亚法律还是加纳法律或英国法律的问题上展开过激烈的争论，因此仲裁庭认为双方在适用法律的问题上有适用国内法的“默示愿望”。在选择哪个国家的法律作为准据法时，仲裁员再次使用了国际商事合同冲突法规则中的“特征性履行”原则进行判断。仲裁庭认为由于双方当事人选择的是C&F贸易术语成交的，在该术语下卖方要承担提交货物的主要义务，因此卖方所在地加纳的法律更体现合同的履行特征应予以适用。不过由于被申请人加纳公司强烈要求适用英国法，而且在英国1979年《货物买卖法》出台后，加纳的法律和英国的法律基本没有太大的不同，所以英国法将成为该案件的最终准据法。①

通过对上述三个案例的梳理我们不难发现，仲裁庭在行使“准据法直接选择法”的自由裁量权时，并没有将自治性的“国际商事惯例”视为绝对优于国内法的法律渊源。在上述几个案件中法律适用的推理过程中，仲裁庭都先是采用了冲突规则作为工具判断应当适用什么实体法作为案件的准据法。只有在适用冲突法后找不到合适的准据法或者准据法的内容完全不适合解决该商事争议时，相关的国际商事惯例才“递补”成为准据法规则。如果从这个角度看，在国际商事仲裁中国际商事惯例不仅不能够优先适用，反而只有在不能适用国内法的情况下才将国际商事惯例作为兜底规则来发挥法律适用功能。

第二节　构建指向国际商事惯例的新型“连接点”

在国际商事仲裁中，仲裁员如何发挥其自由裁量权直接适用他认为合适的准据法规则是一个重要的理论问题。虽然笔者反对先验地将国际商事惯例直接视为优先适用的准据法规则，但也认为只有在不能适用国内法规则的情况下才可以适用国际商事惯例的做法过于保守。在国际仲裁中选择准据法如果想实现“程序正义”的价值，就应当秉持“起点一致”、“机会均等”的原

① ICC Award No. 4237, YCA 1985 available at: https://www.trans-lex.org/204237/_/icc-award-no- 4237-yca-1985-at-52-et-seq/［2019-7-30 last visited. hereafter Ghana case］.

则设计相应的冲突规则。在符合给定且合理的条件下，让国际商事惯例和国内法在最合适发挥其功能的层面发挥调整国际商事交易法律关系的作用。对此卢卡斯·米斯蒂利斯指出："若想让国际商事仲裁中的准据法直接选择法成为科学的可操作的制度，就必须构建国际商事仲裁中指向国际商事惯例规则的科学的连接点。"[①] 换言之，我们必须告诉仲裁员在审理国际商事案件时如何界定国际商事惯例和国内法相应的适用范围，然后将两者之间的界限清晰地划分出来，而这都会指向冲突法中的连接点。[②]

一、"去本地化"（de-localized）的冲突法连接点

连接点又称为连结根据（connecting ground）或连结因素（connecting factor），是指冲突规范中就具体案件涉及的法律关系或法律问题指定应适用何地法律依据的一种事实因素。其根本法律功能是将涉外民商事法律关系与某个国家的法律联系起来的联结要素。[③] 虽然20世纪后半叶以来为了实现个案公证以及体现国际私法的灵活性，连接点的内容和形式有了一定的变化，但基本的形态还是维持原样，即通过一个空间上的事实要素，将涉外民商事法律关系指向某个具体国家的实体法法律体系。我们现在要探讨的连接点与前述连接点的形式完全不同，这种新的连接点将不再与一定的主权领土疆界相关联，我们的意图是在符合一定条件的情况下，将案件涉及的国际商事交易关系和跨国界的"国际商事惯例"相联系起来。

为达成此目的，必须试图构建一种新的自治的去本地化的连接要素，这与传统的国际私法中的冲突规范那种试图将争议归入某个国家主权的空间管辖的方法论有着本质的区别。此时商事交易中的合同签订地、合同履行地等属地的连接点要素将变得无关紧要，因为这些连接要素都与空间地域相关，无法指向国际商事惯例这种自治的规则体系。只有"当事人意思自治"这个

---

① Loukas Mistelis, Unidroit Principles Applied as "Most Appropriate Rules of Law" in a Swedish Arbitral Award,8 *Uniform Law Review,* pp.631,637(2003).

② 参见 Roy Goode, Usage and Its Reception in Transnational Commercial Law, 46 *International & Comparative Law Quarterly*, pp.1,28 (1997)。

③ 参见许光耀、孙建：《国际私法》，对外经贸大学出版社 2013 年版，第 60—61 页。

连接点仍能发挥作用。这是因为自 1985 年《联合国仲裁示范法》以来，几乎主要的仲裁机构都允许当事人选择“法律规则”作为解决争端的准据法，当事人通过意思自治完全可以选择相关的“国际商事惯例”解决他们之间的商事争端。仲裁机构没有理由拒绝这种主动的意思自治下的选择。此外，一些国际组织如罗马统一私法协会制定的规范文件如 UPICC 主动承接了当事人的这种选择。UPICC 在序言中明确规定当当事人选择一般法律原则或商人商事惯例时可以适用本规则。然而本书的研究重点并不在此，这是因为相对于当事人的明示选择，如何解决当事人没有选择准据法时适用商事惯例的准据法连接因素是更为重要也更为棘手的难题。

二、连接点的客观化需求

根据传统国际私法理论，连接点可以分为主观连接点和客观连接点。其中客观连接点是一些客观的事实存在，如国籍、住所地、法院地等；而主观连接点则是一些抽象的概念需要法官通过主观判断才能确定，如当事人合理预期、弱者权利倾斜性保护等。[①] 在前述“中国案”中，仲裁庭之所以最后决定适用 UPICC 作为该案件的准据法就是建立在主观连接点的基础之上的：“根据涉案合同的性质，可以推断当事人希望适用一种能够按照生意人的通常认为的合理标准保护他们最终期待的法律规则作为准据法规则。而适用对于当事人而言没有很深的理解的国内法将导致当事人对于法律的适用非常意外和惊讶……因此，当事人之间争议的准据法问题不在于要归入哪种空间法律管辖上，而是那些已然被编纂进入相关国际法律文件的跨国商法原则，那么UPICC反映这些一般商事关系原则的文件，因此应当予以适用。”[②] 从仲裁庭的上述推理我们不难发现许多仲裁员的单向主观思维要素被掺杂于推理过程之中。诸如当事人的“最终期待”、“惊讶”、“合理”，以上这些因素虽然不是适用法律规则的直接连接点，但与主观连接点共同的特征是都需要裁判

---

① 参见杜涛：《国际私法原理》，复旦大学出版社 2014 年版，第 55 页。

② Arbitration Institute of the Stockholm Chamber of Commerce 117/1999, 2001.availiable at: http://www.unilex.info/case.cfm?id=793［2019-7-31 last visited］.

者的主观判断确定。

换言之，在决定适用“国际商事惯例”的连接点时，裁判者运用了如下的判断标准构成指向国际商事惯例的连接点：首先，保护一个“通常”商人的“合理”预期。其次，避免当事人适用使其“感到意外”的国内法。最后，适用的法律规则要“充分且合理”地顾忌到商事交易的自身属性。从以上要素中不难看出，这些要素转化为可操作的规则必须经过裁判者的主观判断，所以如果从这些要素出发得到的指向国际商事惯例的连接点必然是主观性的连接点。

那么，采用指向国际商事惯例的主观连接点有哪些弊端呢？从传统冲突法的理论学说来看，过多地采取主观连接点选择准据法的最大弊端是这种法律选择方法不可避免地会掺杂进过多的裁判者的心境、经验以及主观意志的“背景噪音”，从而导致准据法的选择不能形成一种“一贯、协调以及令人信服的状态。”① 因此，我们必须通过某种技术手段将这些连接点中的“主观要素”转化为客观可见的事实要素解决前述问题。笔者通过研究大量仲裁案例发现国际商会仲裁院裁决的“伊朗空军与西屋公司仲裁案”（以下简称“西屋案”）一案中选择准据法的推理过程颇为值得借鉴。②

该案的发生缘起于美国公司和伊朗政府的军事合作，在 1971 年到 1978 年之间的 8 年内，美国西屋公司与伊朗空军签订了数批出售和安装先进防空雷达的合同，合同中没有约定准据法选择条款，只约定发生争议由国际商会仲裁院在苏黎世进行仲裁。1979 年伊朗爆发了伊斯兰革命，导致美伊两国的军事合作完全中断。西屋公司承诺的雷达出售和安装的合同根本没有履行。1995 年伊朗就雷达销售合同向国际商会仲裁院申请了仲裁，要求西屋公司赔偿违约金和 15 年以来的利息。西屋公司提出抗辩认为与合同有最密切联系的法律是西屋公司电子设备子公司所在地马里兰州的法律，因为雷达的研制、销售和制造全部在马里兰州进行。那么根据马里兰州的法律销售设

---

① David L. Noll, the New Conflicts Law, 2 *Stanford Journal of Complex Litigation*, pp. 58,65(2014).

② ICC International Court of Arbitration, Zurich, 7375, 1996, available at: http://www.unilex.info/case. cfm?pid=2%20&do=case&id=625&step=FullText［2019-7-11 last visited, Hereafter Westinghouse case］.

备合同的违约诉讼时效是四年，伊朗长达15年没有提出任何索赔主张就意味着其丧失了依据合同主张赔偿的权利。对此伊朗空军表示完全不能认同，因为根据伊朗法律早在伊斯兰革命以前就废除了诉讼时效的规定，西屋公司对此是知情的，而且伊朗空军作为伊朗政府的一部分不可能接受美国一个州的法律的管辖。综合以上抗辩，该合同显然应当适用伊朗的法律作出裁决。

面对双方的观点和主张，瑞士的仲裁庭首先采取了主观要素的判断方法，然而这种主观要素的判断方法并不是为了建立指向准据法的连接点，而是认为双方从主观上都有明显地排除对方国家法律适用的负面选择意向(implied negative choice)，仲裁庭尊重这种选择意向，因此不论伊朗法还是美国法都不应当予以适用。① 可这只是排除了美国法和伊朗法的适用，并没有解决应采用哪种法律规则作为准据法的问题。有仲裁员主张适用仲裁地的法律，因为瑞士是永久中立国，该国法律不会对任何一方产生偏见，不过该建议遭到了拒绝，因为瑞士的法律和该案件在实体法律关系上没有任何实际联系。然后仲裁庭通过阐明该国际合同的一些客观的要素表明合同的特殊性质，并从这些特殊性质中析取出客观可见的联结要素，最终将法律关系的准据法规则指向国际商事惯例和通行的一般法律原则。仲裁庭发现，该合同双方当事人都是长期从事军火交易的交易商。从这个意义上讲，防空雷达买卖双方之间确立的法律关系更贴近于军火商人群体这个商业共同体，相对而言不论伊朗还是美国的法律都不是与该案件能够自然地产生最密切联系的法律。这种特殊行业中当事人普遍认同的国际商事惯例和跨国法规则就理应成为处理该案件的准据法规则。最终，仲裁员根据上述合同交易的客观要素确定了指向UPICC的连接点。由此可见，审理该案件的仲裁庭巧妙地通过对合同内容的分析，将当事人难以测量的主观心态以及难以把握的合理预期等法律概念转化为可观察以及可操作的客观连接点要素，并通过这些要素在该纠纷和国际商事惯例之间建立起具有说服力的天然联系，最终适用国际商事惯例规则显得非常顺理成章，充分体现了法律选择的程序正义，令人不得不由衷地感到信服。

---

① Westinghouse case, at:17-19.

三、“去本地化”连接点的灵活性

应当注意的是虽然去本地化连接点从应然角度来说应当是一种客观的连接点，但与传统国际私法理论下的客观连接点不同，去本地化的连接点具有较强的灵活性，能够在保证法律适用确定的前提下尽量地实现个案公平与公正。具体而言去本地化的连接点的根本方法论还是构建在“最密切联系”的规则基础之上的，但同时这种连接点的判断构成要素又有可观的判断标准。这种连接点可以让仲裁员脱离开仲裁地的冲突法中相对固定的系属公式，能动地选择适合的准据法规则。需要特别指出的是虽然这种去本地化的连接点可能指向国际商事惯例，但这不是必然的，如果国际商事交易法律关系中表现出来的交易特征更加明显地指向国内法或者仲裁员对国际商事惯例的适用后果有所怀疑时，去本地化的连接点也可能导致国内法的适用，前述“加纳案”就是很好的例证。所以总的来看，相对于国内冲突法的连接点，国际商事仲裁规则中的这种去本地化的连接点具有更加明显的灵活性，而且能够实现法律适用的相对确定。①

第三节　“去本地化”冲突法规则的适用步骤

建立了指向国际商事惯例的客观化连接点后还是不够的，这是因为虽然在国际商事合同能够发现指向国际商事惯例的连接点，但在此基础上就直接适用国际商事惯例规则仍然是武断的。正如伯格指出的那样：“虽然指向商事惯例规则的连接点不必与国家的领土疆界具有必然的联系，然而如何用一定的推理方法让当事人更加信服商事惯例规则相对于国内法是更为适合的特别法规则，对于仲裁员适用国际商事惯例是至关重要的。如果把国际商事惯例视为从各国法律体系中总结出的一般法律原则，这种独立的体系似乎本不

---

① 参见 Wioletta Konradi, The Role of Lex Mercatoria in Supporting Globalised Transactions: An Empirical Insight into the Governance Structure of the Timber Industry, in Gessner, Volkmar (ed.), *Contractual Certainty in International Trade: Empirical Studies and Theoretical Debates on Institutional Support for Global Economic Exchanges*, Hart Publishing, 2009, pp.62-78。

该优先适用，因为这类规则太过具有一般性和抽象性。”[①] 由此可见在仲裁者进行司法裁判的过程中，必须在大脑中构建起如何适用去本地化的冲突法规则以及实践这类规则具体方法和步骤，才称得上对国际商事惯例达到科学合理的适用状态。而这种推理过程就需要结合案件的事实，然后再综合把控推理过程。

一、去本地化冲突规则不必然导致国际商事惯例的优先适用

必须明确的是，即便构建起指向国际商事惯例的冲突法规则也不意味着国际商事惯例就一定优先于国内法适用。这是因为任何国际商事合同在签订和履行的过程中都不可避免地会与几个国家的法律联系起来。此时，国际商事惯例若想优先适用，裁判机构就需要证明国际商事惯例相对于国内法与国际商事交易有“更密切的联系”。还以“西屋案”为例，仲裁庭证明国际商事惯例相对于美国或者伊朗的国内法的推理方法以及理由是基于这样一个客观事实：双方是长期从事同一种行业和贸易的商事行为主体，因此从客观上他们对于军事设备贸易中的行业惯例规则更为熟悉。此外，由于美伊关系的恶化，两国之间法律层面的交流常年中断。双方当事人对于对方国家的法律反倒可能不清楚，合同的履行完全处于两种完全“不同的法律环境之中”，所以会导致适用任何一个国家的法律都会让交易的相对方感到意外。[②] 而且双方当事人在案件仲裁的过程中表现出了对对方国家法律的严重排斥，这就等于双方默示地达成了排除对方国家法律的“负向法律选择一致”。仲裁地法律虽然相对于双方而言比较中立，然而却和合同的履行没有任何实际联系，所以也不宜适用。总之，从案件综合判断，军事设备的商事交易领域通

---

① Klaus Peter Berger, *International Economic Arbitration*, Kluwer International ,1993, pp.558-559.

② 合同的履行处于不同的法律环境的概念被国际商会后来的仲裁裁决所遵循。在美国某项目经理和中国客户公司仲裁案中，国际商会仲裁院的独任仲裁员援引了同样的理由最终适用了 UPICC。See 'Project Manager (US) v. Project Client (PR China),Final Award, ICC Case No.16816, 2011, in Albert Jan van den Berg (ed), *Yearbook Commercial Arbitration 2015* , Vol. 40, Kluwer Law International 2015,p.240.

行的国际商事惯例规则相对于任何国家的法律与本案有更为密切的实际联系，所以应当予以适用。

二、确定国际商事惯例与涉案法律关系具有更紧密联系的判断标准

通过仲裁庭的上述推理过程，我们可以发现适用国际商事惯例规则是一个综合性的判断过程：首先，仲裁机构应确认当事人处于同一个“相关商业群体”（relevant commercial community）之中。这主要需要通过对当事人从事具体商事交易行业的经验、对于规则的获取能力以及以往从事同类合同时对国际商事惯例的遵循情况进行综合判断。如果仲裁庭发现当事人在交易中的身份更为体现一个从事某种具体商事交易的商人的身份特征而不是一个国家的国民特征时，国际商事惯例就应当被考虑优先适用。

其次，仲裁机构应根据合同本身的国际性和交易的复杂性判断国际商事惯例适用与否。在“日本案”和“中国案”中，仲裁庭在适用商事惯例以前通过许多地域性的连接点判断应当适用的准据法。但是仲裁庭发现上述两个案子都“严重缺乏指向某个国内法的决定性因素”，在此基础上排除了相应国内法的适用。仲裁庭随即考察了合同本身的复杂的国际因素，认为应当确立适用一种对于双方当事人来说都相对中立的准据法。

最后，仲裁机构可通过比较适用结果判断是否排除国内法适用。这种情况是一种相对极端的情况，当冲突法规则认为与某个国家的国内法有更密切联系，可是该国法律却明显地过于具有“异国情调”（exotic），以至于会过度侵害某个当事人的利益或损害国际商事交易共同认同的基本价值时，就可以考虑直接适用国际商事惯例排除这个国家国内法的适用。[①] 例如在独立保函领域，一些国家如叙利亚、约旦和泰国等国法律明确规定对于保函的有效期的约定属于无效的约定，这种法律规定可以说动摇了独立保函制度运行的根本基础，会严重损害开立保函当事人的核心利益。在国际商事仲裁中，如果当冲突规则指向这些国家的法律时，仲裁庭似乎可以考虑在上述特定情况

---

① 参见 Ana M. López-Rodríguez, *Lex Mercatoria and Harmonization of Contract Law in the EU*, DJOF Publishing, 2003, pp.184-185。

下排除这些国家国内法的适用。

三、合同依托的客观环境对适用国际商事惯例的影响

国际商事交易合同依托的客观环境也是国际商事惯例是否予以适用的重要权重因素。在前述“中国案”中，之所以仲裁庭最终适用了国际商事惯例规则主要出于两个原因：一是因为涉诉的技术转让合同与另外一份补偿贸易的易货合同紧密联系，而补偿易货合同指向的法律是卢森堡法律。二是合同签订的时间是1980年，所以如果适用法律也应当是中国当时的合同法，但仲裁庭查明中国的《涉外经济合同法》是1985年颁布实施的。所以仲裁庭才决定适用与该技术转让合同联系更为紧密的国际商事惯例来裁决案件。①

第四节　当事人默示选择国际商事惯例

在“西屋案”中，仲裁庭是在先分别排除掉美国法和伊朗法适用的可能后，才补缺性地适用了国际商事惯例。从适用公平的角度看，这种思路似乎在一定程度上有歧视国际商事惯例规则的嫌疑。换言之，仲裁庭的推理好像在暗示我们只有在不能适用有关国家的国内法时，才轮到适用国际商事惯例，这就可能使国际商事惯例的适用走向另外一个极端。因此，有必要在未来的仲裁程序的法律适用制度中设计一种路径，让国际商事惯例在符合这种路径条件的情况下可以直接适用。在传统国际私法领域，存在这样一种准据法适用路径——如当事人对某个国家的法律存在一种默示的选择，即在准据法律适用问题上——将合同当事人之间已经存在但未能明示表达的真实意思进行确认。② 此种法律选择方式与推定选择方法（hypothetical choice）有着本质上的不同，推定选择方法是指在当事人没有选择准据法的情况下，裁判

① 参见 China Case, pp.27-30。

② 参见刘仁山、黄志慧：《国际民商事合同中的默示选法问题研究》，《现代法学》2014年第5期。

者根据当事人可能的意思推断出当事人最为可能的法律选择。该思路作为一种准据法选择方法被认为是过时、错误的，因为这种方法事实上让裁判者代替当事人作出意思表示，在法律推理方法和法律逻辑上也被认为是不周延的，[①] 所以许多国家的法律明确禁止以这种方式默示选择法律。[②] 那么我们能否将当事人“默示法律选择方法”应用于适用国际商事惯例的规则中呢？答案显然是肯定的，但是在确认这种默示选择时要注意以下问题。

一、当事人意思自治对商事惯例适用产生的不同效果

当事人意思自治可以说是冲突法要遵循的基本原则，其基本原理是裁判者的自由裁量权不应超越当事人的意志发挥作用。换言之，在国际商事合同交易中当事人适用准据法的主观愿望也是仲裁庭决定是否适用国际商事惯例的首要考虑因素。不过意思自治在不同的案件中、不同的情境下会产生不同的准据法规则适用效果。例如前文已然提及的“西屋案”和“加纳案”之所以会出现完全不同的准据法适用结果，就是因为在具体案件仲裁的过程中双方当事人对于法律适用的态度表现出不完全一致的情况。在“西屋案”中，双方当事人对适用对方国家的法律感到非常的厌恶和不能接受；[③] 而“加纳案”中虽然双方对准据法的适用问题有过激烈的辩论，都主张适用本国的法律，可并没有对对方国家的法律表示出厌恶的情绪和拒绝的态度，这显然与两国之间的关系尚未像美国伊朗那样达到严重的敌对状态有直接的联系。[④] 正是两个案件之间当事人对国内法的态度不同，导致仲裁庭考虑将国际商事惯例作为与商事交易有最为密切联系的法律规则与否作出了几乎完全相反的裁判。

二、推定选择国际商事惯例的禁止

在“西屋案”中，仲裁庭认为双方当事人对于适用对方国家的国内法是

---

① 参见 Karen Knop, From Multiculturalism to Technique: Feminism, Culture, and the Conflict of Laws Style, 64 *Stanford Law Review*, pp.590,591 (2012)。

② 参见许庆坤：《论我国债权冲突法的司法解释的制定》，《法学论坛》2013 年第 6 期。

③ 参见 Westinghouse case, p.11。

④ 参见 Ghana case, p.42。

明确拒绝的心态。但这绝对不意味仲裁庭可以想当然地认为：既然双方不愿意适用对方国家的国内法，就可以推定当事人默示地选择了具有相对中立地位的国际商事惯例作为案件的准据法规则。因为不适用美国和伊朗的法律与适用国际商事惯例之间不存在直接的、排他的因果联系。所以此时如果仲裁庭认为应当适用国际商事惯例，就可能构成裁判者对当事人意思的一种推定选择，而这是为仲裁规则和仲裁法所禁止的。为了避免出现这种质疑，仲裁庭先是试图适用中立的第三国的瑞士法作为准据法。不过由于瑞士法与该案件没有任何的实际联系，所以被仲裁庭合议后否决。①

由此可见国际商会仲裁院和斯德哥尔摩仲裁院裁决的“日本案”和“中国案”在推理过程中可能存在严重的瑕疵，因为在这两个案件中仲裁庭所犯的共同错误是在判定相关国家的国内法不能适用后，就直接推定当事人的默示意思是选择不同于国内法的“国际商事惯例”，进而不加斟酌地直接适用。② 这种推理方法似乎有落入“推定法律选择方法”的嫌疑，因为在这两个案件中排除相应国内法的适用与直接适用国际商事惯例之间不存在直接的、必然的对应因果关系。换言之，仲裁庭基于国内法不能适用的逻辑前提无法直接得出适用国际商事惯例的排他性结论，因此我们说在这两个案件的推理过程中仲裁庭的结论有些仓促和难以令人信服。在未来的仲裁程序规则中应该禁止仲裁庭使用这种法律选择的推理方法。

三、对国际商事惯例默示选择合意的确认

承前文所述，当事人的准据法规则默示选择方法是指当事人在准据法选择方面未明确表达的真实意思，这种默示意思不是裁判者基于自己的经验推断出来的，而是存在于国际商事交易合同中客观存在的各种蛛丝马迹之中。不过说起来容易，任何仲裁规则都没有规定仲裁员如何通过这些蛛丝马迹去探明当事人的默示意思。从当事人的角度看，想要证明合同中存在默示的对于准据法的合意似乎也不大容易。

---

① 参见 Westinghouse Case, p.102。

② 参见 China Case at 82; Japan Case at:91。

在传统国际私法学说下，往往借助合同中的用语和合同签订的法律环境综合判断当事人对法律选择的默示合意。例如在合同中提及的主要用语以及法律概念只有在某个具体国家的法律中存在，就可以把这个国家的法律和当事人的默示合意选择联系起来。如果当事人根据同一种法律提起诉讼和答辩，就认为双方默示地选择了这个国家的法律作为准据法。我国最高院颁布的《关于适用〈涉外民事法律关系适用法〉若干问题解释（一）》第8条规定："在一审庭审辩论终结前，各方当事人援引相同国家的法律且未提出法律适用异议的，人民法院可以认定当事人已经就涉外民事关系适用的法律做出了选择。"相对应地，如果只是选择了仲裁地或仲裁规则不足以凭此认定当事人选择了相应地点的实体法律作为准据法。

以传统国际私法理论为借鉴，在国际商事惯例的默示选择层面也必须参酌当事人在合同中的引用或参考的法律概念，主张适用商事惯例的一方有责任通过举证证明这种客观事实的存在，而不是凭借裁判者或当事人的直觉予以判断。

此外在出现争议时，当事人往往将"善意"、"诚信"、"商业预期"等主观价值抛诸脑后，只是强调适用对其有利的法律。此时，仲裁员往往很难从当事人的主张中寻找到对国际商事惯例的默示同意。此时仲裁员不得不在调查当事方的"实际意图"和迅速解决适用法律问题之间寻找谨慎的平衡。寻找当事人的"实际"或"主观"意图可能是一项根本难以完成的工作。此时，仲裁员需要做的工作似乎是限制当事人对准据法选择主观意图的无休止的争论。裁判者可以认为通过最为可靠的合同中体现的信息要素确认当事人对国际商事惯例默示选择的盖然性就足够了。所以裁判者在确定当事人默示选择国际商事惯例的共同意志时应当注意不要走入两个极端：一个极端是用裁判者自己的直觉代替当事人的选择，走入"推定选择"的误区之中；另一个极端则是无休止地、不计司法成本地奢求对当事人真实意思的确定，这样会导致仲裁裁决程序的过于拖沓以及低效。[①] 在"西屋案"中的仲裁庭就较好地处

① 参见 Orsolya Toth, *Lex Mercatoria: Theory and Practice*, Oxford University Press, 2017, pp.247-248。

理了当事人主观意志和客观表现之间的关系，根据当事人都同属于长期经营武器装备的职业形态以及双方对于武器装备行业熟知的经验事实确定了“武器装备行业的国际商事惯例”是当事人默示选择的准据法规则。

第五节　“密切”较量：去本地化的未来适用

现如今，国际仲裁机构的仲裁规则均赋予仲裁员选择准据法规则的高度自由裁量权，这种自由裁量权允许仲裁员直接适用他认为适合的法律规则进行仲裁。这种自由裁量权的赋予并不意味着仲裁员可以无条件地直接适用商事惯例作为国际商事争议的准据法。仲裁程序同样需要借助冲突法规则表明国际商事惯例与国际商事争议存在一种“自然的”且“更为密切”的联系，才能体现适用这种自治性规则的程序正义。

问题在于如何确认这种“自然的”和“更为密切的”联系。对此，笔者试图通过构建一种新的“去本地化”的连接点解决上述问题，并试图让这种新型连接点具有客观性和可操作性同时又不失灵活性。如果仲裁员能够依据这种新型连接点为基础构成的冲突法规则将国际商事交易法律关系的准据法自然且合理地指向国际商事惯例，那么，适用国际商事惯例将顺理成章且不会遭到任何质疑。总之，国际商事惯例作为一种规则体系并不是天然优先适用的，只有裁判者在发现国际商事交易与之存在更为紧密的联系或者有明确、可信的客观证据证明当事人默示地对国际商事惯例进行选择的情况下，裁判者才能合理合法地行使其自由裁量权，直接认定国际商事惯例是适用于具体的国际商事交易法律关系的自体法规则并适用之。

第八章　国际商事惯例的功能定位与适用层次

商事惯例究竟在实践中如何对当事人产生法律约束力以及发挥调整功能问题是非常值得研究的一个课题。在不同国家法律体系下，不成文的商事惯例发挥的功能不尽一致。弄清这类规则发挥的实际功能以及如何对交易当事人产生约束力的路径，才能在裁判中准确把握适用这类规则的方法。从国际层面上看，在国际商事交易中，当事人的交易要跨越国界所以必须面对不同国家、不同法系的法律调整，因此商事惯例发挥的作用可能更为显著，这就更加需要在国际法的语境下准确对商事惯例的适用方法进行定位。为达到上述目的，必须准确寻找到不成文商事惯例适用依据体系，并在此体系下准确展开商事惯例的适用路径。

从总体上看，本书研究的基础在于发现商事惯例对当事人产生约束力的根本原理，使用比较法的方法对《联合国国际货物销售合同公约》（CISG）以及我国《合同法》及相关司法解释、《美国统一商法典》（UCC）以及《德国商法典》的相关规定，分析出商事惯例应有的产生规律及其产生约束力的根本原理，进而探讨这类规则的适用规则和适用方法。笔者通过研究发现，商事惯例从本质上说是当事人自发产生的规则，其本身并不具有法律约束力。但是如果通过这种规则发现当事人的真实意思，根据意思自治的原则，裁判者就可以根据惯例反映的行为规则进行裁判。所以从某种程度上说惯例应当被看成识别当事人真实交易意志的工具和参考，因此我们对商事惯例的认知必须严格以当事人的意志和行为为出发点。裁判者不应当把自己视为无所不知的先知，基于一种外部的评判标准对商事惯例构成和适用规则进行人为建构。裁判者要做的只是通过包括惯例在内的各种证据发现当事人交易的真实目的和意图。

第一节　国际商事惯例的功能认知

在国内法语境下，提及惯例或习惯的适用地位，我国缺乏总体性的规则，只是在《民法总则》第 10 条笼统的规定："法律没有规定的，可以适用习惯，但是不得违背公序良俗。"由此不成文的商事惯例被认为具有法律渊源的适用地位。[①] 但也有学者对此提出了不同的观点，认为不成文的惯例或习惯具有非体系性的特征，因此无法作为真正意义上的法律渊源适用。[②] 这种矛盾的认识反映出了我国法学界对于商事惯例的认知的严重不足。例如有学者通过梳理国内的判例并对这些判例进行了类型化的梳理，将商事惯例的功能区分为实体功能与程序功能两大类。其中在对实体功能的分析过程中，又有学者将商事惯例的实体功能细化为解释合同的功能、填补合同漏洞的功能、修正合同的功能、解释法律的功能以及解释公司章程的功能。[③] 但是这种功能分类从方法论上是一种以裁判者居高临下的视角看待商事惯例的运作过程和法律，是一种典型的对商事惯例理解的"外部视角"。将商事惯例的形成与发挥作用的路径庸俗地理解为裁判机构的行为："关于习惯法之形成，德国的魏德士认为于法治国，习惯法是否存在及其内容系由终审法院决定，在现今之内国法律生活，习惯法实际上仅存在于固定之法院惯习中"。[④] 这种对于商事惯例的理解思路很可能从本质上掩盖了商事惯例的真正法律功能和规范作用的意义，具体理由如下：

首先，从商事惯例产生的过程看，对于商事惯例的"外部视角"理解会让我们对商事惯例的产生规律产生本末倒置的理解。从根本上看，商事惯例是在具体交易过程中由当事人自发产生的规则体系，具有去中心化的本质特

---

① 朱庆育：《民法总论》，北京大学出版社 2016 年版，第 35 页。

② 宋阳：《自治性商事规则法源地位否定论》，《当代法学》2018 年第 3 期。

③ 陈彦晶：《商事习惯之司法功能》，《清华法学》2018 年第 1 期。

④ 陈自强：《联合国商事契约通则在契约法中之地位》，《台大法学论丛》2010 年第 3 期。

征。[①] 因此，我们在研究商事惯例时不能再以一种自上而下的主权者的观点审视这种规则的形成。裁判者时刻不应忘记这种规则不是由他制定的，他的工作只是发现和确认这种规则的存在。这种发现和确认并不是惯例的内部构成要件，而只是外部的一种证据确信过程。[②] 具体而言，交易当事人才是交易关系的真正主体，法律规则设定的根本目的在于保障他们真实意思的实现，通过这种意思的实现来实现社会财富的最大化。但是法官不是先知，在具体的案件中当事人的实际意思和真实的想法不可能被完整地探知出来。因此，只好使用一种经验的方式模拟当事人的真实意思。商事惯例作为一种经验的集成，可以通过过去的行为从可能的角度对当事人可能的真实意思进行画像，从而在一定程度上复原当事人的意思。从这个角度看，对于商事惯例的理解和适用必须从当事人真实意思的角度出发，裁判机构对于惯例的适用方法和适用目的只是对商事惯例认知的一种“判断和确认外壳”而已。如果过分强调从裁判者的视角认识商事惯例的话，会将我们对商事惯例的认识带入错误的路径之中。一旦裁判者错误地对商事惯例的存在以及适用产生错误的认知，那么就会异化我们对商事惯例的认知路径。总之，商事惯例产生的主体是交易当事人，而不是裁判者，裁判者对于当事人的意思应当处于附随性地位，而不是相反。

其次，从价值判断看，适用商事惯例的“外部视角”理解也会对商事惯例法律功能的认知以及适用方式产生误导性的影响。从本质上看，在商事交易中，作为具有专业知识和经验的商人，在这种技能背景下，他们自己是自己利益的最佳判断者，他们的意思就是他们之间构建法律关系的根本基础。正所谓“我的话语就是我的约束”，完全不需要法律在外部对他们的意思表示设置所谓“保护性规则”。因为这类保护性规则要以法律存在当事人之外“目的政策”为前提才有必要进行设定。[③] 而商事交易的核心追求是双方当

---

① 参见 Robert Cooter, Decentralized law for a complex economy: the structure approach to adjudicating the new law merchant, 144 *University of Pennsylvania Law Review*, pp.1643,1696(1996)。

② 参见金秀丽：《论习惯的司法适用问题》，《学术交流》2017 年第 11 期。

③ 参见 Richard A. Posner, Hayek, Law and Cognition, 1 *NYU Journal of Law & Liberty*, pp.151-152 (2005)。

事人利益的最大化，这种“目的政策”往往是无须出现的。当然，双方当事人的这种意思表示要受到“公共政策”或“公共利益”的约束。不过同时需要指出的是这种公共政策和公共利益必须限制在绝对必要的范围内，不能做任意扩大解释。

然而，如果使用外部视角审视商事惯例时，就很容易得到不准确的结论。例如，我国著名民法学者崔建远虽然承认商事惯例具有补充当事人意思自治的功能，但他在论述商事惯例弥补合同漏洞以及进行合同解释这两大法律功能时却明显采取了外部视角的判断标准，他认为商事惯例在发挥作用时必须“采取合理的标准，只有合法、合理的交易习惯才可被作为确定待补条款／文字的依据，最终完成系争合同的漏洞填补，还必须考虑当事人实际的客观状况”；①“在解释合同时商事惯例和商业习惯只有在符合法律制度的价值标准的范围内才具有意义，它们本身不能作为认识法律的源泉”。② 此外，还有学者主张在商事惯例内部以及商事惯例与法律之间构建一种效力等级顺序：“任意性规范在法律适用中应优位于惯例，并非因为其效力高于习惯，而是因其确定性更优，符合法律安全的需求”。③“当事人之间确立的习惯性做法应当优于一般的商事惯例，因为前者更贴近当事人的具体实践，而后者只是行业内的一般性惯常做法”。④ 上述理论，不论措辞与角度如何，共同特征是试图在交易当事人以外树立一个以立法者和裁判者为中心的外部价值判断标准，从本质上说是都体现了一种偏离了当事人的意思自治的司法沙文主义。⑤

最后，笔者发现从成文法解释角度也可以印证商事惯例“外部视角”理解的不可取。理由是根据我国最高人民法院《合同法解释二》对于交易习惯做出了如下定义“1. 交易行为当地或者某一领域、某一行业通常采用并为交

---

① 崔建远：《论合同漏洞及其补充》，《中外法学》2018 年第 6 期。

② 崔建远：《合同解释的三原则》，《国家检察官学院学报》2019 年第 3 期。

③ 汪洋：《〈民法总则〉第 10 条的理论构造及司法适用》，《中外法学》2018 年第 1 期。

④ Leonardo Graffi, Remarks on Trade Usages and Business Practices in International Sales Law, 29 *Journal of Law and Commerce*, p.280 (2011).

⑤ 参见 Peter Nygh, *Autonomy in International Contracts*, Oxford University Press, 1999, pp.2-3.

易对方订立合同时所知道或者应当知道的做法。2. 当事人双方经常使用的习惯做法”。从该规定我们可以看出，两种“商事惯例”的认定都直接与当事人有关，并未掺杂任何裁判者的外部裁判标准，唯一的限制仅是不得违反法律和行政法规的强制性规定。再如根据《德国商法典》第 346 条规定：“在商人之间，在行为和不行为的意义和效力方面，应注意商业往来中适用的习惯和惯例。”该条也明确把惯例的适用范围与当事人的行为相挂钩，适用惯例的最终目的在于确定当事人的行为的意义。《美国统一商法典》（UCC）第 1—303 条 c 项则规定：“行业惯例指进行交易的任何做法或方法，只要该作法或方法在一个地区、一种行业或一类贸易中已得到经常遵守，以致使人有理由相信它在现行交易中也会得到遵守”。该条规定更是将交易当事人标准更为清晰地表现出来，而且根据该法官方评论的表述：“本法将商事惯例视为一个因素，据此可以了解当事方订立的协议在商业上的含义。所使用的语言应解释为对商事交易的当事方可以合理期待得到的东西……商事惯例需要具有经常性遵守的特征，在这一方面本法放弃了判断习惯的古老的英国标准，不要求惯例必须是‘古老的’或‘普遍的’等客观特征。”[①] 可见美国法律更是直接将当事人的意思与惯例的形成紧密联系，抛弃了传统的惯例形成的客观标准限制，从而将对惯例识别的“外部视角”控制在最低限度。

从国际条约方面看作为影响力最大的《联合国国际货物销售合同公约》（CISG）是必须要参考的国际法律文件，该条约第 9 条可以说是理解和适用商事惯例的根本依据，梳理该条的行文结构，都可以看出不论是商事惯例的确立还是商事惯例约束力的来源都是严格以当事人的明示或默示同意为根本前提的，该条的立法者要求裁判者去发现某些事实的存在以确认对于当事人有约束力的惯例的存在。完全没有赋予裁判者任何主观判断与裁量的空间，这在整个 CISG 的法条行为方式中是比较罕见的行文结构。此外，根据 CISG 第 7.2 条的规定，在对 CISG 进行解释时应根据公约确立的一般原则进行解释。那么，公约第 8.1 条就很明显带有一般原则的意味。该条规定：“为

---

① 美国法学会：《〈统一商法典〉及其正式评述》，孙新强译，人民大学出版社 2005 年版，第 30 页。

本公约的目的，一方当事人所作的声明和其他行为，应依照他的意旨解释，如果另一方当事人已知道或者不可能不知道此一意旨”。第 8.2 条虽然规定了在无法直接确定当事人意思的情况下，可以采用与当事人同等资格、通情达理的理性第三人的认知解释当事人的行为。虽然这是一种外部标准，但目的也是在于尽量还原当事人的真实意思，从某种程度也是为了限制裁判人任意地解释和适用惯例。第 8.3 条则规定了在确定当事人意思的过程中要将惯例作为理解当事人行为的一种参考证据，目的也是为了理解当事人在进行交易时的真实意思。很明显，如果我们对 CISG 第 8 条从整体解读的视角进行解读，可以发现 CISG 要求裁判者在对贸易合同解释时必须以当事人的意思为根本依托，这就从很大程度上否定了前述对于惯例那种居高临下的“外部视角”那种认知思路。

综合前述论证，国内外在对于商事惯例的适用的理解层面存在较为严重的误区，尤其是在不成文商事惯例层面，以一种居高临下的规则操纵者的思维来适用商事惯例，很容易从客观上导致裁判者“夜郎自大”的过度司法自信。最终这会让裁判者无视当事人的真实交易目的，以自己内心中的价值判断代替当事人订立和理解合同，造成错误判断的法律恶果。

第二节　商事惯例与惯常做法的界分与适用关系

承上文所述，我们不应当使用司法的外部视角对商事惯例的功能和效力进行区分。对于惯例的区分应当以当事人为中心进行理解和认知。[①] 事实上不论是我国的司法解释还是 CISG 对于惯例的区分方式也都有明确的规定，根据 CISG 第 9.1 条的规定：“双方当事人业已同意的任何惯例和他们之间确立的任何习惯做法，对双方当事人均有约束力”。该条款直接以当事人为中心将惯例分为两类：第一类是行业商事惯例，根据 CISG 第 9.2 条的解释商

① 参见 Philippe Grignon, Usages et contrat-type, in Laurent Mayali, Pierre Mousseron ed., *Customary Law Today*, Spriger Verlag, 2018, pp.63-69。

事惯例是在国际贸易上，为有关特定贸易所涉同类合同的当事人所广泛知道并为他们所经常遵守的自治性行为规则。第二类则是在具体涉诉交易当事人之间形成的惯常做法。我国《合同法解释二》第 7 条对此也有完全相同的分类："1. 在交易行为当地或者某一领域、某一行业通常采用并为交易对方订立合同时所知道或者应当知道的做法；2. 当事人双方经常使用的习惯做法"。在英文用语环境下，通常将这两种类型的惯例分别称为"trade usage"和"business practice established between the paties"。

一、商事惯例和习惯做法对当事人产生约束力的共性

不论是商事惯例还是惯常做法，这类规则产生的路径是相同的。从根本上说，这两类规则之所以能够对当事人产生法律上的约束力，从效力来源上看乃是基于当事人的一种同意，这种同意可以是明示的也可以是默示的。具体说，之所以法律规定商事惯例和习惯性做法在交易中的规范功能，并不是这类规则具有"天然的法律约束力"。而是这类规范具有可以充当参照物（reference）的功能，目的是还原当事人确立合同的真实意思表示。众所周知，不论是国内民商事交易还是国际民商事交易，尊重当事人的意思表示是交易的一项"自然法原则"。但是出现争讼时，当事人的意思表示不会自然地显现在裁判者面前。此时裁判者就需要一种工具还原当事人的真实意思。那么与争议当事人之外从事同一类型交易当事人经常遵守的商事惯例和争议当事人之间已然确立的习惯做法就成为模拟或者还原他们之间交易真实意图与合意的"绿色荧光蛋白"。①

不过需要再次强调的是，不论是商事惯例还是习惯做法，其共同特征在于作为一种规则，其本身并不当然具有法律约束力。基于对前文所述的理解，裁判者认为惯例对当事人产生约束力必须以确认交易习惯或习惯做法客观存在且当事人已然对这种事实的同意为根本前提。这种共性可以明显地从

---

① 绿色荧光蛋白（GFP）是华裔科学家钱永健等发现的一种特殊生命物质，并因此获得了 2008 年的诺贝尔化学奖。这种蛋白本身并无活性，但是可以附着在细胞之上并让细胞发出绿色荧光，从而实现让研究者识别追踪细胞的生长以及监测。

成文法的规定中得到支持和印证。以 CISG 为例，该公约第 9 条在设定对当事人约束力时采取了严格的前置程序条件。其中9.1条规定只有在当事人“同意”的情况下商事惯例才能对他们之间的法律关系产生约束力；对于习惯做法则要求“已然确立”为前置条件。第 9.2 条则通过更为严格的前置程序规定了当事人默示对商事惯例同意的确认规则。此外，我国《合同法解释二》第 7 条也明确规定，主张交易习惯存在的一方要承担举证义务。很明显法律之所以设置严格的程序条件，目的在于要求裁判者通过一系列事实作为依托和依据确认当事人的真实想法和确切的意思表示，进而解释从纷繁芜杂甚至相互矛盾的合同条款中确定合同解释的标准以及弥补不完备合同的漏洞。这也恰恰暗合了我国《合同法》第 61 条和第 125 条对商事惯例赋予的法律功能与适用目的。

二、商事惯例和习惯做法的区别

简单说商事惯例和习惯做法之间最大的区别在于前者是在当事人之外形成的自治性规则。如果要想让这种规则对当事人产生约束力，有两种途径：第一种途径即当事人明确同意此种商事惯例对当事人的交易具有约束力。第二种途径则是在确认交易习惯客观存在后，根据 CISG 第 9.2 条的规定经过三步法检验，来检验该案件能否适用该商事惯例，第一步：当事人是否知道或应当知道这种商事惯例的存在；第二步：与当事人从事相同交易的当事人是否知道或者应当知道该商事惯例的存在；第三步：从事同样交易的当事人通常会选择遵守上述商事惯例。① 以上任何一步检验没有通过的就不能认为商事惯例当事人能产生足够的法律约束力，以解释合同条款或填补合同空白。

习惯做法与交易习惯不同，其必须是在涉诉当事人之间形成并确立的一种相对固定的行为模式，比较偏向于一种结果的确认模式。但是，我国《合同法解释二》的要求与 CISG 不尽相同，规定为“当事人双方经常使用的习

---

① 参见 William P. Johnson, Analysis of Incoterms as Usage Under Article 9 of the CISG, 35 *University Pennsylvania Journal of International Law,* pp.420, 424(2013)。

惯做法”，更加偏向于对行为模式的描述。但不论是何种规定模式，习惯做法的形成主体却是确定的，即必须在具体交易的当事人之间反复使用已然确立的自治性行为规则。

为了明确两种惯例之间的差别和关系笔者使用中美两国的两个典型案例说明问题：

1. 重庆市信心农牧科技有限公司与重庆两江包装有限公司产品购销合同纠纷案。该案的基本案情是科技公司与包装公司于2006年7月27日签订产品购销合同，双方约定：包装公司以科技公司的订货传真为依据，为科技公司生产外包装纸箱。同时合同约定的结算及付款方式、支付方法为：分三次在货款中扣除2万元的质保金，其余货款每月25日凭供方凭证挂账，货款于次月10日前支付。合同有效期为1年（即2006年7月27日至2007年8月1日止）。双方自签订合同至2007年4月合同中止期间，包装公司先后向科技公司提供了177640.71元的纸箱包装货物。科技公司收到包装公司提供的增值税普通发票6张，共计金额为116858.86元。后科技公司称，收到包装公司6张发票后分8次向包装公司支付货款计113535.96元。其中经银行汇兑5次，计72979元；包装公司派人分别于2006年9月12日领取现金12493元，2007年3月30日、2007年4月4日持编号为No00014130、No00014132号（包装公司出具的6张发票中的2张）发票分别领取现金22625.72元、5438.24元。包装公司不认可已领取科技公司持有的No00014130、No00014132号发票记载的28063.96元现金。包装公司据此认为科技公司尚欠其货款91704.95元(包含2万元铺垫金)，后于2007年5月14日向科技公司发出《货款催收函》要求付清拖欠货款，并宣布中止向科技公司供货。由此双方引发诉讼。该案件经历了一审、上诉以及再审共两级法院的三次审理。其中一审法院认为根据买卖合同中的交易习惯，发票是结算凭据，卖方将发票交与买方执有，就意味着卖方已然认可买方已经向其支付了款项。本案科技公司持有包装公司的2张发票，如果包装公司认为其没有足额支付货款，应当承担相应举证责任。在包装公司举证不能的情况下，应当承担败诉的不利后果。然而，在二审中上诉法院却认为，双方在前6次交易中都是由包装公司先开票而后科技公司再根据发票的内容进行付款。因此，应当认为双方已然形成了先开发票而后付款的习惯做法。在此模式下，显然应当认为科技公司还未按照合同的约定支付 2 笔发票下的合同金额。根据此理由上诉法院裁决科技公司败诉。后科技公司不服向重庆市检察院申诉，重庆市检察院向重庆市高院抗诉后，高院将案件以事实不明为由发回重审。在再审的过程中，重审法院有意回避了商事惯例的适用问题，最后以仅凭两张发票持有不足以证明科技公司已然支付货款为由维持了二审的裁决结果。①

此案件至少暴露出我国目前在商事惯例的立法和司法方面两个明显的不足：首先，我国法律缺乏对于商事惯例和习惯做法确认的标准的明确规定。在再审程序中，由于双方当事人对于前六次的履行方式能否被认定为双方已然形成的习惯性做法的问题以及先付款后开票是否构成行业内的商事惯例，争议双方争论不止，两级人民法院的法官也存在不同的认识，最终在再审裁判中不得不刻意回避了这一问题。其次，在商事惯例和交易习惯发生冲突时如何协调二者之间的关系的问题上，我国法院的处理手法显得非常稚嫩。正是基于上述两方面的原因才使得这个标的额不大、事实也不复杂的案件经历了三次开庭审判，浪费了大量的司法资源。

2."Treibacher Industrie, A.G. v. Allegheny Technologies, Inc"案。该案的缘起是因为两份销售合同。销售合同的卖方是位于奥地利的特雷拜彻工业公司，买方是位于美国的阿勒岗尼技术公司。双方约定使用寄售（consignment）的交易方式成交了一笔销售碳化钽的合同。在接收了一部分货物后，买方拒绝接受剩余的碳化钽，原因是买方找到了性价比更高的货源。这导致卖方不得不低价将剩余的标的物转售后起诉了买方。② 美国第 11 巡回法院受理该案件后发现该案件的核心问题在于对"寄售"这个合同中明确载明条款的理解问题。被告公司证明根据贸易中的一般商事惯例，所谓寄售就是在买方实际使用货物以前买卖合同对买方不发生法律约束力。所以作为买方在卖方实际发货以前保留有取消合同的权利。然而原告公司则认为虽然合同约定了"寄售"

① （2007）荣法民初字第 10490 号；（2007）渝五中民终字第 2316 号；（2008）渝五中民再字第 56 号。

② 参见 Treibacher Idustrie, A.G. v. Allegheny Techs., Inc., 464 F.3d 1235, 1240 (11th Cir. 2006)。

的销售方式，但是双方都明确知道所谓的寄售是指买方必须接受货物，只不过付款可以延迟到买方真正使用货物时。这是因为双方在上一笔合同中就是如此履行的合同，并认为这种履行方式已然确立了这种习惯性做法。

法院经过审理后认为双方当事人已然建立的习惯性做法，具有特定性和具体性的交易行为构成了当事人之间的交易过程，显然应当优于行业内的一般商事惯例予以适用。基于这种理由法院认为原告对于寄售的理解应当得到支持。

上述两个案例很清晰地对两种商事惯例做出了有效的区分。一类是争议当事人在交易过程中确立的习惯性做法，另一类是行业内从事相同交易类型的当事人通常使用和遵守的商事惯例。不过上述两个案例引出了另外一个非常重要的问题：在两类商事惯例并存时，它们之间的适用关系如何确定？尤其是在同一案件中两类惯例都存在并且相互矛盾的情况下，法院应该如何处理两种规范之间的适用关系？该问题似乎是商事惯例适用问题中一个非常棘手的难题。

三、商事惯例与习惯做法间的适用关系

如前文所述，我国法院在审理的案件中存在商事惯例和习惯做法并存的情况时，由于法律缺乏相应的规定，所以基本上采取回避的方针。而美国法院则是直接根据 UCC 的第 1—303（e）项的规定基于一种“外部视角”直接将习惯做法视为交易过程优于商事惯例进行适用。但从国际贸易法和我国司法裁判的立场出发，上述两种思路都不足取。对于前者，这种处理方式无非是刻意回避，将本该是合同履行以及合同解释生硬地转化成了举证责任的问题，有把棘手的皮球踢给当事人的嫌疑。而后者则是直接基于本研究前已提及的“外部视角”直接将当事人之间的习惯做法的效力置于行业商事惯例之上，有法官代替当事人进行选择的危险。因此，笔者认为应当采取一种可靠且具有强大说服力的法律推理路径解决问题。

笔者认为，不论是国际贸易还是国内商事交易，CISG 的作用都是不能忽视的。对于国际贸易而言，鉴于 CISG 是具有法律约束力且可以直接适用的国际法律文件，在符合适用范围的情况下理应优先于国内法予以适用。[①]

① 参见左海聪：《直接适用条约问题研究》，《法学研究》2008 年第 3 期。

此外，在国际贸易法的语境下解释任何法律概念必须从统一以及国际视角下进行解读，尤其要禁绝从国内法出发对国际法概念进行牵强附会的解读，这就基本堵死了直接借鉴外国国内法如 UCC 规定的可能。① 即便是国内交易，由于我国《合同法》在很大程度上就是在 CISG 的基础上加以改良和本土化完成的，因此在处理《合同法》没有明确规定的问题时，完全可以采取借鉴与整合 CISG 规定的思路加以解决。②

首先，从 CISG 的条文进行文义解读。根据 CISG 第 9.1 条的规定："双方当事人业已同意的任何惯例和他们之间确立的任何习惯做法，对双方当事人均有约束力。" 从法条的结构看，双方同意的商事惯例和双方确立的习惯做法完全处于平行的适用位置。从文义角度理解，没有留下任何解释空间让法官建立起一种效力上的评价次序。不过国外有学者从 CISG 中第 9.2 条的规定中解读出当事人之间的习惯做法优先于行业交易习惯的依据。根据第 9.2 条的规定，在某种商事惯例为行业从事交易的当事人通常遵守且当事人知道或应当知道该商事惯例时，视为当事人已经默示地同意该惯例。不过这种默示同意有一个根本性的前提限制，即如果当事人另有协议的情况下，前述规则将不予适用。而第 9.1 条将当事人之间确立的习惯做法和同意的商事惯例并列，就暗含当事人确立的习惯做法是当事人之间的一种同意，当然应当优先于行业交易习惯予以适用。③ 这种分析思路看似很有说服力，但从 CISG 条文分析却似是而非。一方面，CISG 第 9.2 条本身是指引裁判者

① 参见 Geneviève Saumier, Trade Usages in the Convention on Contracts for the International Sale of Goods, in Fabien Gélinas ed., *Trade Usages and Implied Terms in the Age of Arbitration*, Oxford University Press, 2016, pp.134-135。

② 中国合同法的立法指导思想明确规定："从中国改革开放和发展社会主义市场经济，建立全国统一的大市场及与国际市场接轨的实际出发，总结中国合同立法司法实践经验和理论研究成果，广泛参考借鉴市场经济发达国家和地区立法的成功经验和判例学说，尽量采用反映现代市场经济客观规律的共同规则，并与国际公约和国际惯例协调一致"。梁慧星明确指出这里面所说的国际公约和国际惯例主要指的就是 CISG。参见梁慧星：《民法学说判例与立法研究》，国家行政学院出版社 1999 年版，第 121 页。

③ 参见 Franco Ferrari, What Sources of Law for Contracts for the International Sale of Goods?: Why One has to Look Beyond the CISG, 25 *International Review of Law and Economics*, pp.335,336 (2005)。

发现当事人之间默示条款的程序规则，但在如何确认当事人之间的“另有协议”这个问题上，第 9.2 条却没有给出任何有价值的指引；另一方面，从第 9.1 条看该条明显分为两部分，当事人的同意是针对惯例而言的，而对于当事人之间的习惯做法则是对应的“确立”这一谓语。从这个意义上说，习惯做法与当事人的同意完全处于两个意群层面之上，不能认为两者是联系在一起的。综合以上论证，笔者认为单从 CISG 第 9 条进行解读完全不能得出当事人之间的习惯性做法和行业商事惯例之间存在效力等级关系，将习惯性做法优先适用的观点既没有实际的法律依据，在理论上也是完全基于裁判者的“外部视角”得出的“先入为主”的结论。

其次，从 CISG 的一般原则进行解读。既然考察 CISG 第 9 条的条文无法得出有效的结论，那么根据 CISG 第 7.2 条的规定应按照公约设立的一般原则进行解释，以便实现公约统一解释的目的。[①] 作为国际性的合同法律文件，CISG 第 6 条明确规定当事人可以改变公约条约的内容也可以减损公约的效力。也就是说只要当事人同意协议可以任意设定合同中的权利义务，惯例当然也在自由设定的范围内。同时需要特别注意的是 CISG 的条文中完全没有采用“合理”、“公平”等外部视角的价值标准判断当事人的合同。这与《国际商事合同通则》第 1.9 条对惯例“合理性限定”的规定完全不同。换言之，在 CISG 的射程范围内，裁判者最为核心的任务就是发现并确认当事人的意图。沿此思路，CISG 第 8 条的规定就显得非常重要。其中第 8.1 条规定：“为本公约的目的，一方当事人所作的声明和其他行为，应依照他的意旨解释”。该条将当事人的意志上升为实现公约目的的高度。同时第 8.3 条则规定，裁判者必须考虑能够确定当事人意图相关的一切情况，“包括谈判情形、当事人之间确立的任何习惯做法、惯例和当事人其后的任何行为”。以上这些情况和内容完全是并列关系，各子要素之间完全没有先后的排序。这种裁判模式显然与美国的“言词证据原则”相抵触。美国国内法如 UCC 规定将成文的合同约定的效力放在第一位，将合同的交易过程放在第二位，行业惯例则放在第三位。从根本上说这种思维模式是基于英美法传统对秩序的一种病态

---

① ［奥］恩斯特 · 克莱默：《法律方法论》周万里译，法律出版社 2018 年版，第 271 页。

式的偏爱。CISG 则完全没有这些要求，从 CISG 确立的一般原则看，体现当事人意图的并不在于证据的形式而在于证据的内容，如果惯例能够更好地体现当事人的真正意图，完全可能取代当事人的书面合同条款，更不用说当事人之间的习惯性做法了。[①]

最后，从 CISG 起草历史准备文件看，也难以得出当事人习惯性做法的效力层级高于行业商事惯例的结论。众所周知，根据《维也纳条约法公约》第 32 条的规定，为了防止对于条约的解释"荒谬而不合理"，为确定条约的真实意义起见，得使用解释之补充资料，包括条约之准备工作及缔约之情况在内。条约起草历史准备材料可以在很大程度上阐明条约起草的背景、目标和目的。CISG 在草案被拟订后，召开了 6 次外交会议，有超过 62 个国家驻联合国代表参与讨论了条约的案文。在 1979 年的外交会议上，巴基斯坦的代表提出对第 9.2 条进行修改，将"除非另有协议"替换为"除非其行为显示相反的情况"。但随后巴基斯坦代表又表示撤回原来的提案，表示只要在条文中增加同样的表述，不需要替换任何的原条文语句。那么按照巴基斯坦代表的动议，第 9.2 条的条文应当是："除非另有协议或行为显示相反的情况，双方当事人应视为已默示地同意对他们的合同或合同的订立适用双方当事人已知道或理应知道的惯例，而这种惯例，在国际贸易上，已为有关特定贸易所涉同类合同的当事人广泛知道并为他们所经常遵守。"[②] 对此，瑞典代表赫杰纳指出："该动议虽然乍一看很有吸引力，然而却引发了一个解释论问题，如何确定行为和条文解释目的的相关性？尤其是在默示承诺的问题上，动议涉及的行为究竟是订立合同时的行为还是在后来未能按照惯例履行合同时的行为，这些问题将难以解决，所以瑞典代表建议条文维持原样。"[③]

---

① 参见 William P. Johnson, The Hierarchy That Wasn't There: Elevating "Usage" to its Rightful Position For Contracts Governed by the CISG, 32 *Northwestern Journal of International Law and Business,* pp.284, 285(2012)。

② A/CONF.97/C.1/L.64.

③ Summary Records of Meetings of the First Committee 7th meeting Friday, 14 March 1980, at 3 p.m. at 28, availiabe at: http://cisgw3.law.pace.edu/cisg/firstcommittee/Meeting7.html[2019-7-15 last visited].

后来巴基斯坦代表的提案以 15 票赞成，18 票反对的结果被拒绝。[①] 因此，从 CISG 的起草历史准备文件看，完全不能得出当事人之间的习惯做法自动优先于行业商事惯例适用的结论。

第三节　商事惯例的确认与适用的裁判思路

通过前文的论述，笔者坚持认为之所以强调惯例在交易中的重要适用地位，根本不是在于惯例本身的规范效力，而是惯例能够在一定程度上模拟与还原出当事人的真实意思表示以及他从事交易的真正意图。从这种理解出发，裁判者就完全不应当试图居高临下地去主动构建关于惯例的任何外部秩序。他要做的必须是从当事人的角度出发，将惯例作为一种工具和参考去试图发现当事人在从事交易的真正意图和意思。如果通过惯例这种工具发现当事人的意图与法律的任意性规则不一致的情况下，那么惯例的行为模式甚至可以基于意思自治的原则优先于法律的任意性规定。如果不能确认惯例的行为模式在具体的交易中确实反映当事人的意思的情况下，对惯例的适用必须加以严格的限制。[②] 总的来说，任何商事惯例自身不能构成一套完整的秩序规则体系，其发挥规范功能的基础是当事人的意志和交易的目的。任何试图将裁判者视为交易秩序构建者的思维定式对于正确适用商事惯例而言都是极端有害的。这其中就包括先验地认为当事人习惯做法优先于行业惯例或者以裁判者的观念来判断相关商事惯例的合理性等裁判观念和做法。

为了阐明上述观点和思路，笔者试图用一个虚拟的案件来说明问题。假设一个出售大型电子设备的卖方和一个使用电子设备的买方签订了一项需要分批次履行的贸易合同。合同共分为 6 个批次履行，双方合同约定由卖方负责将货物运输到买方指定的地点并负责具体安装事宜。但合同对于由谁进行

---

① 参见 UN Conference on Contracts for The International Sale of Goods, Vienna, 10 March-11 April 1980 Official Records, UN Publishing, 1991, p.90。

② 参见宋阳:《论交易习惯的司法适用及其限制》,《比较法研究》2017 年第 6 期。

设备测试以及产生的相关费用由谁承担没有做出明确的约定。合同开始履行后，头 3 批都是在卖方安装完毕后，由买方承担费用自行进行测试。测试的结果完全正常，买方表示非常满意。但在第 4 批设备安装后，买方在测试后发现了较为严重的问题，经过技术手段查明的原因是由于卖方制造上的瑕疵造成的。不过卖方及时提出了商业处理方案，由卖方承担费用对设备进行了修理，修理完毕后设备运行正常，买方表示接受了这种安排。争议的出现是由于在最后两批设备发运前，买方提出了异议。买方强烈要求将最后两批货物在发运前就在卖方所在地进行检验测试，费用当然也要由卖方承担，并指出根据行业内通行的商事惯例卖方有义务这么做。对此卖方表示不能接受，理由是其报价没有包含检验的费用。卖方提供的前 3 批货物在安装后运行完全正常，第 4 批出现问题纯属偶然和意外，且买方也已经接受了卖方的补救。因此，在买方所在地由买方负责检验测试已经构成了双方已然确立的习惯性做法。

面对上述案件，我们不难发现任何试图构建外部视角下的评判体系都很容易让裁判者陷入先入为主的思维定式之中，从而做出带有裁判者主观偏见色彩的裁决。笔者试图根据 CISG 提供的分析框架去构建一个以当事人意旨为中心的裁判思路，同时为了使得本思路具有更大的普适性，笔者也试图将我国《合同法》的规定也融入到推理的某些层面之中。

一、是否存在双方同意的商事惯例

根据 CISG 第 9.1 条的规定，双方当事人同意的商事惯例对于双方当事人具有约束力。那么此时裁判者就需要从中立的视角去审查当事人之间是否已然存在同意了某个商事惯例。例如一些成文的商事惯例如贸易术语解释通则（Incoterms）、跟单托收统一规则（UCP）、见索即付保函统一规则（URDG）在当事人选择或援引的情况下就当然符合此同意标准。① 同时需要特别指出的是这种商事惯例并非要求为相同或相似交易中当事人广泛知道和通常遵守

① 参见刘瑛、孙冰：《从〈独立保函司法解释〉看中国国际商事惯例适用规则的发展》，《国际贸易法论丛》2018 年卷，第 122—124 页。

的。如果有证据证明双方当事人存在这种合意的话，任何类型的惯例都应当被视为对当事人具有法律约束力的。至于合意的形式不能被认为是一个非常重要的问题，口头、书面以及默示的行为都可以表现出这种同意。从事实层面上说，则可以考虑适用我国《合同法解释二》第 7 条规定由主张的一方负责进行举证。

对于前文那个案例，就需要买方证明双方就卖方负责检验测试标的物设备是否达成过某种形式上的默契，如果有达成这种默契，那么即便卖方负责检验设备的做法不是从事相同类型贸易的当事人普遍知道和经常遵守的惯例，也对卖方具有合同法上的约束力。

二、是否存在双方已然确立的习惯做法

在这个问题上不得不承认我国法律的规定和 CISG 的规定并不相同。我国《合同法解释二》第 7 条的规定是:“双方当事人经常采用的做法”。而这种表述显然忽略当事人对这种习惯做法的同意问题，而且何谓“经常”也相对更缺乏可操作性。相比之下 CISG 第 9.1 条的规定可能更为合理，从公约的用语来看要求必须是当事人之间已然确立的习惯性做法。那么如何确认“确立”这一事实是否存在呢？此时似乎可以考虑借助 CISG 和我国《合同法》对于合同解释的规则进行判断。也应当要求主张存在已然确立的习惯做法的当事人进行举证，裁判者在审查这些证据时应当根据 CISG 第 8.3 条的规定：“适当地考虑到与事实有关的一切情况，包括谈判情形、当事人之间确立的任何习惯做法、惯例和当事人其后的任何行为”地方综合判断，需要特别说明的是我国《合同法》第 125 条除了以上这些判断依据以外还特别强调“根据合同目的进行解释”。这种解释方法与 CISG 的规定并不相同，而且也多少带有“外部视角”的色彩，这在很大程度上不利于增强我国裁判的竞争力，需要裁判者特别加以注意。①

结合前文案例的案情，笔者认为裁判者首先需要判断双方交易的准据法

① 参见 Yves Dezalay, Bryant Garth, *Dealing in Virtue: International Commercial Arbitration and Construction of a Transnational Legal Order*, University of Chicago Press, 1996, pp.63-67。

是什么，如果是我国的《合同法》，那么就需要让卖方证明由买方自负费用检验是双方“经常使用的做法”，从法条规定来看这种经常使用的地方应当延及到此次交易之前的交易行为，仅凭此次交易的行为模式恐怕很难认为是经常使用的做法。但如果准据法是CISG的话，则要考虑双方是否从主观上已经确立了这种交易模式为当事人之间的习惯做法。然后不论是采用CISG还是我国的《合同法》，裁判者都必须结合卖方提交的各方面的证据判断在买方所在地由买方自负费用检验测试的做法是否达到了“习惯做法”的标准程度。

三、是否存在为同类交易当事人广泛知道且通常遵守的商事惯例

根据CISG第9.2条的规定，当某种商事惯例符合一定条件的情况下，就将成为合同的默示条款对当事人发生法律约束力。这种条件就是本书前面已然述及的“三步法检验”要求的条件，在此不再赘述。此时，主张这种惯例存在的当事人当然要承担举证义务。不过同时需要特别申明的是即便主张这类惯例存在的当事人举证成功，裁判者也还需要给予相对方举证证明双方有明示或默示合意排除（opt out）这类惯例的机会。①

四、不同类型惯例之间并存时的处理方法

需要特别指明的是前述几种惯例之间并没有任何的效力位阶。裁判者只是通过前述裁判路径判断惯例是否存在，不能先验地认为哪种惯例具有天然的优先适用地位。根据缔约自由原则，不同类型的惯例之间以及惯例与合同约定的条款出现不同时，要采取尽量一致的解释。在无法得到一致解释的情况下，裁判者应当保持一种将自己置身事外的立场，根据合同的条款以及合同谈判、履约过程中的通讯和其他事实因素综合判断当事人的真实意图，分析为何会出现这种事实上的矛盾冲突。裁判的推理应基于当事人之间发生的客观事实进行具体的个案分析。归根结底，裁判者有责任通过尽可能地权衡

---

① 参见 Roy Goode, Herbert Kronke, Ewan McKendrick, *Transnational Commercial Law(2nd edition)*, Oxford University Press, 2015, p.207。

所有可用的证据发现事实来做出不具有任何先验的主观偏见的裁判，而不是基于外部视角进行类型化带入，最终依据和当事人意旨无关的外部机械标准作出裁决。

反观前文列举的那个虚拟的案例，我们不难发现，根据笔者给出的已知条件尚且不足以让笔者得出究竟是谁违约的正确判断。这是因为双方当事人交易的背景、通信的信息以及合同的具体约定细节并没有给出，所以在缺乏这些重要的客观信息和情境的前提下，笔者不能根据我们的意识流去主观擅断案件中两类惯例之间的适用顺位。笔者之所以陈述这个虚拟的案例根本目的在于告诉本书读者：一个看似清晰的事实结构也不足以让我们洞察所有真相，更遑论当事人的意图。对于案件缺乏深入的了解仅凭一些形式要素进行先验的判断，从本质上说是割裂法律的做法。裁判者在裁判时需要时刻提醒自己：法官只是根据案件呈现的事实提供法律判断的服务者。裁判者要知道自己只是一个普通的凡人，而不是无所不知的先知。任何先入为主的法律观念都是法官发现案件真实情况的人为障碍。

第四节　探求本心：尊重当事人意旨的内部视角

虽然商人在进行交易时总是希望合同越具有确定性越好，但现实存在的交易合同却总是不免带有模糊性和不完整性。此时就需要引入外部规范对合同进行解释和填补，商事惯例可以发挥这种功能。但是同时需要特别指出的是，不同于法律，商事惯例不能直接自上而下地对交易合同产生外部约束力，这是因为商事惯例的性质和产生原理存在根本冲突。作为裁判者利用惯例进行裁判的过程并不像园丁使用“剪刀”修剪花木，而是像照相师利用惯例这种“胶片工具”来重现交易的本来面目，换言之就是利用相关商事惯例还原当事人在进行交易时的最为可信的真实意图。这就要求裁判者不应采用以自己为中心的“外部视角”，对于不同类型的惯例设定形式上的偏好与人为排序。实际的商事交易过程远远要比其表面看起来的复杂，通过对于复杂事实的认定和分析有利于裁判者真正做到去伪存真，强调一种规则天然优先于另外一种规则的认识虽然有助于减少裁判者的工作量，但却不利于发现当事人真正的交易目的和交易意图，更加不利于维护国际商事交易的确定性和可预测性。或许正是基于此点考虑，才导致 CISG 第 8 条将“尊重和实现当事人的意旨”拔高到“为实现公约目的”的高度上。

第九章 《国际贸易术语解释通则》(Incoterms) 的适用方法——以 CISG 第 9 条为切入点

Incoterms 是由著名的非政府组织“国际商会”起草与编纂的，从历史上看该文件的起草和制定可追溯到 1936 年，当时国际商会为减少进出口贸易商之间的买卖纠纷，将国际买卖契约之各式贸易条件予以定型化，明确规定双方之义务 (Obligations)、风险 (Risks) 以及费用 (Costs)，使进出口业者得以在相同的认知基础上进行交易。这样做既可预防贸易争议，有利于国际贸易之顺畅运行又可以作为厘清贸易纠纷之基准。[①] 该规则出现后被广泛应用于国际贸易领域，并随着贸易实践的发展更新了若干版本，最新的 2020 版本于 2019 年下半年正式推出。

需要特别注意的是由于该规则的制定者(即国际商会）是一个民间组织，并不具有立法者的法律地位以及相应的立法权限，因此不应认为此种规则具有直接的法律效力。[②] 但是《联合国国际货物销售合同公约》（UN Convention of International Sale of Goods，以下简称 CISG）第 9 条的规定建立起国际商事惯例与 CISG 作为统一法公约之间的桥梁。该条分为两个部分，其中 9.1 条规定：“双方当事人业已同意的任何惯例和他们之间确立的任何习惯做法，对双方当事人均有约束力。”该条规定如果当事人明示同意某个国际商事惯例，那么这个国际商事惯例就依据 CISG 的规定对当事人直接发生法律

① 参见黄培真：《Incoterms 2010® 之研究》，《台湾海洋学报》2011 年第 2 期。

② 参见张锦源：《贸易条件详论》，中华台北三民书局 2003 年版，第 2 页。

约束力。而9.2条的规定则更为关键："双方当事人应视为已默示地同意对他们的合同或合同的订立适用双方当事人已知道或理应知道的惯例，而这种惯例，在国际贸易上，已为有关特定贸易所涉同类合同的当事人所广泛知道并为他们所经常遵守。"该条从功能上将特定贸易同类合同当事人"广泛知道"、"通常遵守"的惯例直接视为对涉案当事人有约束力的规则。

正是基于该规定，国内学者提出Incoterms作为一种国际商事惯例是当然的国际商事法律渊源，对当事人具有直接的法律约束力。① 由于这种规则更贴近当事人的意思、规则内容更为具体，更能体现商人的合理期待，所以应当优先于国际商事条约和国内法进行适用。② 这种观点对司法产生了较为深远的影响，笔者认为，这种认知虽然在某种程度和范围内具有合理性，但却可能忽视了Incoterms作为一种国际商事惯例最为核心的属性。在此思路指引下，笔者试图通过中、美两国法院适用Incoterms的具体情况，结合使用条约解释法分析CISG第9条的规定，最终分析Incoterms与成文法之间的适用顺位关系以及优先适用的条件。

第一节 Incoterms的法律渊源属性分析

从起草过程看，国际商会在编纂的过程中高度重视国际商业实践中的实务操作情况。从参与该规则起草的人员看大部分人员都是在国际贸易中从事实务交易的人员。③ 因此，可以认为Incoterms在内容上与贸易实务的实践高度接轨，可以被视为对既有国际商事惯例的一种编纂和总结。正是基于此原因，很多学者才得出Incoterms是更为贴近国际贸易实践的商事惯例规则体系，作为国际商法的渊源的一种，是一种与国家制定法相互竞

---

① 参见陈晶莹：《论CISG项下国际惯例的效力——兼论我国〈民法通则〉第142条的改良》，《国际贸易问题》2011年第4期。

② 参见左海聪：《国际商事条约和国际商事惯例的特点及相互关系》，《法学》2007年第4期。

③ 参见Olegario Lamazares, Incoterms 2020: Main Changes。available at: https://www.globalnegotiator. com/blog_en/incoterms-2020-main-changes/［2019-6-20 last visted］。

争的第三类法律秩序，且由于更加贴近国际贸易实践，理应优先于国家制定法予以适用。①

笔者完全同意 Incoterms 属于国际商事惯例这一判断。可问题的关键并不在于 Incoterms 的规则类型归属，而是对该规则能够完全替代制定法成为第三类法律秩序并进一步获得优先适用的地位持一种怀疑的态度，具体理由如下：

一、Incoterms 调整功能的不足

根据国际商会的官方出版物的说明，Incoterms 编纂的初衷在于给予国际货物贸易当事人在货物贸易中进行高效且安全的运输安排。从功能上说，Incoterms 是仅具有指导性功能的文件，对于违反运输操作的行为国际商会无意也没有能力让当事人承担法律责任。此外，Incoterms 的内容虽然是以当事人义务的形式予以表述的，但这种义务仅具有建议性质，不能直接对当事人产生法律约束力。② 换言之，从功能角度看，Incoterms 更多地是以一种技术安排指南性质存在的文件。

众所周知，完整的法律规范通常由条件假设、行为模式以及法律后果三部分组成。作为国际商事惯例的 Incoterms，其内容只有前两个部分，缺少了法律后果这一重要的组成部分。而且即便是前两个部分，也仅仅具有建议性质。③ 所以，从功能上看，Incoterms 不能通过自身对当事人产生法律约束力。

那么，国内法对于 Incoterms 的态度能否补足前述功能之不足呢？承前

---

① 参见左海聪：《从国际商法的特质看〈民法典（草案）〉中的国际商法渊源条款》，《国际法年刊》2013 年卷，第 314 页。Leon Trackman, *The Law Merchant: The Evolution of Commercial Law,* Fred B. Rothman & Co., 1983, pp.41-43.

② 参见 ICC, *The ICC Guide on Transport and the Incoterms® 2010 Rules*, ICC Publication Services,2016, pp.7-8。

③ 参见例如在“韩国栗村化学、天津高盛科技发展有限公司国际货物买卖合同纠纷案”（2017 津民终 21 号）中，双方当事人选择“FOB 釜山”的贸易术语交易条件。根据任何版本的 Incoterms 的规定此种贸易条件下都应当由买方安排运输，然而在本案中双方却均认可双方已然合意由卖方韩国栗村化学来安排运输完成交货，且交货地点最后法院认定为中国新港。

文所述，Incoterms 从性质上属于商事惯例，而我国把商事惯例的功能定位于只有在制定法没有规定的情况下才能予以补充适用。这就从根本上否定了 Incoterms 替代制定法适用的可能。《美国统一商法典》（UCC）只是在第 5—116 条中对于国际商会制定的《跟单信用证统一惯例》（UCP）予以概括性的授权优先适用。[①] 在贸易术语领域 UCC 并未给予 Incoterms 以任何特权地位，相反 UCC 中甚至有独立的交货条件规定。从总论上看，UCC 在 1—303 条的规定只能被解读为相关的贸易惯例可以用确定当事人的真实意图以使协议条款产生特别的含义。换言之，并不能认为美国的法律承认贸易惯例具有法律体系的功能定位。而德国、法国等国家以及联合国的商事仲裁示范法都将惯例定性为确认当事人意思或某种事实是否存在的依据予以考虑适用。[②] 这与成文法能够对当事人的设定默认性的行为规则的功能之间的差别非常明显。总之，成文法对商事惯例模糊的功能表述不能为 Incoterms 代替成文法提供法律依据。

二、Incoterms 新旧版本不存在替代关系

如果我们把 Incoterms 这种国际商事惯例视为法律的一种，那么必然涉及新旧版本交替后哪个版本效力更高的问题。如果是法律规则，那么这个问题的答案会非常的简单，新法优于旧法，以及法律原则上不溯及既往是无须证明的常识。可是 Incoterms 新旧版本之间的效力关系却与上述情况天差地别。Incoterms 的诸多版本之间并没有替代关系，也就是说新版本出现后旧版本并不会退出历史舞台。更为有趣的是，往往是新版本出现后并不能立刻取代旧版本，无论是当事人还是裁判机构往往都会依据旧版本从事贸易活动或进行裁判。虽然国际商会在 Incoterms2010 版本中试图解决这个问题，其在序言中明确强调当事人必须明示选择 2010 年版本，该版本的解释通则才

① 参见 Janet Koven Levit, Bottom-Up Lawmaking through a Pluralist Lens: The ICC Banking Commission and the Transnational Regulation of Letters of Credit, 57 *Emory Law Journal*, pp.1182, 1183(2008)。

② 参见《德国民法典》第 157 条、第 242 条；《德国商法典》第 346 条；《法国民事诉讼法典》第 1497 条；《联合国国际商事仲裁示范法》第 28 条第 4 款。

能适用。然而随着2020版本的出现，上述版本冲突的问题会日趋复杂。[①] 不过这也从另外一个侧面证明了国际商事惯例与法律的排他性的存在形态有着本质上的区别。

三、Incoterms 具有知识产权属性

无论何种形式的法律都有一个共同的根本特征，即在知识产权性质上属于公有领域。比如，根据我国《著作权法》第5条第1款规定："本法不适用于法律、法规，国家机关的决议、决定、命令和其他具有立法、行政、司法性质的文件，及其官方正式译文"。因为，法律只有更为广泛地传播才可能被普罗大众知晓并遵守。此外，法律亦不可能被注册为商标加以保护，倘如此岂不意味着依照法律主张权利之前需先认缴一笔不菲的许可使用费用？但是 Incoterms 完全不符合上述标准，打开国际商会的官方网站可以很轻易地发现 Incoterms 最新版本几乎全是不能免费访问的，查看官方解释更是需要支付高达几百欧元的费用，理由当然是该解释版本涉及版权问题，若访问则必须支付版权费用。更有甚者，自2010版本开始 Incoterms 在欧盟成功注册为商标，受到欧盟以及国际商标权法的保护。即便是合理使用 Incoterms 也应明确注明 Incoterms®，其中®是注册商标的标识。[②]

综合上述事实，Incoterms 作为一种国际商事惯例无论从哪个角度看都不具有法律的性质。但我们并不能因此得出 Incoterms 对当事人没有法律约束力或裁判机构不应对其援引和适用的结论。恰恰相反，正是由于 Incoterms 具有国际商事惯例的特征才导致其可能在满足一定条件的前提下得以超越我国《民法通则》、《民法总则》等国内法律，优先于成文法的默认任意性规则发挥裁判适用功能。具体而言，由于 Incoterms 主要适用于国际贸

---

① Incoterms 版本更新的目的在于使贸易术语的使用和解释与贸易实践保持紧密的同步性，但随着2010版和2020版均要求明示选择才能予以适用，这就意味着法院在适用 Incoterms 时只能采用2000版来解释。这显然与贸易术语解释的初衷完全背离。此外，Incoterms 的这种明示选择要求也未必对法院能够产生约束力，这样势必导致不同法院对版本更新的态度不尽一致，从而产生适用上的混乱和冲突。

② 参见 Jan Ramberg, INCOTERMS® 2010, 13 *European Journal of Law Reform*, p.387(2011)。

易，[①] 那么如果当事人因 Incoterms 产生争讼，此时影响力最大的《联合国国际货物销售合同公约》（UN Convention on International Sale of Goods，以下简称 CISG）势必会根据《民法通则》第 142 条第 2 款的规定引入到案件之中并直接适用。Incoterms 作为商事惯例从根本上说，其适用基础和适用依据可以说完全来源于 CISG。

根据 CISG 第 9 条的规定，国际商事惯例将可以以两种不同的理由加以适用：第一种情况是当事人同意或选择的任何惯例将对其具有约束力。我国法律只规定当事人选择外国法或国际条约，并没有允许当事人选择国际商事惯例作为履行合同的依据。第二种情况是如果某个惯例被"有关特定贸易所涉同类合同的当事人所广泛知道并为他们所经常遵守"且"双方当事人已知道或理应知道该惯例存在"的情况下，该惯例就默示地成为合同的条款而对双方当事人产生约束。[②] 正是根据 CISG 的上述规定才使得在当事人明示选择 Incoterms 时，裁判机构可以直接依据 Incoterms 的规定裁决案件。

由此分析，无论是哪种情况作为国际商事惯例的 Incoterms 都是以一种类似于"标准合同条款"的方式被整合（incorporate）到合同条款中，成为合同的一部分后进而对当事人产生约束力。此时 Incoterms 的规定就会以合同条款的形式对当事人产生约束力，根据意思自治优先的原则，其效力当然应当优先于国际商事条约或国内法的任意性默认规则（default rules）。需要特别指出的是标准合同条款与我国《合同法》中的格式条款的含义并不相同，根据《合同法》第 39 条第 2 款的定义：格式条款的核心特征在于这类合同条款是从事具体交易当事人单方提供的未与相对方协商的条款。Incoterms 只是具有格式条款的一般形式，但根本区别在于这种标准合同条款的制定者并不直接参与具体的贸易交易。作为中立的专业性组织，国际商会通过调研货物贸易领域中大多数从业者的交易操作方法，并总结出最为高效、实用的操作方法并将其成文化、体例化，最终将这些做法展示给从事该领域的交易

---

① 需要特别指出的是 Incoterms 2010 版本明确指出该术语解释通则也可以适用于纯国内货物贸易。

② 参见 Juana Coetzee, Incoterms®2010: Codified Mercantile Custom or Standard Contract Terms? 23 *Stellenbosch Law Review*, pp.577, 578(2012)。

人供他们选择。这对于大多数从事货物贸易当事人而言这种条款应当是相对公平的，而且使用和适用这种交易格式条件还可以最大限度地合理分配货物毁损灭失的风险，从而大大增加交易的可预测性、节约交易和裁判成本。

第二节　中、美法院适用 Incoterms 的情况考察

中国和美国作为世界上最大的两个货物贸易国，相关的司法裁判是本研究不得不进行关注的焦点。然而经过笔者的考察，发现不论是中国还是美国法院对于 Incoterms 的认知和适用都有非常值得怀疑之处。

一、我国法院适用情况考察

与国际惯例接轨是我国司法审判的基本理念，我国最高院的《第二次全国涉外商事海事审判工作会议纪要》中甚至考虑不再将公共秩序保留制度指向国际海商事惯例。[①] 在此思路指引下，我国司法机构对于国际商事惯例的适用往往不加甄别。尤其是 Incoterms 这种非常著名的国际商事惯例，法院更是以尊重为根本原则。当事人在合同中明确引用某个贸易术语作为价格条件时，法院往往对贸易术语的功能范围人为地扩大，将其作为解释合同的基本规则进行运用。例如在 LANDMANN（MACAO COMMERCIAL OFFSHORE）LIMITED 与江苏惠宝翔鹰金属制品有限公司买卖合同纠纷案中，广州市中级人民法院以当事人选择了 FOB 贸易术语为由，直接适用了 Incoterms2000 的规定，将货物越过船舷的时间认定为双方约定的交货时间。根本没有考虑到双方约定 FOB 术语只是出现在双方约定的成交价格条款之中，与交货时间没有必然的联系，而且也没有考虑 Incoterms 的版本问题。[②] 又如在福州闽胜砂石有限公司诉中国人民保险公司福建省分公司营业管理

① 参见李健男：《论国际惯例在我国涉外民事关系中的适用——兼评〈涉外民事关系法律适用法〉》，《太平洋学报》2011 年第 6 期。

② 参见（2011）穗中法民四初字第 35 号。

部、中国人民保险公司福建省分公司海上货物运输保险合同纠纷案中，福建省高级人民法院根据当事人在货物发票中注明的货物价格条件 CIF 鹿岛这一信息做出结论认定："在 CIF 价格条件下，货物灭失或损坏的风险以及因货物交至承运人之后发生意外而产生的额外费用则应由买方承担。因此，自货物装上'PIA FRONTIER'号轮船后，案涉货物的所有权和风险已经全部转移给了买方。所以，只有买方才有权依据保险合同就货物的灭失向答辩人索赔，被答辩人无权向答辩人提起诉讼。"① 法院直接根据 Incoterms 的规定，不但确定了货物保险利益转移时间，甚至连货物所有权的转移时间也根据 Incoterms 对 CIF 术语的字面规定也一并确定了。

以上这些做法完全没有考虑到当事人对贸易术语选择时的真实意思，并且超越了贸易术语的功能范围和调整范围对当事人的权利和义务进行了分配。这已经完全超越了国际商会对 Incoterms 的功能界定以及适用范围，因此笔者认为是完全错误的。而且在适用 Incoterms 时，我国法院几乎没有对为何要适用 Incoterms 的理由进行说理和论证，几乎将这种民间组织制定的规则认做是"理所应当"的裁判依据。② 相比之下，我国法院在适用相关国内法和国际公约时还比较谨慎，会仔细审查这些法律和条约的适用范围。

二、美国法院适用情况考察

作为发达国家代表的美国，其司法实务工作情况与我国十分类似。"St. Paul Guardian Insurance Co. v. Neuromed Medical Systems & Support, GmbH"的案件判决法院也犯了较为严重的推理错误。③ 在该案中一家德国的医疗器械公司将一套昂贵的医疗设备出售给买方（案外人），并向原告保险公司投保。在交货后由于不可归因于卖方的原因导致货物毁损灭失。原告在向买方

---

① （2003）闽经终字第 232 号。

② 这样的例子太多，因此仅挑选几个典型性的案例，如：（2017）最高法民申 1902 号；（2015）最高法民四终字第 37 号；（2016）陕民终 205 号；（2012）浙甬商外初字第 75 号；（2016）粤民终 734 号；（2011）苏商外终字第 0031 号；等等。

③ 参见 St. Paul Guardian Ins. Co. v. Neuromed Med. Sys. & Support, GmbH, No.00 CIV. 9344(SHS), 2002 WL 465312, at *1 (S.D.N.Y. Mar. 26, 2002)。

理赔后代位向被告提起诉讼。美国纽约南区法院经过审理后认为买卖合同中明确约定 CIF 纽约港作为交易条件，那么根据本案准据法 CISG 第 9.2 条的规定，Incoterms1990 的规定应视为被当事人知道或应当知道的国际商事惯例。即便在书面合同中，并没有明确地约定 Incoterms1990 作为解释 CIF 的规则，也应当认为 Incoterms 可以被整合（incorporated）成为 CISG 的一部分对当事人产生法律约束力。根据 Incoterms1990 中对于 CIF 术语的规定，在装运港越过船舷以后，卖方将不再承担货物毁损灭失的风险，因此原告在向买卖合同的买方理赔后无权向被告代位求取保险金。

笔者认为，美国纽约南区法院的判决至少忽略了以下三个重要的事实：首先，没有任何法律依据能够认定 Incoterms 能够整合成为 CISG 的一部分。相反，Incoterms 作为标准格式合同式的国际商事惯例完全可能成为合同的一部分，可是在本案中原告并不是买卖合同的当事人，虽然继承了买方的权利义务，但并没有完全参与买卖合同的谈判，那么让原告直接受到 Incoterms 的约束的结论就值得重新考虑。其次，CISG 本身也有关于货物风险转移的规定，例如 CISG 第 30 条到 34 条、第 60 条以及第 66 条到 69 条都有关于风险转移的具体规定。然而法院完全没有考虑这些规定而直接适用了 Incoterms1990 的规定。虽然根据 CISG 第 6 条的规定当事人可以约定不适用 CISG 或变更减损 CISG 的规定，但这样做的前提是当事人需要有明确排除或改变 CISG 规定的意思表示。① 如果将 Incoterms1990 的规定作为当事人明确的意思表示引入到合同之中，那么根据 CISG 第 9.1 条的要求，也需要当事人在合同中做出明示同意并明确引用 Incoterms1990 的约定才可以改变 CISG 的默认规则。但事实是双方签订的书面合同中根本没有以任何方式提及 Incoterms1990。最后，即便根据 CISG 第 9.2 条的规定，将 Incoterms 视为当事人默示同意的条款约束当事人，但仍然无法解决和逾越原告并不是买卖合同当事人这一重要障碍。而且法院也没有根据 CISG 第 9.2 条的要求对 Incoterms 进行“三步法检验”即：第一步，当事人是否知道或应当知

---

① 参见“中化国际（新加坡）有限公司诉蒂森克虏伯冶金产品有限责任公司国际货物买卖合同纠纷案”最高人民法院指导性判例第 107 号，2019 年 2 月 25 日公布。

道 Incoterms1990 作为一种商事惯例存在。第二步，与当事人从事同样贸易活动的商人是否广泛知道 Incoterm1990 作为一种商事惯例的存在。第三步，与当事人从事同样商业活动的商人是否通常遵守 Incoterms1990 的要求。在法无明文的情况下，案件当事人任何权利义务的增减都应当通过合法合理的程序进行，而不应当以法官主观经验任意增加或减少。该案件的影响十分巨大，甚至被写入我国教育部推荐各大高校使用的马克思主义工程教材之中并成为典型教学案例，[①] 笔者认为美国法院对该案的论证和分析是非常不充分且值得怀疑的。

又如在"BP Oil International, Ltd. v. Empresa Estatal Petroleos de Ecuador"案件中，营业地位于美国的英国 BP 石油公司，将 140000 桶无铅汽油出售给厄瓜多尔的一家公司，合同中约定了汽油中的橡胶最高含量并约定了贸易条件为 CFR 拉利贝塔德港。货物在出货港的检验没有问题，但在到达港检验发现橡胶含量明显超标，买方遂拒绝接收货物。在法院最终的上诉程序中同样适用 CISG 作为买卖合同的准据法。但法院犯了与前述纽约南区法院同样的错误，即根据公约第 9.2 条将 Incoterms1990 直接整合到 CISG 中，使 Incoterms 被整合成为 CISG 的一部分发挥法律效力的成文法。不过相对于纽约南区法院，进步的是第五巡回法院对 Incoterms 的著名性以及被广泛熟知性进行了调查和论证。[②] 可是法院同样得出了视 Incoterms 为 CISG 的一部分的错误结论。更加令人遗憾的是，美国第五巡回法院是美国纽约南区法院的上级法院，其裁决不必受到纽约南区法院的约束。但该法院还是基本原封不动地援引了纽约南区法院的结论。

在"Cedar Petrochemicals, Inc. v. Dongbu Hannong Chemical Co., Ltd"案中，美国纽约南区法院做出了一个让人更为迷惑的裁决。该案的案情是美国的雪松石化公司和韩国的东部韩农化学株式会社签订了一份提供苯酚的合同。在书面合同中双方选择了 FOB 蔚山港的贸易条件。与前两个案件不同的是在

---

① 余劲松、左海聪主编:《国际经济法学》，高等教育出版社 2016 年版，第 75—76 页。

② 参见 See Generally BP Oil Int'l, Ltd. v. *Empresa Estatal Petroleos de Ecuador*, 332 F.3d 333 (5th Cir. 2003)。

本案中涉诉双方明确选择了 Incoterms2000 版本作为解释 FOB 贸易条件的依据。与前两个案件相同的是，争议也是缘起于到达货物时与装运时相比出现了质量严重劣化的情况。在诉讼过程中法院认为：当事人东部株式会社未能解释为何 Incoterms 在整合进 CISG 后还可以减损 CISG 的规定。因为根据公约第 6 条的规定当事人若想减损公约的规定必须采取明示的方法，然而在双方签订的合同中并未明确约定双方有意减损 CISG 第 36 条的规定，所以不能认为当事人有意排除 CISG 的默认规则。因此，法院直接根据 CISG 第 36 条等公约中默认的交货责任规则做出了裁决，完全没有考虑双方在合同中明示选择 Incoterms2000 的约定。①

综上，不论是中国法院还是美国法院，似乎都犯了一个共同的错误：错误地将 Incoterms 与成文法视为性质相同的法律规则，因此将 Incoterms 直接整合到 CISG 或者国内法的条文之中进行适用。完全没有顾及到 Incoterms 不同于成文法的性质属性。正是缺乏对上述事实清楚的认知，才导致法院出现了裁判理由和结果相互矛盾的情况，显然有逻辑不能自洽的嫌疑。因此，有必要对 CISG 第 9 条进行条约法解读，以确定 Incoterms 作为一种国际商事惯例的法律属性。

第三节　CISG 条约解释论下的 Incoterms 法律属性分析

笔者认为，之所以出现前述对 Incoterms 适用的错误和混乱的情形，很大程度上是由于对 CISG 第 9 条的解释和理解错误造成的。前面提及的法官和学者大多对 CISG 第 9 条的中“同意”的字眼视而不见，甚至认为第 9 条中的当事人同意要求是一种“法律拟制”。② 为了解决上述令人迷惑和费解的法律认知，有必要回到 CISG 的文本之中使用公认的条约解释方法对第 9

---

① 参见 Cedar Petrochems., Inc. v. Dongbu Hannong Chem, Co., Ltd.,No. 06 Civ. 3972(LTS)(JCF), 2011 WL 4494602 (S.D.N.Y. Sept. 28, 2011)。

② 左海聪、孙莉：《论〈联合国国际货物销售合同公约〉中商事惯例的规范性效力——基于公约第 9 条第 2 款的分析》，《法学评论》2017 年第 2 期。

条的真正含义进行解释。

目前最为权威的条约解释法律文件是于 1969 年通过、1980 年正式生效的《维也纳条约法公约》，该公约被广泛应用于解释各种条约文件。根据该公约第 31 条第 1 款的规定："条约应依其用语按其上下文并参照条约之目的及宗旨所具有之通常意义，善意解释之"。以及该条约第 32 条："依第 31 条作解释而：意义仍属不明或难解时为确定其意义起见，得使用解释之补充资料，包括条约之准备工作及缔约之情况在内"。根据条约法第 31 条、32 条的规定并结合 CISG 第 9 条解释的客观需求，笔者析取并通过四类解释层面对该条款进行法律解释：

一、文义解释

承上文《维也纳条约法公约》的规定，在对条约解释时必须根据条约文字通常的含义对条约进行解释。显然根据 CISG 第 9 条不论是第 1 款还是第 2 款的规定，都有"同意"这一明确的限定语。不同的是第 1 款的同意是基于缔约双方当事人的明示同意，而第 2 款则是在符合前置的事实状态要求的情况下将 Incoterms 作为合同的默示条款对当事人发生法律约束力。需要特别强调的是不论是法院还是学者都不能将公约中的任何字眼和词汇予以删除或无视。CISG 是由缔约国代表签署并经过缔约国立法机关批准的正式国际法律文件，司法机关无权改变条约文本的字面含义。公约第 9 条的规定事实上是一种事实证明程序和实体规则相结合的二元规则结合体。

从事实证明程序层面看，该条首先要求当事人证明双方同意受到惯例的约束。那具体看又可分为三种情况，第一种情况是双方当事人明示选择 Incoterms 的约束。根据 Incoterms®2010 的要求："如果要使合同适用 Incoterms 规则 2010，应在合同中明确表明，例如：所选择的 Incoterms 规则（含指定地点）适用 Incoerms® 规则 2010。"那么在这种情况下，根据 CISG 第 6 条的规定，基于当事人明确约定 Incoterms 的规定在术语所能涵盖的射程范围内当然可以减损或改变 CISG 的默认规则。从这个意义上说，前述美国雪松石化公司案中法院的裁决显然有不小的问题，因为其无视了当事人对 Incoterms2000 的明示选择。

第二种情况是当事人虽然没有明示选择 Incoterms，但是当事人有证据能够证明对方当事人已然同意了 Incoterms 作为一种商事惯例的内容。在美国证明上述事实的难度较大，因为美国法院在审判案件的过程中受到言词证据原则（parole evidence principle）的约束，[①] 正式合同文本以外的相关证据线索往往无法被法院采信，或许正是由于上述原因才导致法官倾向于将商事惯例视为一种法律予以适用。而在我国则不存在上述问题，根据我国《民事诉讼法》第 63 条的规定，任何查证属实的证据都可以成为认定案件事实的根据，这在某种程度上折射了我国法律体系立法的科学性和灵活性的特点。[②] 只要当事人能够证明在履约过程中对方当事人已然同意 Incoterms 对合同的履行具有约束力，那么根据公约第 9.1 条的规定可以直接判定 Incoterms 对其产生约束力。

最后一种情况较为复杂但也最为重要，在没有证据证明合同当事人已然同意 Incoterms 对交易具有约束力时，必须按照 CISG 第 9.2 条的要求进行“三步法检验”[③] 以验证 Incoterms 是否已被从事相关贸易的当事人普遍知道并遵守进而成为合同的默示条款。本文在前述案例中已然对三步法检验的内容进行了叙述，在此不赘。不过需要特别说明的是在进行三步法检验的过程中应当引入专家证人制度，根据专家证言客观判断上述事实。[④]

从实体层面看，CISG 第 9 条的含义反倒变得非常简单。如前文所述，一旦当事人能够证明前述事实的存在，那么 Incoterms 就自动被整合到当事人之间的合同之中，成为合同条款的一部分从而对当事人产生法律约束力。且基于当事人意思自治优先的法则，会导致 Incoterms 的实体内容规则在其

---

① 参见 Christopher R. Drahozal, Usages and Implied Terms in the United States, in Fabien Gélinas ed., *Trade Usages and Implied Terms in the Age of Arbitration,* Oxford University Press, 2016,pp118-120。

② 参见李娟：《习近平领导中国特色社会主义法治建设的成就、规律及实践意义》，《探索》2018 年第 1 期。

③ 关于“三步法检验”参见本文对“St. Paul Guardian Insurance Co. v. Neuromed Medical Systems & Support, GmbH”案评论时所进行的论述。

④ 参见 Orsolya Toth, *Lex Mercatoria: Theory and Practice*, Oxford University Press, 2017, pp.57-58。

调整范围内优先于 CISG 以及国内合同法的默认规则对当事人产生法律约束力。

二、整体解释

同样根据《维也纳条约法公约》第 31 条的规定，在解释条约时应当参照条约的上下文进行解释。具体来说，在解释 CISG 第 9 条时我们可以参考该条约的其他条文解释该条文的真实含义。那么在 CISG 的规定中究竟哪些条文可以为第 9 条的理解提供依据呢？经过梳理和研究，笔者发现以下条款可以作为理解第 9 条含义的依据：

1. 第 8.3 条：该条对国际商事惯例提供了目的论依据，该条规则在确定当事人的行为意旨时，要合理考虑“当事人之间确立的任何习惯做法、惯例”。很明显该条将惯例和当事人的主观意图紧密衔接在一起，将惯例设定为理解当事人意图的一种客观背景。因此我们在解释第 9 条时完全没有理由将惯例的内容和当事人的意图人为地割裂开来。因为这样做很可能导致对公约中不同的条款解释发生冲突。

2. 第 4 条：根据该条款的规定，公约的适用范围明确排除了“惯例的效力”认定问题。因为惯例的效力认定问题被视为属于缔约国国内法才能处理的“保留事项”。既然公约不能赋予惯例以“法律效力”。那么对于第 9 条的理解最为合理的解释只能是商事惯例的约束力，来源是基于当事人对于协议的同意。这种同意使得作为合同一部分的商事惯例对当事人产生了法律约束力。

3. 第 18.3 条：该条款同样强调了当事人的主观意思对惯例相关性特征。该条强调当事人可以通过“当事人之间确立的习惯作法和惯例……表示对要约的同意”。再一次惯例和当事人的主观意图被紧紧地捆绑在了一起。这也从侧面印证了惯例和主观意图具有高度相关性。

通过对 CISG 第 9 条以外条文的梳理，我们可以很清楚地发现商事惯例从来也没有和当事人的同意这种主观意思区别开来，这也从另一个角度证明 CISG 第 9 条没有理由也不可能单在这个层面抛弃了当事人的主观意思这一构成要素。

三、目的宗旨解释

《维也纳条约法公约》还要求对条约解释时考虑条约的宗旨和目的，也就是必须考虑条约意图实现的根本目标。具体到 CISG 的问题上，根据该条约第 7.2 条的规定应当首先考虑根据其依据的“一般原则”来解释公约。

（一）缔约自由

缔约自由和当事人意思自治可以说是反映 CISG 精神的一项基本原则①，根据该公约第 6 条的规定当事人可以任意改变和减损本公约的规定，而这种改变和减损仅受公约第 12 条的限制。公约第 12 条仅仅是在当事人的所在国对合同的形式做出保留的情况下，才不得不对这种保留进行变更。这种禁止改变的范围事实上非常狭小，几乎允许当事人对合同的任何方面进行修改和改变。由此可以得到 CISG 中的缔约自由可以被视为该条约一项根本性的宗旨性目标和一般原则的结论。② 那么在此语境下，将 Incoterms 作为一种优先适用的法律直接纳入 CISG 中的做法显然会减损上述目标的实现。当事人在签订合同时很可能不会想到，会有合同条款以及准据法之外的规则在没有经过他们同意的前提下直接对他们产生法律约束力。他们往往更不会想到对价格术语的选择甚至会对他们的保险义务以及买卖合同本身产生根本的影响，③ 这显然有损于缔约自由这一根本价值和目标的实现。

（二）尊重当事人意思

CISG 第 8.1 条明确规定：“为本公约的目的，一方当事人所作的声明和其他行为，应依照他的意旨解释。”将尊重当事人的意志上升为“实现公约的目的”的层次高度。然后公约第 8.3 条对如何确定当事人的意志进行了路径规定：“在确定一方当事人的意旨或一个通情达理的人应有的理解时，应

---

① 参见 Laura Lassila, General Principles And Convention On Contracts For The International Sale of Goods –Uniformity Under an Interpretation Umbrella?. 5 *Russian Law Journal*, p.115 (2017)。

② 参见 William P. Johnson, The Hierarchy That Wasn’t There: Elevating “Usage” to its Rightful Position For Contracts Governed by the CISG, 32 *Northwestern Journal of International Law and Business,* pp.281, 283(2012)。

③ 参见 Leonardo Graffi, Remarks on Trade Usages and Business Practices in International Sales Law, 2011 *Belgrade Law Review*, pp.114, 115(2011)。

适当地考虑到与事实有关的一切情况，包括谈判情形、当事人之间确立的任何习惯做法、惯例和当事人其后的任何行为。”该规定虽然提及了惯例可以作为一种证据应用和参考，但最终的目的却是为了发现当事人的真实意思。为了实现此目的，我们实在无法想象在第 9 条解释的时候完全不考虑当事人的意志，直接把千里之外位于巴黎的一个民间组织制定的规则凌驾于当事人的意志之上，这显然不合常理。

（三）促进公约统一适用

根据 CISG 第 7.1 条的规定，促进公约的统一适用也是公约追求的根本价值之一。① 目前主流的学术观点是贸易术语是全球普遍认同的国际商事惯例。但实际情况远比前述理论复杂。以 CIF 术语为例，就存在国际商会的 Incoterms 的解释、美国统一商法典的解释以及国际法学会的华沙—牛津规则的解释。即便承认国际商会的 Incoterms 解释影响力更大，其也存在版本冲突的问题，尤其是在版本更替时期该问题更为突出。即便是能够统一版本问题，Incoterms 规则内部也不是完全不可能存在冲突现象。②

（四）条约筹备历史材料解释

根据《维也纳条约法公约》第 32 条的规定，在文本解释之下，应考虑条约的辅助材料或起草历史。具体来说，确认条约的起草历史与条约的文本、背景、目标和目的可以在很大程度上解决歧义，以防止解释“明显荒谬或不合理”。这在条约解释方法上被称为历史筹备材料解释方法（travaux préparatoires）。

从 CISG 的起草过程看，在起草的版本中曾经明确规定了贸易术语在 CISG 中的适用地位，但是这个版本的条约草案被最终拒绝没有获得通过。瑞典代表对于 CISG 第 9 条提出的方案是：在“惯例”和“当事人应当知道”之间增加一个短语，即“或者对贸易术语的解释”。那么根据瑞典的建议 CISG 第 9 条的规定就可能是：“双方当事人应视为已默示地同意对他们的合同或合同的订立适用双方当事人已知道或理应知道的惯例或对贸易术语

① ［奥］恩斯特·克莱默：《法律方法论》，周万里译，法律出版社 2018 年版，第 272—274 页。

② 参见 Leonardo Graffi, Remarks on Trade Usages and Business Practices in International Sales Law, 29 *Journal of Law and Commerce*.287, pp.295(2011)。

的解释，而这种惯例和对贸易术语的解释，在国际贸易上，已为有关特定贸易所涉同类合同的当事人所广泛知道并为他们所经常遵守。”① 而埃及提出的修改草案是在第 9 条下增加一款为 9.3 条，该条规定：“在商业实践中经常采用合同的含义、条款以及形式应当按照具体贸易中通常的含义予以解释。”② 很明显两国的上述动议都有将 Incoterms 直接引入 CISG 的想法和目的。瑞典代表赫杰纳明确指出他提起这项修改提案的目的是“涵盖贸易术语解释的问题，如‘FOB’、‘CIF’、‘CIF 卸至岸上’（CIF Landed）和‘净重’等术语的解释问题”。埃及代表沙菲克表达完全相同的看法。这两条修改意见虽然得到了比利时代表达宾的支持，但是也受到了苏联、美国和日本代表的强烈反对。其中苏联代表别列杰夫和日本代表町田新一郎认为这两个国家的提案“过分含糊”而不可取，美国代表则认为广泛熟知的贸易术语解释会产生歧义，美国《统一商法典》同样有对贸易术语的解释。最终，该动议虽然经过反复讨论，但结果还是没能通过。③ 所以对 CISG 进行解读和适用时必须将上述条约的起草背景以及准备资料纳入考虑范围，笔者认为条约起草者最终的讨论结果应当是不宜将 Incoterms 直接视为法律，也不能将其直接作为 CISG 的一部分予以适用。

（五）基于条约解释分析方法得出的结论

经过条约解释分析方法分析后我们不难得出结论：首先，国际商事惯例不能被视为 CISG 规则的一部分，国际商事惯例也不直接具有法律的约束功能。其次，商事惯例之所以能够对当事人产生法律约束力从根本上说是因为制定的根本目的在于对 CISG 的规定将国际商事惯例和当事人的交易意旨和交易意图联系起来。因此，国际商事惯例发挥作用的根本原理在于作为一种可以被整合到具体合同中的“标准条款”。④ 在当事人明示或者默示同

---

① Sweden (A/CONF.97/C.1/L.19).

② Egypt (A/CONF.97/C.1/L.44).

③ 参见 William P. Johnson, Analysis of Incoterms as Usage Under Article 9 of the CISG, 35 *University Pennsylvania Journal of International Law,* pp.426,429(2013)。

④ 与《合同法》中所规定的单方提供未与相对方协商的格式合同不同，这种标准条款是由第三方提供，对合同双方当事人而言是相对公平公正的。

意 Incoterms 的内容后，Incoterms 的相应规定就会被 CISG 视为整合到已经生效的合同之中，进而发挥约束当事人的法律功能。在此思路指引下，若想确认 Incoterms 的法律约束力，就必须从客观证据出发推断当事人在交易时的真实意图。裁判机构必须结合合同的条款，以及合同的上下文环境甚至是合同的具体履行过程判断当事人是否真正接受了具体的国际商事惯例中包含的规则。那么作为国际商事惯例的 Incoterms 也是如此，当事人选择了某个贸易术语并不意味着完全接受 Incoterms 中规定的当事人的所有义务，必须结合合同的具体情况以及当事人的意思乃至合同的缔约目的综合分析判断 Incoterms 是否对当事人具有约束力。

第四节 Incoterms 作为国际商事法律渊源的优先适用空间

根据权威的《布莱克法律大辞典》的解释："法律渊源通常指法官从何处获得裁决案件的规则……通过对法律来源的讨论可以确定在处理争议时的不同种类法律的适用条件和范围"。[①] 此外，法律渊源还有另外一个功能："通过了解和分析各类法源适用的效力等级和范围，可以消除它们之间的冲突，达到各种法律规则的和谐统一。"[②] 在此思路下，Incoterms 作为国际商事惯例在具体裁判时发挥法律效力的等级是什么？进一步讲，同样作为国际商法的法律渊源，当 Incoterms 的内容与相关成文法发生冲突时司法机关应秉承何种思路进行处理？这些问题将成为本书要解决的最终核心问题。

一、Incoterms 与成文法内容的潜在冲突

Incoterms 作为一种自治性的法律渊源，与成文法虽然在大多数情况下并不发生交叉，但这不意味着在所有领域两者之间不存在任何的潜在冲突，

---

① Byan Garner ed., *Black Law Dictionary (10th edition)*, West Publishing, 2014, p.1892.

② 张文显主编：《法理学》，高等教育出版社 2011 年版，第 53—54 页。

笔者通过梳理发现至少在以下三个层面，Incoterms 的规定会与相关成文法发生冲突：

1. 交货义务冲突。以 Incoterms 中的 D 组术语为例，该组术语要求卖方将货物运送到买方所在地才算完成交货。这就与 CISG 第 31 条和我国《合同法》第 62 条的规定发生了冲突。

2. 风险转移规则冲突。Incoterms 不同组别的术语都有各自不同的风险转移界限，以最为常用的 CIF 术语为例，根据 Incoterms 下 CIF 术语 A5 条款和 B5 条款的规定，在卖方自装运港船上完成交货时，风险就归买方承担。然而根据 CISG 第 67 条的规定，货物交给第一承运人时风险发生转移。设想如果卖方将货物交给第一承运人后，由于不可抗力导致货物毁损在运往港口的途中。那么买方很可能会依据 CIF 术语条件主张由卖方承担货物毁损灭失的风险，而卖方则会依据 CISG 第 67 条的规定主张免责，进而引发争议。

此外，根据 CISG 第 30 条的规定，卖方有义务转移货物的所有权，在卖方保留所有权的情况下，法院可能据此判断卖方也同时保留货物的风险。在前述“St. Paul Guardian Insurance Co. v. Neuromed Medical Systems & Support, GmbH”案中，原告正是基于被告明示保留所有权为由，主张风险也应当由被告承担。而被告则以买卖合同中选择的 CIF 价格术语为抗辩，主张货物风险应当由案外的投保人也就是买方承担。

3. 投保义务规则冲突。例如根据 CIF 术语的规定，卖方有义务按照最低保险险别进行投保。但同时要求：“最低投保金额为所定价款中加一成（即 110%）。”这就在客观上让卖方承担了“超额保险”的义务。然而根据大多数国家的《合同法》以及《保险法》，卖方完全没有如此投保的义务，甚至根据我国《保险法》第 55 条的规定这种投保属于无效的投保。那么在双方约定 CIF 术语的情况下，关于卖方是否有义务进行超额投保以及超额投保后的法律后果很可能成为一个争议的潜在诱因。[①] 由此可见，Incoterms 作为一种法源很有可能会与同样作为法源的成文法发生内容上的冲突，那么在此

---

① 参见 Tribunal of International Commercial Arbitration at the Russian Federation Chamber of Commerce and Industry, Award 406/1998。

情形下，司法机构必须通过法律推理分析相互冲突的两类规则优先适用哪种法律渊源的问题。

二、Incoterms 优先于成文法适用的法律空间

根据我国法律的规定，只有在成文法没有规定的情况下，才可以使用相关的国际商事惯例。因此，国际商事惯例起到的仅仅是一种补充成文法不足的功能。[①] 但是在国际商事交易的语境下，上述规则将不再有效。根据 CISG 第 9.2 条的规定，当某种国际商事惯例被法院查明为“当事人知道或应当知道”且“该惯例为从事同类贸易的当事人所广泛知道和通常遵守”时，该惯例就被认为“默示地为当事人所同意”。换言之，符合前述条件的话，惯例就直接被纳入到当事人签订的合同中成为合同的一项“默示条款”（implied terms）。此时，根据当事人约定优于法律一般规定的原则，该惯例就应当优先于 CISG 和相关国家《合同法》的一般规定，Incoterms 作为一种典型的国际商事惯例显然概莫能外。

此外，根据《国际商会仲裁规则》、《斯德哥尔摩仲裁院仲裁规则》以及《英国国际仲裁院仲裁规则》等国际仲裁机构仲裁规则的规定，在国际商事仲裁中仲裁员可以直接适用其认为合适的法律规则作为解决争议的实体依据。而且要求在任何情况下都必须考虑国际商事惯例的要求。[②] 其中值得特别注意的是仲裁规则中所说的是“法律规则”（rule of law），这与法律的概念完全不同，国际商事惯例虽然不能归入法律的范畴，但却完全可以归入法律规则的范畴。此种准据法适用方法被称为实体法直接选择方法（Voie directe）。[③] 换言之，在国际商事仲裁时仲裁员在确认 Incoterms 对当事人有约束力且更有利于解决国际商事争端的情况下，可越过相关的成文法的规

---

① 参见《民法通则》第 142 条、《民法总则》第 10 条、《海商法》第 268 条、《票据法》第 95 条、《民用航空法》第 184 条。

② 参见《国际商会仲裁院仲裁规则》第 17 条、《斯德哥尔摩商会仲裁院仲裁规则》第 22 条、《伦敦国际仲裁院仲裁规则》第 14.2 条等。

③ 参见 Loukas Mistelis, Unidroit Principles Applied as “Most Appropriate Rules of Law” in a Swedish Arbitral Award, 8 *Uniform Law Review*, pp.631,637(2003)。

定，直接根据 Incoterms 对当事人的实体权利义务进行分配。

三、Incoterms 优先适用的条件

前文只是论证了 Incoterms 作为一种国际商事惯例与相关成文法存在冲突的客观事实以及优先使用 Incoterms 的可能性。但很显然，优先适用 Incoterms 有严格的前置条件。根据 CISG 的规定以及相关仲裁案例的裁决，笔者发现以下三个方面构成了 Incoterms 优先适用的前提条件：

（一）确认交易当事人属于相同的商业群体

与成文法相同，国际商事惯例也有严格的属人适用范围。根据 CISG 第 9.2 条的规定，商事惯例发生法律约束力的前提是“该惯例被特定贸易所涉同类合同当事人广泛知道且普遍遵守。”由此可知，当事人属于相同的商业群体（relevant business community）是优先适用国际商事惯例的根本前提。法国著名学者伊曼纽尔·盖拉德将国际商事惯例的适用范围界定为国际商业社会（de commerce internationale）之中。① 可实际上，国际商事惯例的作用范围会因为地域和行业被区分为更为细致的子区间。例如泰赛根法（Tegernseer Gebräuche）作为一种商事惯例就只适用于德国和奥地利的木材商之间。② 在“西屋公司仲裁案”中，国际商会的仲裁员指出双方当事人都是长期从事军事装备交易行业的企业，这也是他们熟知相应的军事装备交易的商事惯例的根本前提。同样基于该理由，适用军事装备交易领域的国际商事惯例显然比适用伊朗或美国的国内法更具中立性，更能够保护美伊双方的合理期待利益。③ 同理在适用 Incoterms 时要注意双方当事人的贸易背景和是否来自相同的贸易区域，这决定了他们对 Incoterms 的内容是否存在共同的认知。假如在案件中一方当事人来自美国，就需要特别注意合同中选择的贸易术语是

① 参见 Emmanuel Gaillard, La distinction des principes generaux du droit et des usages du commerce international, in Etudes offertes à Pierre Bellet, Litech, 1991, pp.206-211。

② 参见 Oberster Gerichtsh of Austria,21 Mar.2000, available at :http://www.cisg.law.pace.edu/cases/000321a3. Html。

③ 参见 ICC International Court of Arbitration, Paris 7375,1996. available at : http://www.unilex.info/case. cfm?pid=2%20&do=case&id=625&step=FullText [2019-7-11 last visited]。

否有可能特指《美国统一商法典》中的贸易术语，该术语中的权利义务内容与 Incoterms 几乎完全不同。①

（二）尊重 Incoterms 规则的射程范围限制

即便明确了 Incoterms 对当事人的约束力，从调整范围角度看，国际商会对 Incoterms 的调整范围做出了非常明确的限定。该规则的射程范围仅限于解释被缩写后的某些贸易合同条款，例如从卖方到买方的运输条件条款、进出口清关事宜的安排条款以及双方约定的风险转移时间的条款。该术语解释明确排除了物权转移、不可抗力或意外事件造成的免责以及违约责任等。该官方文件还特别明确地指出："商人们通常认为 Incoterms 规则可以解决实践中可能出现的大多数问题。实际上，向国际商会专家组提交的关于 Incoterms 规则的大多数的解释要求涉及的问题已经远远超出了 Incoterms 的调整范围。这些问题通常涉及销售合同关系本身的问题，例如各方在文件信用证，运输和储存合同下的义务。许多问题涉及合同当事方的实体义务，这超出了与货物交付条件有关的事项。因此，有必要强调的是，Incoterms 只能处理有关货物交付的问题，并不涉及货物买卖合同本身以及与货物交付有关的其他合同。"② 对于超出 Incoterms 调整范围的事项，只能依据合同的准据法进行调整。例如在某仲裁案件中，希腊的买方当事人申请仲裁并指责法国的卖方没有尽到妥善交付货物的义务。但是法国的卖方抗辩说双方的合同选择了 CIF 贸易术语，货物是在买方承担风险的区间内发生毁损灭失的。仲裁庭承认合同中的 CIF 条件受 Incoterms 的调整，但同时指出卖方在签订合同后的附随性义务并不在 Incoterms 的调整范围内。在该案件中，卖方没能保证承运人船舶的适航性，因此必须承担违约责任。③

---

① 参见 U.C.C § 2-319..§ 2-320. § 2-321 的相关规定。

② Jan Ramberg, *ICC Guide to Incoterms 2010,* ICC Services Publication, 2011, pp.16-18.

③ 参见 See 'Buyer (Greece) v. Seller (France), Final Award, CAP Award No. 3174', in Albert Jan van den Berg (ed), *Yearbook Commercial Arbitration 2013*, Vol. 38 , Kluwer Law International 2013,p.53。

（三）认定 Incoterms 优先适用的路径方法

承前文所述，Incoterms 作为一种国际商事惯例乃是基于当事人的同意进而成为国际商事交易合同的“默示条款”发挥法律约束力的。那么确认当事人对 Incoterms 内容的同意范围就成为 Incoterms 得以优先适用的根本条件。为达到此目的，在第一种情况下，如果当事人明示选择了具体版本的 Incoterms，就特别需要注意合同条款中对于 Incoterms 的使用是基于何种目的。当事人如使用 Incoterms 仅仅是为了进行报价或者价格评估，此时就不应当用 Incoterms 关于运输和风险承担的规则去约束买卖双方当事人。① 只有明确术语的使用是为了安排交货事宜时，才可以直接按照 Incoterms 的规定确定双方当事人的相应权利义务。第二种情况是如果当事人没有明示约定选择 Incoterms 作为解释贸易术语的依据，那就要经过本书前面两次提及的依据 CISG 第 9.2 条规定要求的“三步法检验”审查当事人是否可被视为已然默示地同意了 Incoterms，进而有义务遵守 Incoterms 中的规定。举证责任当然要由主张适用 Incoterms 的当事人承担。

第四节 共生互动：Incoterms 与国内法的适用关系

必须承认，Incoterms 与 CISG 始终处于一种共生和互动的关系之中。② 根据对 CISG 第 9 条的解读和分析后我们发现，Incoterms 之所以对国际货物贸易的当事人产生法律约束力，并不是因为其是正式意义上的法律，而是由于其作为一种标准合同模块可以被当事人明示或默示地整合进合同之中，作为合同的组成部分，进而基于意思自治原则，其法律效力优先于 CISG 和相

---

① 例如在“韩国栗村化学、天津高盛科技发展有限公司国际货物买卖合同纠纷案”（2017 津民终 21 号）中，双方当事人选择“FOB 釜山”的贸易术语价格条件。根据任何版本的 Incoterms 的规定此种贸易条件下都应当由买方安排运输，然而在本案中双方却均认可双方已然合意由卖方韩国栗村化学来安排运输完成交货，且交货地点最后法院认定为中国新港。

② 参见 Juana Coetzee, the Interplay between Incoterms and the CISG, 32 *Journal of Law & Commerce*, pp.20, 21 (2013)。

关国内法默认的任意性规定。但由于 Incoterms 并不是 CISG 的一部分，因此法院不考虑当事人的意图和对解释标准选择的态度而直接适用 Incoterms 的做法显然值得商榷。

如果当事人只是选择了某个贸易术语作为价格条件，裁判机构也不应直接认定 Incoterms 的规定成为当事人合同的默示条款。裁判机构应根据 CISG 第 9 条的规定并结合合同的约定或履约过程依次判断 Incoterms 对当事人是否存在约束力的问题。首先，应当调查当事人有无明示选择 Incoterms 作为解释贸易术语的依据，并根据当事人选择的版本对贸易术语在限定范围内对合同进行解释。其次，如果当事人没有明示选择 Incoterms 作为解释规则，那么就应当根据当事人的履约过程和先前的习惯性做法判断当事人是否已然同意某个版本的贸易术语解释规则作为合同术语的解释规则。最后，如果上述情况都不存在，则裁判机构应通过咨询专家证人的证言，通过“三步法检验”调查、确认在合同涉及的贸易领域内哪个版本的贸易术语解释规则属于“交易当事人广泛熟知并经常遵守的商事惯例。”

总之，Incoterms 作为一种国际商事惯例，其适用地位和适用方法与成文法完全不同。在没有确认当事人对 Incoterms 的内容同意以前，该规则对当事人无任何法律约束力。然而一旦确定当事人通过明示或默示的方式接受了 Incoterms，则 Incoterms 的规定就转化为当事人合同中的“默示条款”，进而优先于 CISG 以及其他准据法中的规则发挥约束力。将上述理论推而广之，对于标准合同式的商事惯例来说，基于其成文性的特征，传播的速度以及内容的确定性等层面相对于不成文的商事惯例而言具有巨大的优势。此外，在标准合同条款经过当事人明示或者默示的选择后，该合同条款就可以成为合同的一部分。根据当事人约定优先的法律原则，这些标准合同条款就具有了规范意义与作用，在一定程度上发挥超越成文法任意性规则予以适用的作用。在这个意义上，标准合同条款式的国际商事惯例在有限的范围内将可以实现统一各国立法的作用。但是需要指出的是，这种标准合同式的商事惯例对于当事人而言并无直接的约束力，裁判机构在裁判的过程中适用这类规则的根本原因还是在于当事人对于这类规则的同意，不管是明示的还是默示的。如果没有这种同意，标准合同不能直接予以适用。此外，从内容上看，标准合同式的商事惯例更多是实务中对于某种商事交易中的某个具体的操作层面的做法予以规定，并不能完全取代法律对于当事人权利义务的设定。换言之，标准合同被当事人采纳后，不能从整体规则层面对制定法予以取代。

第十章 《国际商事合同通则》(UPICC)的适用路径新论

《国际商事合同通则》(Unidroit Principles of International Commercial Contract,以下简称 UPICC)由罗马统一私法协会制定编纂,该规范性文件的目的在于为国际商事合同交易提供一般规则,具有较大影响力。自 1994 年出版第一版后,该文件分别在 2004 年、2010 年和 2016 年经过三次修改,现行版本为 2016 年版。

针对其功能定位,国内学者已有不少研究,形成了一些比较具有代表性的观点。例如有学者在梳理 UPICC 的功能后认为,从静态角度上看 UPICC 是一部法典化的合同法法律重述,但从动态功能上看,其可以成为国际商事合同的准据法、并与国际商事惯例具有密切联系。① 该观点一经发表便得到了很多学者的支持和响应。有学者进一步指出,UPICC 在本质上是对国际通行国际惯例的重新表达与具体化。其中的法律精神与理念,在我国制定民法典的过程中应当加以汲取。② 也有学者指出,UPICC 反映了私法的一般法律原则,因此可以将 UPICC 作为解释工具以解释国际统一法文件、③ 甚至是国内法。④ 总之,国内学者普遍认同 UPICC 更为贴近商人要求自治的商事实

---

① 参见左海聪:《试析〈国际统一私法协会国际商事合同通则〉的性质和功能》,《现代法学》2005 年第 5 期。

② 参见韩世远:《〈国际商事合同通则〉与中国合同法的发展》,《环球法律评论》2015 年第 6 期。

③ 参见刘瑛:《〈国际商事合同通则〉在〈联合国国际货物销售合同公约〉解释中的运用》,《法学》2007 年第 5 期。

④ 参见朱雅妮:《〈国际商事合同通则〉作为补充或解释相关法律文件的原理及实践》,《湖南社会科学》2009 年第 5 期。

践本性这一特征，将 UPICC 以商事惯例的形式作为国际商事交易的准据法进行适用，[①] 以实现国际商事合同法律统一的目的。[②] 在此思路下，对 UPICC 的功能定位，目前的主流认知是将其作为国际商事交易的基本准据法，并将这种规则体系完全等同于国际商事惯例或国际商事交易中的一般法律原则。

上述观点在一定程度上可以帮助我们初步认识 UPICC 的性质和功能，也有益于促使裁判机构以一种更为开放的态度对待非国家制定的商事规则。然而，笔者认为上述观点存在许多似是而非之处，且未能从历史视角厘清 UPICC 的本质，亟待展开深入研究。

第一节 UPICC 的性质与功能定位

为了研究 UPICC 的适用，必须深入理解这种规则的产生过程及其目标定位，通过分析起草过程探求 UPICC 的本质，进而理解其适用地位和适用方法。

一、UPICC 的起草过程与目的

在国际商事交易中，由于各国的商事交易法律存在差异和冲突，可能导致来自不同国家的商事主体在进行交易时出现适用规则（或准据法）的冲突，此时，依据不同国家的法律裁决将可能产生不同的裁决结果。比如在瑞士某公司与佛得角某公司谷物买卖纠纷案中，争议的起因就是双方对准据法的理解出现偏差：瑞士公司认为应根据法国法律履行合同，而佛得角公司则认为应根据佛得角的法律履行合同。[③] 双方基于准据法的不同理解在履行合同过

① 参见吴德昌：《国外法院适用〈国际商事合同通则〉的司法实践与法理探析——兼论中国法院的司法实践及其立场演进》，《江西社会科学》2010 年第 6 期。

② 参见刘吉明：《国际商事合同统一路径研究》，中国政法大学 2015 年博士学位论文，第 111—112 页。

③ 参见 Seller (Switzerland) v. Buyer (Cape Verde), Final Award, CAP Case No. 3203, in Albert Jan van den Berg (ed), *Yearbook Commercial Arbitration 2015* , Vol. 40, Kluwer Law International 2015, p.39。

程中产生争议。

为了实现交易规则的统一，国家之间可以缔结统一法公约，但公约的缔结存在很多困难。例如缔约国批准公约需要经过冗长繁琐的批准程序，直接导致公约的生效困难；此外，为了协调不同国家的利益，公约难免使用模糊的用语表述规则，导致公约调整的空白领域比比皆是。对此，罗马统一私法协会前主席马里奥·马特库奇（Mario Matteucci）提出，必须使用新的统一法解决前述问题，这种统一法不能通过为国家设定国际义务的方式实现，而是要通过一种更为灵活的方式达到协调、整合各国立法的根本目标。[①] 在此思想指引下，罗马统一私法协会于 1971 年通过了一个名为“渐进的国际贸易法典化编纂”（envue d'une Codification progressive du droit des obligations 'ex contractu）的规范制定计划，该计划后来被重新命名为“国际商事合同原则的准备”（Preparation of Principles for International Commercial Contracts），试图使用一种自下而上的法律方法实现合同法的统一。[②]20 世纪 80 年代后期，为了实施前述规范所制定计划，罗马统一私法协会成立了专门工作组起草“管理国际贸易合同的新形式的法律文件”。事实上，UPICC 制定的根本目的和实施路径在于通过比较法的方式协调各国的国际商事法律，形成一份各国均能接受且没有强制性法律约束力的国际综合性合同法律文件。[③]

经过起草委员会的深入工作，先后形成四个非常体系化的 UPICC 版本。其中 1994 年版本是一个初步的商事合同法版本，2004 年版本在 1994 年版本的基础上进行了大幅度的修改：增加了第 8 章抵消、第 9 章合同权利的转让、债务的转移、合同的转让和第 10 章时效期间三个全新的章节，在第 2 章合同的订立增加了代理人权限一节，在第 5 章合同的内容增加了第三人权

① 参见 Gakuro Himeno, Right to Cure under the Unidroit Principles Article 7.1.4: A Historical Analysis, 1 *JUS GENTIUM: Journal of International Legal History*, pp.427,444 (2016)。

② 参见 Marija D. Mijatovic, The Currentness of the UNIDROIT Principles of International Commercial Contracts: Effects of Bottom-up Method of Law Harmonization, 52 *Zbornik Radova,* pp.323, 338 (2018)。

③ 参见 M Bonell, Unification of Law by Non-Legislative Means: The UNIDROIT Draft Principles for International Commercial Contracts,40 *American Journal of Comparative Law*, pp.618 (1992)。

利一节，其余还有许多非常明显的修改。[①]2010 年版本基本结构没有太大的改动，主要是改进和完善了一些强制性规则如欺诈、胁迫、重大失衡等，同时增加了合同违法的专门条款。[②]2016 年版本改动也比较小，主要是解决了 UPICC 对长期合同的调整不足问题。[③]

由此可见，UPICC 制定的根本目的在于对国际商事合同法进行一种没有法律约束力的编纂或者重述，最终提供一套经过平衡的且适用于来自不同国家、不同文化、不同社会制度的商人之间国际商事交易需要的一般性规则体系。[④] 该规则自其诞生之日起就无意成为具有约束力的法律文件，而是另辟蹊径地通过平衡各国的法律构建国际商事交易的共同规则体系。

二、UPICC 的架构与功能

自 2004 年版本以后 UPICC 均包含 11 章，依次为：总则、合同的订立与代理人的权限、合同的效力、合同的解释、合同的内容以及第三方的权利与条件、合同的履行、合同的不履行、抵消、合同权利的转让、债务的转移、合同的转让、时效期间以及多个债务人与多个债权人。从体系结构上看，可以说 UPICC 已经形成了一般化、系统化且基本自足的合同法总则体系。将 UPICC 的架构与我国《合同法》相对比，可以发现，UPICC 的体系架构完全覆盖了《合同法》总则部分的内容。将 UPICC 的调整范围与《国际贸易术语解释通则》（Incoterms）中只调整国际货物交易中买卖双方货物运输义务，以及货物风险转移这种极为狭窄的文件相比；和《跟单信用证统一惯例》中只调整信用证单据审核中的权利义务相比，不难看出该规则的射程范围更为宽阔，此外该规则适用的合同领域也几乎可以涵盖国际商事交易

① 参见张玉卿主编：《国际统一私法协会〈国际商事合同通则 2010〉》，中国商务出版社 2012 年版，第 2 页。

② 参见 Unidroit, *Unidroit Principlesof International Commercial Contracts 2016*, Undiroit Publishing, 2017, p.7。

③ 参见朱强、陶丽：《论〈国际商事合同通则〉对长期合同的调整》，《国际商务研究》2019 年第 2 期。

④ https://www.unidroit.org/contracts#UPICC［2019-7-22last visited］.

的任何领域如贸易、金融、工程承接以及国际直接投资，甚至可以渗透到一些程序法领域之中。[①] 换言之，UPICC 在架构上已经完全等同于一部完整的合同法总则部分。这也印证了其意图为国际商事合同交易提供一整套一般性的规则体系的根本目的。

UPICC 序言对其功能做出了明确规定：第一，当事人约定其合同受法律的一般原则、商人习惯法或类似规范管辖时，可以适用通则；第二，当事人未选择任何法律管辖其合同时，可以适用通则；第三，通则可以用于解释或补充国际统一法文件；第四，通则可以用于解释或补充国内法；第五，通则也可以用作国内和国际立法的范本。值得注意的是，不论以上何种功能，UPICC 的用语都是“可以”，而非“应当”。与 UPICC 主体规则中的命令语气不同，UPICC 序言给使用者的口吻完全是建议和指导性的，其陈述规则的对象并不是国际商事交易的当事人，而是可能使用这套规则的立法者或裁判者。因此，从功能上看，UPICC 对于裁判者和立法者而言并不具有正式法律渊源的地位，而是作为参考指南和说理工具发挥功能和作用。即便如此，这也只是罗马统一私法协会 UPICC 工作组的单方面期望，没有任何成员国政府承诺按照上述法律适用模式进行司法审判，这与《联合国国际货物销售合同公约》（UN Convention of International Sale of Goods，以下简称 CISG）不同，两者对国家的司法裁判机构具有法律强制约束力的情形具有很大差别。

综上，笔者认为，虽然 UPICC 以法律重述的名义被发布出来，但由于其本身的功能定位，并不能当然地被认为是一种正式意义上的法律渊源。从其架构和功能上看，UPICC 是意图为国际商事交易提供一套完整的、体系化的规则架构。由于其不具有法律约束力，所以只能说 UPICC 是一部具有建议性质的示范法规则，立法者和裁判者“可以”对其参酌适用和利用吸收。对某个特定国家的司法机构而言，UPICC 较之其他示范法、外国法（并非

---

① 在某仲裁案件中，对于仲裁的费用的承担和仲裁程序的合理时限，仲裁庭也参考了 UPICC 的规定。See State Joint Stock Company (Uzbekistan) v. State agency (India), Final Award, ICC Case No. 14667, in Albert Jan van den Berg (ed), 40 *ICCA Yearbook Commercial Arbitration*, Kluwer Law International 2015, pp. 51 -144.

特定条件下应当适用的准据法）以及未生效的国际条约在相同的适用范围内并没有任何的优先特权。

三、UPICC 与狭义商事惯例的关系

将 UPICC 归入商事惯例的范畴之中似乎已经成为国内学界的通说，有学者甚至将其比喻为计算机运行的“源代码”，意指 UPICC 的规则等同于国际商事交易的基本客观规律。[①] 有学者甚至指出：“即便拒绝法律，拒绝上帝也不能拒绝商业社会的源代码。”[②] 在区块链的语境下，由数据和计算机算法所形成的自发性法律秩序更是区块链商业交易的根本依托。[③] 沿此思路出发，从非国家制定性质（a-national character）和当事人自治适用（party autonomous application）这两个角度看，笔者也赞同将其归入广义的商事惯例范畴之内。然而，将 UPICC 完全等同于狭义上的商事惯例概念范畴的观点却是错误的。对此，笔者将从以下四个方面进行论证：

第一，从法律规定上看，CISG 第 9 条可以说是对商事惯例最为权威的定义。其中第 9.1 条规定，特定当事人之间在交易中形成的习惯性做法构成一种商事惯例。由此可见，当事人之间形成的特定做法和 UPICC 规则中的一般性、系统性的规定显然是不相容的。第 9.2 条规定，在特定贸易的交易当事人之间形成的行业惯例构成对当事人有约束力的商业惯例。这同样与 UPICC 制定的根本目的不同。前已述及，UPICC 的核心目的是为国际商事合同制定一般性的规则，这与商业惯例产生于特定的行业内的个性化特征完全不符，因此牵强附会地将 UPICC 等同于 CISG 指明的狭义上的国际商事惯例的观点难以成立。

第二，从 UPICC 本身的规定看，其 1.9 条明确规定了商事惯例的适用地位，如果将 UPICC 本身就视为商事惯例，那么 1.9 条就应当同时指明

① 参见 Gralf-Peter Calliess, The Making of Transnational Contract Law, 14 *Indiana Journal of Global Legal Studies,* pp.469, 484 (2007)。

② Ralf Michaels, The Mirage of Non-State Governance, Utah Law Review, pp.31,45 (2010).

③ 参见 Andrew Haynes, Cryptocurrencies And Cryptoassets: Regulatory And Legal Issues, Informa Law Press, 2020, pp.7-8。

UPICC 的适用方式和方法。然而第 1.9 条完全没有提及 UPICC 的适用方式和方法。从此条的规定可以看出，UPICC 的起草者显然是将 UPICC 本身和狭义的商事惯例视为两种不同的规则。①

第三，从形成过程看，UPICC 和狭义上的商事惯例也完全不同。商事惯例作为一种典型的自治性规则，最为典型的形成过程是在当事人的交易中自发形成。然而，UPICC 的规则体系则是通过比较法、将不同国家的成文法或制定法进行提纯（distillation）、最终形成一套规则体系。② 这一过程完全无法与商事惯例的形成相匹配。或许会有人指出 UPICC 在起草制定的过程中吸收了许多真实的案例作为参考制定相应的规则，③ 并以此为理由认为 UPICC 是对国际商务实践过程的编纂。这种观点看似合理，然则并非如此：其一，吸收和借鉴案例也是成文法制定和完善时的必要手段；其二，借鉴案例和惯例形成之间没有必然的联系；其三，对于实际案例的借鉴，与其说是将已有的行业内的国际商事惯例编纂，不如说是对裁判机构已有的行为进行整理和整合。此时一个根本的差别便显现出来，商事惯例的形成主体究竟是谁？根据国际商事惯例的根本定义，商事惯例是国际商事交易当事人之间自发形成并默示同意的规则，裁判机构只是对这种已然形成的规则进行确认，本身并不参与到规则的形成过程中。那么如果想让规则在对案例的借鉴、吸收和惯例的编纂划上等号就必须提供更为有力的证据证明，然而现有的著述根本不能提供有说服力的证据。

第四，从裁判案例角度看，已有的裁判不能证明 UPICC 等同于商事惯例。目前，国内主流学说之所以将 UPICC 等同于成文的商事惯例，主要是因为国外一些典型的仲裁或诉讼案例直接将 UPICC 视为商事惯例进

---

① UPICC 第 1.9 条规定了惯例和习惯做法的适用方法和适用地位问题，该条规定当事人要受到合理的行业惯例的约束；当事人之间确立的习惯性做法也对当事人具有约束力。从该条的措辞和陈述结构来看，UPICC 所说的惯例显然是 UPICC 条文以外的东西，因此我们说这两类规则之间具有明显的界限。

② 参见 Celia Wasserstein Fassberg, Lex Mercatoria-Hoist with Its Own Petard?, 5 *Chicago Journal of International Law,* pp.71,72 (2004)。

③ 参见 David Oser, *The UNIDROIT Principles of International Commercial Contracts: A Governing Law?* Martinus Nijhoff publishing, 2008,pp.11-12。

行适用。比如在俄罗斯联邦工商仲裁委员会仲裁的一个案件中涉及一方违约后约定赔偿金过高的问题。仲裁庭经过审理后认为，根据 CISG 第 9.2 条的规定 UPICC 是国际贸易中当事人应当知道的商事惯例。在此推理基础上，仲裁庭适用了 UPICC 第 7.4.13 条的规定适当减少了当事人约定的违约金。

然而笔者认为，这并不能证明 UPICC 本身等同于商事惯例。恰恰相反，仲裁庭在裁判时明确提到，UPICC 第 7.4.13 条的规定反映了（reflected）当事人知道或应当知道的商事惯例，而不是说 UPICC“就是”商事惯例；事实上仲裁庭或法院之所以在裁判时会有如此的说法，从根本上也是为了逾越法律障碍以及加强其适用的正当性的需要。一个明显的例证是在国际商会仲裁院仲裁的一个案件中，合同双方都是阿联酋的公司且阿联酋并不是 CISG 的缔约国，仲裁庭为了不适用阿联酋的法律而适用 CISG，于是在裁判时将 CISG 识别为所有商人都接受的国际商事惯例。[①] 此外，在巴西南里奥格兰德州上诉法院审理的一个案件中，双方当事人在丹麦签订合同，合同履行地却在香港。巴西法院认为该合同是一个具有复合连接点的合同，不应当适用单一国家的法律，于是该法院将 CISG 视为双方当事人都应当接受的商事惯例并予以适用，此时巴西也还不是 CISG 的缔约国。[②] 以上两个案例说明，之所以将 CISG 视为商事惯例，并不是因为 CISG 本身就是商事惯例，而是法院想达到规避某个国家的国内法的适用，转而适用 CISG 的一种技术手段。因为如果将 CISG 按照条约进行适用，那么就不可避免的必须受到 CISG 的条约适用范围的限制，上述两个案件都不符合相应的适用条件，所以裁判机构只好将条约按照使用条件不那么严格的商事惯例适用，这丝毫不能印证 CISG 就是商事惯例的观点。同理，裁判机构将 UPICC 的某个规则视为反映了商事惯例的说法同样不能证成UPICC本身在整体上等同于商事惯例的观念。

---

① 参见 Principal (UAE) v. Distributor (UAE), Final Award, ICC Case No. 18203, 2013, in Albert Jan van den Berg (ed), *Yearbook Commercial Arbitration 2016*, Vol.41, Kluwer Law International 2016, pp.279-280。

② 参见 Court of Appeal of Rio Grande do Sul, 14 February 2017 available at: http://www.unilex. info/ case.cfm?pid=2&do=case&id=2035&step=FullText [accessed 2019-7-12 last visited]。

四、UPICC 与一般法律原则的关系

长期以来，学术界长期将 UPICC 等同于一般法律原则，[①] 但实际上这两者存在着根本性的区别。[②] 根据权威的《布莱克法律词典》的解释，一般法律原则不同于国际商事惯例的自发性，是从各个国家的国内法甚至国际公约中提取出来的被广泛承认并达到一定成熟度的根本性规范与原理。[③] 根据此定义，笔者发现 UPICC 也不能完全符合一般法律原则的标准，理由可以归纳为以下三个方面：

首先，根据前述一般法律原则的定义，作为共同接受的规则或原理，一般法律原则的根本特征应当具有成熟性和稳定性，这就要求在适用这种规则时不能任意改变其中的根本内容以及精神，否则就会破坏这种稳定性价值，也不利于法律按照统一标准进行适用。但是 UPICC 在通过比较法的方法提纯各国法律制度时，不仅仅是综述规则，在很大程度上还要创造规则。因此有学者称 UPICC 在很多时候是一种“法律先述”。[④] 譬如关于艰难情势（hardship）的规定，被认为是 UPICC 中最为创新的做法，至少在两起仲裁案件中仲裁庭认为这种做法与国际贸易现有的做法完全不符。[⑤]

其次，从规则内容上看，UPICC 中的规则与很多国家的国内法存在巨大的潜在冲突。例如 UPICC 第 7.2.1 条（有关金钱债务履行）规定：“如果有义务付款的一方当事人未履行其付款义务，则另一方当事人可以要求付款”。与第 7.2.2 条非金钱债务履行的规定相比，第 7.2.1 条没有任何外在条

---

① 参见刘丽：《论国际商法中的一般法律原则及其适用》，武汉大学 2011 年博士学位论文，第 69 页。

② 参见 Roy Goode, Rule, Practice, and Pragmatism in Transnational Commercial Law, *54 International and Comparative Law Quarterly,* pp.539,548(2005)。

③ 参见 Byan Garner ed., *Black Law Dictionary (10th edition)*, West Publishing, 2014, p.18c。

④ Joseph M Perillo, Unidroit Principles of International Commercial Contracts: The Black Letter Text and a Review, 63 *Fordham Law Review*, p.281 (1994)。

⑤ 参见 ICC International Court of Arbitration, Paris, Arbitral Award No 8873, dated July 1997, available at :http://www.unilex.info/case.cfm?pid=2&do=case&id=641&step=Abstract［2019-6-22 last visited］. See also ICC International Court of Arbitration, Rome, Arbitral Award No 9029, dated March 1998, available at: http://www.unilex.info/case.cfm?pid=2&id=660&do=case.［2019-6-22 last visited］。

件限制，这显然与CISG第63条的规定存在明显冲突，根据CISG第63条的规定买方通常具有一定时间的宽限期履行金钱支付义务，而且一旦卖方采取了与直接要求支付金钱相违背的救济方式，买方支付金钱的义务就可能被免除掉了（当然买方如果违约后，支付违约金的义务除外），这些都构成了要求支付金钱义务的外在限制。此外，第7.2.1条也没有说明这种支付金钱的义务是来自于销售货物的货款还是违约后的赔偿金，那么在不同知识背景下的裁判者肯定会得出不同的结论。① 对此，有学者试图通过一种自治的解释方法对该条的真实含义进行阐明，然而其解释的过程中还是借助了德国国内法以及英国国内法的规则，将支付金钱的义务的概念范围限缩性解读为“支付赔偿金或违约金的义务”，通过这种方才解决了前述问题。②

最后，如果将UPICC作为一般法律原则，必须要解决其与类似的法律文件之间相互冲突的问题。至少在欧洲就存在与UPICC功能和形式完全一致的《欧洲合同法原则》（Principles of European Contract Law，PECL），虽然两个文件的起草者都极力否认，但事实是这两者之间肯定存在着竞争。③ 可以想见，未来如果在某个具体的制度上出现冲突，究竟哪个规则体系能够真正代表一般法律原则将成为一个复杂而棘手的问题。

虽然笔者认为UPICC本身不能与一般法律原则划等号，但笔者并不否认可以使用UPICC中的具体条款作为寻找一般法律原则的证据。正如《国际法院规约》第38条没有将判例、权威学者的学说以及国际组织的决议当作国际法的渊源，但却可以将这些文件作为证明国际法存在的证据那样。④ 在裁判者进行说理时完全可以将UPICC中的条款当作一般法律原则存在的证据或依据支持相应的论证。例如在国际商会第7110号裁决中，仲裁庭使

---

① 参见 Ingeborg Schwenzer, Specific Performance and Damages According to the 1994 UNIDROIT Principles of International Commercial Contracts, 1*European Journal of Law Reform*, pp.294,295(1998)。

② 参见 Maren Heidemann, Methodology of Uniform Contract Law: The UNIDROIT Principles in International Legal Doctrine and Practice, Spinger Verlag, 2007, pp.63-72。

③ 参见 Roy Goode, Herbert Kronke, Ewan McKendrick, *Transnational Commercial Law (2nd edition)*, Oxford University Press, 2015, pp.467-468。

④ 参见王铁崖:《国际法引论》，北京大学出版社2000年版，第23页。

用UPICC中的7.4.8条解释“以契约未履行为理由的异议”(exceptio non adimpleti contractus)，明确将第7.4.8条中的规定作为一般法律原则的表现形式和适用依据。但同时仲裁庭也断然否决了UPICC第6.2.1条、6.2.2条和6.2.3条的规定构成一般法律原则的主张。[①] 换句话说，UPICC中的规则不是每一条都具有一般法律原则的性质，不过裁判者可以考虑对UPICC中的规定进行提炼升华，并以之作为发现一般法律原则的说理性工具进行适用。

第二节 UPICC的法律适用路径分析

通过上文的分析可知，UPICC本身是一套带有示范法性质的法律重述，对当事人以及裁判机构并无直接的法律约束力。但是，没有法律约束力并不意味着不能在裁判机构作出裁决的过程中发挥重要的法律功能和作用，在此过程中，必须对产生裁判功能和作用的路径进行深入的分析。目前在我国，对于UPICC的内容解读显得比较随意，不同裁判人往往会根据个人的偏好和理解去应用UPICC中的规则。[②] 此外，从整体上看我国法院对于UPICC

① 参见ICC Award No. 7110, 10 ICC Bull. No. 2, 1999, at 1029 et seq. available at: https://www.trans-lex.org/ 207110/_/icc-award-no-7110-10-icc-bull-no-2-1999-at-1029-et-seq/#toc_0 [2019-7-21 last visited]。

② 例如在“谢昊与刘孝勇民间借贷纠纷上诉案”(2015渝二中法民终字第1980号）中主审法官主动根据UPICC中3.2.6条的规定，认为只有当事人在受到胁迫无其他合理选择的情况下，有胁迫行为的一方的当事人的行为才构成胁迫。这在很大程度上修正了我国《民通意见》第69条中只要胁迫行为和受胁迫一方的意思表示之间有因果联系就构成民法上的胁迫的认定标准。在该案件中法官指出刘孝勇只是尾随谭冉，不足以迫使谢昊做出不真实的意思表示，因此驳回了谢昊的上诉。然而在“中国人民财产保险股份有限公司汕头市分公司与张育标保险纠纷二审民事判决书”(2015汕中法民二终字第125号）中，法院对于UPICC中第2.1.19条的规定根据我国《合同法》进行了限缩性的解读，将2.1.19条中的标准条款“使用时”缩小为“谈判时”，从而判决驳回了保险公司的免责主张。此外，我国法院甚至在援引UPICC规定时出现了条文引用的明显错误，在“山东省高唐蓝山集团总公司与周致正网络购物合同纠纷案”中（2016浙01民终5328号），人民法院援引UPICC的规定指出“欺诈行为是意欲诱导对方犯错误，并因此从对方的损失中获益的行为，”将获益作为欺诈行为成立的构成要件，然而UPICC第3.2.5条完全没有此要求。

的适用态度呈现出保守的状况，在裁判文书中很少直接将UPICC作为裁判依据，更不会在说理中明确阐释UPICC和我国《合同法》以及相关司法解释的关系。以上这些证据表明，我国法院对于UPICC的内容理解还处于一种相对肤浅的状态，对于如何适用UPICC的方法界定也并不清楚。这直接导致在司法实务中对于UPICC的适用呈现一种禁忌的状况。[①] 然而在学理上，国内学界对UPICC又显得有些过于迷信，认为UPICC是解释相关国际法甚至国内法律最为重要的依据，裁判机关应当直接参考并根据UPICC的规定进行裁决。笔者认为，上述两种倾向都未必正确，UPICC丰富的内容以及其中凝聚法学家的智慧结晶显然应当成为我国法院裁判时的重要素材，然而似乎也不应当将这种示范性规则过度神化。总之，应当理性且合理地构建这种规则在我国的适用地位和路径：

一、适用非国家规则（a-national rules）的合法性分析

传统法律观点认为，只有国家才是法律规则的制定者。因为国家作为主权者具有至高无上的权力，当然应当管辖与其相关的商事交易。这种观念的表现形式之一就是法律规则的“规范层次”。[②] 这种观念在大陆法系国家尤为根深蒂固，各种类型的法律必须按照其效力来源进行有序排列，以达到国内法法制统一的效果。在此理念下非国家制定的规则由于没有权力效力来源，因此就失去了在国家法制体系下存在的空间和前提。

然而在国际商事合同的语境下，上述观念似乎与合同的客观要求相矛盾。根据法律史学者的考证，主权观念缘起于古罗马外事裁判官的法律格言“掌控土地者便是王”（Uti possidetis ita possideatis）。[③] 这是因为在古罗马时期的生产方式下，人被牢牢的限制在土地之上，任何法律行为都要依托于

① 笔者通过“中国裁判文书网”进行查询，发现国内各级人民法院在裁决书中直接援引UPICC的案件只有五例（执行境外仲裁裁决的案件除外）。

② Gunther Teubner, Breaking Frames Economic Globalization and the Emergence of lex mercatoria, 5 *European Journal of Social Theory*, pp.199, 206 (2002).

③ 参见 Malcolm N. Shaw, The Heritage of States: The Principle of Uti Possidetis Juris Today, 67 *British Yearbook of International Law*, pp.75,77(1997)。

土地。现代商事交易基本上已经脱离了土地的约束，任何交易都以活动的人展开，在此背景下，要求以人为中心的自治性规则的需求就显现了出来。此外，日益复杂的商事交易从客观上要求独立于国家政治表达的独立规则建构模式。在此思路下，有学者提出要打破国家的政治与地理边界，建立完全独立自治的规则制度的主张。① 随后有学者进一步对这种思路加以论证，例如有学者指出，在国际商业交易空间中，由于交易者对于交易的高度参与（high engagement），导致国家权力不应过分介入到商事交易的规则制定之中。② 在商事交易的无知之幕下，交换正义的重要意义远远大于分配正义，③ 在此背景下，商事交易当事人会自发形成互利对等的交易基本模型，国家作为分配规则制定者的意义将大大减少。④

总之，强调非国家规则具有法律效力和法律渊源地位的学者认为在国际商事交易领域一种新的规则体系正在形成，这种新的法律体系的作用区域是基于"隐形的职业共同体"以及"共同的国际市场"之上的，即使是原来依靠国家强制力的法律执行机制也随着国际仲裁的发展而逐渐脱离开国家机器，这就从本质上促进了一个不依赖于国家主权的新的全球自治法律体系的出现。⑤

笔者认为，上述观点虽然无比正确，但是只能证明作为非国家制定的商事规则的 UPICC 通过其内部规则的说服力，可以在国际商事裁判中予以适

---

① 参见 Gunter Teubner, Global Bukowina: Legal Pluralism in the World Society, in Gunter Teubner ed.,*Global Law without a state*, Dartmouth Publishing, 1997, pp.25-30。

② 参见 Bryan Druzin, Law Without The State: The Theory of High Engagement and the Emergence of Spontaneous Legal Order Within Commercial Systems, 41 *Georgetown Journal of International Law.* 584, 586 (2010)。

③ 参见关于交换正义和分配正义的概念可以参见许尚豪：《交换的正义与分配的正义——纠纷解决途径的正当性基础解读》，《法学家》2007 年第 5 期。

④ 参见 Bryan Druzin, Anarchy, Order, and Trade: A Structuralist Account of Why a Global Commercial Legal Order is Emerging, 47 *Vanderbilt Journal of Transnational Law*, pp.1085, 1086 (2014)。

⑤ 参见 Hans-Joachim Mertens, Lex Mercatoria: A Self-applying System Beyond National Law? in Gunther Teubner ed., *Global Law without a State*, Dartmouth Publishing, 1997, pp.31-40.also see: Peer Zumbansen, Transnational Private Regulatory Governance: Ambiguities of Public Authority and Private Power, 76 *Law and Contemporary Problems*, pp.121,138(2013)。

用的盖然性。该理论没有从根本上解决裁判机关适用这类规则的必然性何在的问题，显而易见的是“可能”并不等于“必须”，而“必须”是 UPICC 取得独立于国内法适用地位的根本前提。笔者认为从总体上看 UPICC 完全不能在国际商事交易的争端裁判中取代国内法的地位，理由如下：

第一，前述理论忽略了法律除了要依靠国家政权的强制力保障以外，还代表着国家信用与法律形象。一个国家法律信用与国际形象越好，这个国家的法律就越可能得到国际商事交易当事人的青睐。反过来，当一个国家的法律被越来越多的商事交易当事人采用，这个国家的法治形象和法律的国际影响力就会相应提高，同时也会促进这个国家法律服务如诉讼、仲裁等行业的发展。换言之，国家的制定法的优劣在很大程度上决定了一个国家的制度竞争力的强弱。在此可以以货币信用作类比，随着信息技术的发展，新型的电子虚拟货币（如比特币）出现后大大发展，这种货币的发行和国家权力没有任何联系，但这丝毫没有影响美国放弃美元主导的国际货币体制，这是因为货币代表着美国信用和形象，也会给美国从现有国际经济体制的合作中带来无穷无尽的好处。[①] 同理，站在我国的立场上，如果过分拔高 UPICC 这种非国家制定规则的适用地位，甚至赋予其排他性以及超越我国国内法的适用地位，可能给当事人一种我国对自己法律都不自信的负面暗示，同时对我国查明外国法律的能力建设具有一定程度的阻碍作用。根据国外已有的经验，一个国家的法律在国际争端中适用的越多客观上会加大该法律的国际影响力，国家法律影响力加大反过来就会促进该国法律服务业的影响力。[②] 如果我国裁判机构过多地适用 UPICC 这种“非国内规则”，无形之中会给当事人一种我国裁判机构都对我国法律信心不足的心理暗示。这显然不利于我国法律制

① 参见 Benn Steil, Manuel Hinds, *Money, markets, and sovereignty,* Yale University Press, 2009, pp.211-235。

② 例如美国特拉华州的公司法在很大程度上帮助特拉华州获得了美国州与州之间的优势竞争地位，根据统计有一半以上的美国大型公司选择特拉华州的法律作为公司成立的准据法，同时特拉华州的公司法以及与公司法有关的合同法在美国各州法院频繁地被适用，这极大地促进了特拉华州相关的公司法法律服务产业的发展，根据美国学者的统计，在美国几乎五分之四的公司法律服务机构都与特拉华州有关。See Ehud Kamar, A Regulatory Competition Theory of Indeterminacy in Corporate Law, 98 *Columbia Law Review,* pp.1908, 1910 (1998)。

度和司法服务在国际层面的口碑，对我国成为“一带一路”的法律服务中心显然会产生负面作用。

第二，国家制定的法律不但代表国家的公信力，而且还代表着一种立法的民主过程。德国著名国际商法专家伯格指出对于 UPICC 这类非国家规则，证成合法性时一个最大的反对声音缘起于没有经过充分的民主程序，所以没有充分平衡各个国家和各个利害关系群体的合理诉求，这在很大程度上会减损国际商事交易的公共福利（bonum commune）。由于缺乏民主程序，导致规则制定成为起草工作组将国际规则的制定限缩为“需要和可能”之间的权衡，结果最终的规则就成为提取起草工作小组意见“公因数”的过程；此外，与国际商会制定……规则时不同，UPICC 的工作起草小组也基本没有听取贸易实务工作者的意见。[①] 以 UPICC2016 年版的工作组专家为例，工作理事会的 26 名人员组成只有五人来自发展中国家，分别是中国、墨西哥、巴拉圭以及哥伦比亚，比例虽小不过尚且可以接受。但是，更为重要的条文起草工作组的九人专家名单中，却没有任何成员来自发展中国家，甚至来自于英美法系国家的专家都比较少，只有三人。[②] 这种状况显示出大陆法系和发达国家对 UPICC 制定话语权的绝对掌控。而且九人组成名单中全部为法律专家，没有一个从事贸易的实务专家。这种人员组成及其知识背景从客观上决定了 UPICC 的制定过程与其普遍适用的目的之间的巨大反差。

综上，笔者发现 UPICC 作为非国家制定的规则，在裁判过程中予以适用是完全可能和合法的。但从国家立场角度看，“可以适用”以及“可能适用”并不代表裁判机构要承担当然适用的义务。裁判机构必须在事前认识到这套规则适用可能带来的不利后果以及这套规则本身的局限性、在充分权衡后根据合理的适用路径对这类规则进行审慎和可控的适用。

---

① 参见 Klaus Peter Berger, *The Creeping Codification of Lex Mercatoria (2nd edition)*, Kluwer International, 2010, pp.89-91。

② 分别是来自美国的 Neil Cohen、澳大利亚的 Paul Finn 以及来自英国的 Sir Vivian Ramsey。

二、当事人自治与 UPICC 适用

当事人意思自治源自合同缔约自由原则，其原理是当事人是自己利益的最大判断者，因此当事人有权对合同的内容赋予他们想追求的意义，其中当然包括对准据法的选择。① 当事人自治不但能够赋予合同以生命力，而且是增强合同经济效益和确定性的最佳路径。② 然而，传统国际私法理论对当事人选择准据法仍然有很大的限制，例如欧盟《罗马条例 I》第 3 条规定，当事人只能明示选择国家制定法作为他们之间法律关系的准据法，非国家制定的规则不能被认为是有效的准据法选择。虽然欧盟一直试图对该条进行灵活解释，但在正式的议案通过之前这样的做法显然空间有限。③ 欧盟的上述规定在很大程度上受到了传统国际法理论既得权思想以及国际礼让学说的影响。在这种学说支配下，法官认为其之所以适用外国法的根本原因在于对外国主权者赋予当事人权利的一种尊重，而不是尊重当事人在交易中表现出的意志（即当事人的意思自治）。④

我国的法律体系似乎没有受到欧洲这种保守思维的限制，虽然我国《涉外民事关系法律适用法》第 3 条也仅仅规定当事人可以明示选择涉外民事关系适用的“法律”，并没有把“规则”纳入可选范围；但是，最高人民法院《关于适用〈中华人民共和国涉外民事关系法律适用法〉若干问题的解释（一）》第 9 条的规定：“当事人在合同中援引尚未对中华人民共和国生效的国际条约的，人民法院可以根据该国际条约的内容确定当事人之间的权利义务”。虽然该条指向的是国际条约，不过该条明确规定是“尚未对我国生效的国际条约”。也就是说，一项对中国没有法律约束力的文件也可以成为当事人意思自治的选择对象。最高院的这个司法解释隐含的意图在于尊重当事人的意

① 参见 Ana M. López-Rodríguez, New Arbitration Acts in Denmark and Spain The Application of Transnational Rules to the Merits of the Dispute, 23 *Journal of International Arbitration*, pp.125, 127 (2006)。

② 参见 Peter Nygh, *Autonomy in International Contracts*, Oxford University Press, 1999, pp.2-10。

③ 参见 Maren Heidemann, *Does International Trade Need a Doctrine of Transnational Law? Some Thoughts at the Launch of a European Contract Law*, Springer Verlag, 2012, p.29。

④ 参见方杰：《荷属“国际礼让说”》，《河北法学》2013 年第 5 期。

思自治，对于当事人选择法律应作尽量扩张性解释。法院对于国际商事交易中当事人的准据法选择理应给予一种“自由放任”（laissez-faire）的态度，只要是当事人的真实意思表示，选择的规则能够确定当事人的权利和义务，不论是我国还没有加入的国际条约，抑或是国际惯例、示范性规则，法院就应当予以尊重并适用之。[①] 在这个意义上，没有法律约束力的 UPICC 当然可以成为当事人的选择对象。但是，该选择必须明示，且不得违反我国公共利益以及法律行政法规的强制性规定。

在仲裁方面，我国现存制度存在的问题相对突显。《中国国际经贸仲裁委员会仲裁规则》第 49 条第 1 款规定：“仲裁庭应当根据事实和合同约定，依照法律规定，参考国际惯例，公平合理、独立公正地作出裁决”。其中只规定“合同约定”和“法律规定”是仲裁庭裁判的依据。在当事人明示选择了 UPICC 这类非国家制定的规则作为准据法时，不同仲裁员很可能会有不同的理解。一种理解是：既然仲裁员要依据合同的约定进行裁决，那么在当事人明示选择 UPICC 的情况下，UPICC 的所有规定就应当被视为合同约定的条款。另一种理解是：第 49 条第 1 款后半句明确规定仲裁庭只能“依照法律”作出裁决，而 UIPICC 显然不是法律，承前文所述似乎也不是可以“参考”的商事惯例。此外，该规则第 49 条第 2 款对 UPICC 的适用也有阻碍作用，该款规定：“当事人对于案件实体适用法有约定的，从其约定”。从字面解释看，强调是“实体适用法”，显然排除了 UPICC 这种不具有法律性质的规则的适用可能。相比之下，《联合国仲裁示范法》第 28 条的规定非常清晰明了，该条规定仲裁庭应按照当事人各方选择的“实体法律规则”作出决定，其中“规则”一词的使用当然把 UPICC 这类规则纳入到仲裁庭可以适用范围内。不过，在实践中，我国对于境外仲裁机构适用 UPICC 进行裁决的案件基本持包容和支持态度。[②] 因此，建议考虑对我国主要仲裁机构的仲裁规则以《联合国仲裁示范法》为模板进行适度调整。

进一步讲，如果当事人没有在合同中明示选择适用 UPICC，而是以类

---

① 参见许军珂：《当事人意思自治原则对法院适用国际条约的影响》，《法学》2014 年第 2 期。

② 参见（2013）韶中法民三认字第 1 号。

似“一般法律原则”、“商人法”以及“商事惯例”这类模糊的表述进行准据法选择时，我国法院是否可以直接适用UPICC？虽然UPICC在序言中明确规定在此种情况下可以直接适用其规定，然而笔者认为这只是罗马统一私法协会单方面的希望，需要我国国内法的相应对接性规定才具有法律效力。在此情形下，是否适用UPICC应当是一个立法技术和立法选择的问题，笔者从学术中立的态度出发对此不加评判。不过建议我国立法机关如果认可UPICC的内容和规定，就应明确规定裁判机构应当直接依据UPICC做出裁决；否则，宜直接禁止裁判机构恣意适用之。这样做有助于统一司法机构的裁判标准，增强国际商事合同的确定性和可预测性。①

三、法律续造的需要

法律的续造这一概念是德国著名法学家卡尔·拉伦茨（Karl Larenz）提出的法律方法学说。该学说的理论基础在于承认成文法的不足与漏洞，要求法官在进行裁判时主动利用法律工具对这种漏洞进行补充和修葺。拉伦茨将法律的续造分为法律内的续造和超越法律的续造，其中前者是在法律的字面含义进行填补，事实上等同于法律的解释；而后者则是为了实现法律的目的，超越法律的字面含义对法律的一种发展。②法律续造的价值在于当裁判者面临一个真实案件时，如果已有的成文法规则对此出现空白或者规定明显不合理，法官可以能动地发现在这个案件中应适用的规则。如果该规则可以通过解释已有成文法的基础得出，则属于“法律内的续造”；如果超越了法律本身的规定、对法律进行了修正，就属于“超越法律的续造”。

无论何种续造类型均要求裁判者在进行说理时根据一定的规范证明自己的观点，此时，具有权威性的UPICC作为罗马统一私法协会制定的规则体系显然可能成为这种工具。我国台湾地区学者陈自强曾指出：“作为

---

① 参见 Gilles Cuniberti, Three Theories of Lex Mercatoria, 52 *Columbia Journal of Transnational Law*, pp.421,423(2014)。

② 参见［德］卡尔·拉伦茨：《法律方法论》，陈爱娥译，商务印书馆2003年版，第246—300页。

国际组织或团体所形成之法则、规则或原理原则亦可能作为具有说服力之法律观点，成为法律发现素材，在国际具有崇高地位之UPICC，自不在话下。UPICC任何个别规定只要有说服力，能通过法律论证过程之检证，且尚未发现与法律体系法律原理及价值判断有矛盾冲突之处，则未始不得作为法律发现法源。”① 例如在国际货物买卖中，在支付价款陷入延迟或者延迟支付违约金时，CISG第78条规定了交易当事人有收取利息的权利，但该条没有规定利率的计算方法。裁判机构就需要在法律内寻找补充这种缺失的依据。那么裁判机构经常在使用UPICC第7.4.9条的规定确定具体利率的计算方法。② 笔者认为，裁判者使用的这种在法律的框架内寻找具体裁判的依据的方法就属于典型的以UPICC为工具进行“法律内续造”的过程。

至于“超越法律的续造”的情况，裁判机构通常比较谨慎，只有在比较极端的情况下才会考虑使用。比较典型的案例是根据伊斯兰国家的法律禁止通过金钱交易收取利息尤其是复利，在伊斯兰法中被称为“禁止里巴”（prohibition of riba），其中“里巴”是从阿拉伯语动词“ىبر”音译过来的，这个动词的含义是“增加”。根据伊斯兰教教义，真主不喜悦对别人收取利息的信徒，如果信仰伊斯兰教的商人为了增进自己的财利而强收利息将会导致真主的愤怒。③ 伊斯兰国家的法学家对该教义进行了现代法语境下的证成：其一，用金钱交易获取更多的金钱会使得富人得以加倍剥削穷人。其二，金钱交易将会使货币陷入不稳定的状态。其三，金钱交易的买空卖空模式会使人愈发贪婪，囤积居奇以至于大众生活必需品的短缺。④ 然而，伊斯兰国家的这种法律规定在国际商事交易中可能不大受欢迎，一些仲裁员和学者认为这类规则过于具有“异国情调”（exotic）和“难以适用”，此时就可以使用

① 陈自强：《联合国商事契约通则在契约法中之地位》，《台大法学论丛》2010年第3期。

② 参见ICC Arbitration Case No. 8128 of 1995 (Chemical fertilizer case); ICC Arbitration Case No. 8769 of December 1996; ICC Arbitration Case No. 8908 of December 1998。

③ 参见《古兰经》第3：130节以及30：39节的经文。

④ 参见Mahmoud A. El-Gamal, *Islamic Finance Law, Economics, and Practice,* Cambridge University Press, 2006, p.50。

UPICC 替换伊斯兰国家作为准据法时客观存在的这些规则。[①]

需要特别注意的是，有学者将 UPICC 作为解释其他法律文件（如 CISG）的唯一渊源，该论点的依据是根据 CISG 第 7 条的规定，UPICC 从总体上构成了统一的一般法律原则，他们先验地认为 UPICC 与 CISG 之间是一脉相承的关系。[②] 笔者认为这种观点只在个别具体制度上具有可验证性，从整体看没有任何证据能够证明这两者具有天然的关联性。[③]UPICC 之所以能对 CISG 进行解释，完全是裁判者在进行法律推理时的主观需要而将这两个法律文件联系起来。没有任何证据能够证明 UPICC 是解释 CISG 或其他法律文件唯一依据。在实践中解释 CISG 条款的含义时，完全可以根据该公约的其他规定进行解释，比如根据该公约第 8 条的规定："一方当事人所作的声明和其他行为，应依照他的意旨解释，在确定一方当事人的意旨或一个通情达理的人应有的理解时，应适当地考虑到与事实有关的一切情况，包括谈判情形、当事人之间确立的任何习惯做法、惯例和当事人其后的任何行为"。如果在对 CISG 条文进行解释时跳跃了第 8 条的规定而直接使用 UPICC 的规则进行解释，反倒可能是对 CISG 精神的错误解读。更何况 CISG 第 7.2 条也有指向国内法的解决方案。从此观察点出发，我们不难得出在填补 CISG 等法律文件的漏洞或进行解释时，UPICC 并不是唯一的依据；换言之，在司法裁判的过程中，不能将 UPICC 直接作为对 CISG 进行法律填补的工具。[④]

总之，在适用 UPICC 这种法律文件时，不能先验地认为这种法律文件

---

① 参见 Ana M. López-Rodríguez, *Lex Mercatoria and Harmonization of Contract Law in the EU*, DJOF Publishing, 2003, pp.184-185。

② 参见左海聪、杨梦莎：《论〈国际商事合同通则〉解释补充〈联合国国际货物销售合同公约〉之功能——以损害赔偿制度为例》，《比较法研究》2016 年第 1 期。

③ 参见 R. Herber, lex mercatoria und Principles-Gefahrliche Irricher im internationalen kaufrecht, 3 *internationalen Handelsrecht*, pp.7,9(2003)。

④ 参见 Maren Heidemann, Object and Purpose as Interpretation Tool in International Commercial Law Conventions: How to Make the 'Top Down Approach' Work, in Maren Heidemann, Joseph Lee ed., *The Future of the Commercial Contract in Scholarship and Law Reform: European and Comparative Perspectives*, Springer Verlag, 2018, p.412。

是唯一的裁判准则，相对于其他国际条约甚至国内法，UPICC 并无任何天然的优势。应当将 UPICC 与其他法律文件放入一个公平的“竞技场”中比较各自的优势，选取最为合适的规则进行裁判。① 在此思路指引下使用 UPICC 作为法律续造工具时，裁判者必须时刻提醒自己坚持以下几种认知：第一，UPICC 只能是解释其他法律文件，如 CISG 按照统一的一般法律原则进行解释时的备选工具之一；第二，UPICC 中的一些规则可能具有公认的一般法律原则性质，作为一个整体的法律文件并不具有全面的准据法性质；第三，在进行法律续造的过程中，裁判者可以将 UPICC 作为一种法律参考依据和说理文件，不能因为适用了 UPICC 就排除了其他法律文件比较适用的可能。

第三节　UPICC 的适用新思路建构

综合前文的论述，我们可以清楚地认识到，UPICC 是一种带有法律重述性质的示范法文件。从非国家性和当事人自愿适用的角度看，可以将其归入国际自治性商事规则之中，但从本质上看这种规则与狭义上的国际商事惯例有着根本性的区别。此外，从整体上看，这部法律文件不能等同于一般法律原则，不过这并不排除其中的一些具体规则可能反映了某些一般法律原则。

笔者认为，必须对 UPICC 的功能进行理性的认知，UPICC 虽然不能单独作为一种法律渊源由裁判机构主动直接予以适用（当事人明示选择的除外），可是这种规则仍然能够在裁判中发挥重要的说理和参考功能。在适用该规则时应遵循以下思路：

第一，当事人明示选择 UPICC 时，UPICC 可以适用。当事人在合同中明示选择 UPICC 作为准据法的，在不违反我国公共政策以及我国法律、行政法规强制性规定的大前提下，可以考虑根据尊重当事人意思自治原则适

---

① 参见 Maren Heidemann, Methodology of Uniform Contract Law – The UNIDROIT Principles as a Source of Law, 18 *European Business Law Review*, pp.760,762(2007)。

用 UPICC。在实践中，2013 年罗马统一私法协会发布了一系列适用 UPICC 的标准合同，其中对于 UPICC 的选择方式有三种类型："其一，排他性适用 UPICC 的规定。其二，主要适用 UPICC 的规定并以某国内法为补充。其三，主要适用UPICC的规定并以其他一般法律原则为补充。"① 如果合同中出现诸如此类的明示选择，则裁判机构应按照当事人选择予以适用。

第二，当事人明示授权裁判机构进行友好裁判时，可以考虑适用 UPICC 的规定。所谓友好裁判是指当事人明示授权仲裁机构按照"公允善良"的原则（ex aequo et bono）进行裁判时，仲裁机构可以不按照法律规则，而是以一种相对灵活的方式解决争端。在出现这种情况时，裁判机构可以考虑根据 UPICC 的规则进行裁决，目前国外已有相应的仲裁机构采取了上述做法。②

第三，在当事人没有明示选择的情况下，裁判机构应当极为慎重地考虑，而不是直接适用 UPICC 的规定进行裁判。美国著名国际私法学者弗里德里希·荣格就曾经在给《俄罗斯联邦民法典》草案的建议稿中建议在当事人没有选择合同准据法的情况下直接规定适用 UPICC 的规定③。但他的建议似乎没有得到俄罗斯政府采纳。欧盟在修改《罗马条例》时也有此种动议，但最终该方案同样没有获得通过。④

第四，裁判者在适用法律时可以以 UPICC 为依据强化说理。UPICC 作为一个不具有约束力的法律文件，不能在法律真空中发挥作用，⑤ 因此在大多数情况下这种规则必须依托国内成文法或者具有法律效力的国际统一法文

---

① Michael Joachim Bonell, The law governing international commercial contracts and the actual role of the UNIDROIT Principles, 23 *Uniform Law Review*.15,30 (2018).

② 参见 Seller (Liechtenstein) v First Buyer (Spain), Final Award, ICC Case No. 13009, in Albert Jan van den Berg (ed), *Yearbook Commercial Arbitration 2011*, Vol. 36, Kluwer Law International 2011, pp.70-95。

③ 参见 Friedrich K. Juenger, The Lex Mercatoria and Private International Law, 60 *Louisiana Law Reviews*, p.1148 (2000)。

④ 参见宋阳：《国际商法与国内法关系问题研究》，法律出版社 2016 年版，第 218 页。

⑤ 参见 Massimo Benedettelli, Applying the UNIDROIT Principles in International Arbitration: An Exercise in Conflicts, 33 *Journal of International Arbitration,* pp.680,685(2016)。

件之规定发挥其说服功能。具体行为模式是裁判者在适用某个法律条文时完全可以同时依据 UPICC 的规定强化他的论证观点。

第五，裁判者以 UPICC 为工具对法律续造。当法律出现模糊或者空白时，裁判者可以根据 UPICC 的规定作为说理根据对法律规定进行解释和填补。在此过程中需要谨记 UPICC 不具有法律约束力，仅是一种参考文件和说理依据，因此对 UPICC 的援引不能取代裁判者的说理过程。而且 UPICC 不具有排他性，当出现与 UPICC 矛盾或不一致的规则可能适用时，裁判者必须进行理性的权衡并给出令人信服的理由才能适用 UPICC 的规定。对于根据 UPICC 的规定超越法律、对法律进行事实上的修改更应当谨慎地予以严格限制。

第四节 宽严有别：UPICC 规则适用和裁决执行的立场

UPICC 的权威性不容置疑，但这并不意味着我国裁判机构在裁判时必须无条件地适用该规则，更不能认为这种规则具有类似 CISG 的排他适用法律性质。除去公共秩序以及法律、法规的强制性规定的限制以外，必须审慎地对其性质以及具体规则进行研究。尤其是在当事人没有明示选择 UPICC 时，更应当根据该规则的实际功能和具体规定通过合法、合理的路径将 UPICC 与其他法律文件相互配合、协调一致的适用。要注意善于运用 UPICC 规则的说理功能，理性和辩证地分析具体规则地适用前提和适用后果，最终达到科学、准确、合理的适用效果。在此基础上，为对外树立我国良好的法治形象、改善营商环境的根本政策目标服务。然而，对于国外裁判机构（尤其是国外仲裁机构）依据 UPICC 做出的民商事裁决，笔者建议采取相对于国内裁判机构更为宽容的态度，不宜以适用实体法违反我国法律规定为由，拒绝承认和执行外国依据 UPICC 所作出的裁判和裁决。

代结论

从信仰到实践：构建科学务实的国际商事惯例适用制度

随着国际商事交往的日益深入，国际商事惯例成为国际商法必须深入研究的议题。但是学界对国际商事惯例的理解似乎有将其引入神秘主义境地的嫌疑。有些学者似乎相信国际商事惯例是国际商法制度建立的根本基石，是统一各国商事立法的“万能药”。其理论根据在于中世纪时期商人之间依然能够形成有效的交易规则体系，并通过商人的“灰脚法庭”自治地解决商人之间的争议。因此，在经济全球化的今天，面对各国商人需要统一的商事交易法律制度体系的诉求，世界各国的立法者和司法者应当试图重新发现商法的国际性，通过发现商人之间自发形成的习惯性规范实现建立统一的商事交易规则体系的根本目的。然而笔者发现这种理论严重缺乏实证基础和具体的实现路径，是一种从概念到概念的形而上学的法律方法。在这种似是而非的认知前提下，就将国际商事惯例适用地位人为拔高的立场是“自治国际商法理论”遭到相关学者和实务界强烈抵制的根本原因。面对此问题，本课题试图从司法实践出发，构建切实可行的国际商事惯例的性质定位和适用方法，并提出了在理解和适用国际商事惯例时的如下发现：

第一，从概念上看，对于国际商事惯例的认知应当从语境论的角度观察和认识。从既有的国内法看，国际商事惯例应当是在某个具体的行业内，从事同类交易的当事人自发形成的习惯性规则。这种规则是带有明显的行业性、辅助性的规则，所以不能独立成为调整国际商事交易的准据法。然而，随着国际商事交易日趋深入，特别是随着国际仲裁行业的发展以及仲裁制度的不断创新，国际商事惯例的概念发生了扩张性发展。在比较各国国内法基础上产生的具有体系性的“跨国法规则”正在被国际商事仲裁适用。所以，应当注意根据语境的不同正确使用国际商事惯例这个概念。如果是在国内法院的司法情境下，通常表达的含义是带有辅助性的行业性交易惯例，是为“狭义”概念；但如果在国际商事仲裁或者国际商法发展语境下，则可能指的就是通过比较各国国内法所人为创造出来的带有一般法律原则性质的“跨国法规则”，是为“广义”概念。

第二，从法律发展的角度看，无论在何种意义、何种语境下观察国际商事惯例这个概念，都无法得出其完全独立于国家制定法而成为“第三类法律制度体系”的结论。国际商事惯例之所以在中世纪时期能够发挥调整商人之间的交易行为的作用，不过是因为当时商业法律制度的供给不足，在此背景下，商人不得已接受的次优选择。然而这并不意味着国际商事惯例在现如今不能发挥任何法律作用，只是我们不应当过分迷信国际商事惯例这个法律渊源，认为国际商法的所有制度都应当建立在其基础之上。

第三，本课题通过大量案例的实证研究发现，如果从广义的角度使用国际商事惯例这个概念，那么在国际商事仲裁中当事人对适用该自治性的商事规则（即国际商事惯例）并无特别明显的偏好。相反，在法律选择的过程中，当事人更乐于接受成文法规则。这就从根本上否定了国际商事惯例在适用层面上应当整体性地优于成文法的成见。裁判者在适用国际商事惯例的过程中，应当努力与国内法呈现出良好的互动，而不应先验地认为国际商事惯例应当优先于成文法予以适用。

第四，本课题研究和探讨了国际商事惯例的约束力来源。笔者发现，作为在商人群体中自发产生的规则，国际商事惯例的约束力既不是来自当事人自身的“义务感”，也不是来自于交易相对方的可推定的预期，而是来自于某个具体商业群体在从事具体的商事交易过程中对商事惯例形成的一种默示的信赖。这种信赖的客观表达方式则是大多数非案件当事方的“相关商业群体”（relevant commercial community）成员对于违反商事惯例行为的一种抵制和非难的情感态度。在能够认定大多数“相关商业群体”成员对某个成员违反商事惯例的行为抱有厌恶、排斥和抵制的态度时，一般就可以认定这种国际商事惯例对“相关商业群体”成员是有法律约束力的。

第五，国际商事惯例本身是一个动态发展的法律范畴，因此试图将国际商事惯例的内容固定化、成文化的想法既不切实际，也没有太大意义。必须构建起识别以及发现国际商事惯例存在的科学、具体的方法才可能正确地适用国际商事惯例。通过梳理国外典型案例，可以确认国际商事惯例的存在需要两个方面的控制要素：一曰“重合性多数人行为”（congruent majority conduct）；二曰“批判性反思态度”（critical reflective attitude），其中后者就是国际商事惯例约束力的来源。只有科学地认定了两者的存在，才可能通过科学的推理方法确认国际商事惯例的存在。

第六，确认了国际商事惯例的存在和国际商事惯例对当事人的约束力并不会必然导致在司法裁判的过程中必然适用国际商事惯例。在国际商事仲裁语境下，仲裁员被赋予了充分的自由裁量权以适用其认为适合的准据法规则。但是这并不意味着仲裁员在选择准据法时可以恣意妄为，也不意味着他在进行国际商事仲裁时必然要适用国际商事惯例作为商事交易的准据法。仲裁员在适用准据法时必须对适用规则给出明确和令人信服的理由。在此思路下，在适用国际商事惯例前，仲裁员必须证明客观上的国际商事惯例与具体的涉诉国际商事交易法律关系存在“自然的、更紧密的”实际联系。

第七，本课题以《联合国国际货物销售合同公约》（CISG）为分析工具，具体分析了狭义国际商事惯例中不同类型的国际商事惯例的适用关系和适用层次问题。笔者认为，在法院司法裁判这一“狭义”语境下，国际商事惯例的一项重要功能是还原当事人交易时的真实意图，因此，裁判者不应当把自己的经验和认知以一种“主观视角”的方式带入国际商事惯例的识别和适用过程之中。

第八，随着国际商事交易的日臻成熟，一些实务机构和国际组织正在将具体行业中的商事交易惯例编纂成文。其中非常具有代表性的例子便是国际商会编纂制定的《国际贸易术语解释通则》（Incoterms）。由于这类商事惯例已然成文化，所以很难用确认传统行业商事惯例的两重控制要素——“重合性多数人行为”以及“批判性反思态度”——判断其约束力问题。笔者以《联合国国际货物销售合同公约》（CISG）第 9 条国际商事惯例的约束力为切入点，以《维也纳条约法公约》作为分析工具解释了 CISG 第 9 条的真实含义，进而得出结论：Incoterms 必须在得到当事人明示或者默示承认的前提下才能成为国际商事交易合同的默示条款（implied terms）对当事人产生法律约束力，该约束力一旦产生，将导致 Incoterms 中的规定优于 CISG 和相关国内法的适用效果。

第九，《国际商事合同通则》（UPICC）是没有直接法律约束力的示范法性的规则。在这个意义上，不宜将其归入狭义的法院司法语境下的国际商事惯例，也很难说其本身就是一般法律原则。但是，法院和仲裁机构在进行裁判时完全可以将其作为强化说理的工具，发挥其法律续造的功能。

言及至此，本研究的核心观点似乎已跃然纸面之上：笔者认为，在看待国际商事惯例这个法律范畴时，不应当试图将其神秘化、虚无化地过度拔高。国际商事惯例既不是高高在上神圣不可动摇的金科玉律，更不是神秘莫测的"法律以太"[①]。国际商事惯例是实实在在的、以事实形态的方式存在于具体商事交易中的细微规则，其适用既不是无条件的，也没有任何的先天价值优势，而是和其他法律渊源一样有相应的适用条件和适用范围。笔者构建了一系列具有可操作性和务实性的法律方法和路径以实现国际商事惯例的可识别和可适用，从而把国际商事惯例从不可捉摸、模糊、难以识别的状态转变为清晰、明确和可以适用的实在法律规则体系。当然，在区块链技术的商业交易语境下，由于国际商事交易基于自主的，交易操作代码的规则，整个去中心化的点对点基础使得国家制定的法律所发挥的功能有边缘化的危险。不过这种自发的法律秩序的产生与所谓的国际商事惯例所指向的那种自发法律秩序并不相同。换言之，区块链技术下的国际商事交易的秩序从根本上来说是基于计算机代码和区块链系统下不同主体之间的"互动"、"奖励"与"共识"所形成的自动化制度体系，两者之间并不具有当然的功能等同或者带入关系，更不可以混淆两者之间的明确界限。更何况这种基于代码和代币（tokens）奖励的秩序也不可能完全排斥国家外来力量的干预，完全放任的

---

① "以太"是古希腊哲学家所设想的一种物质，他们认为任何物质的传播都需要在这种物质中进行。笔者借用此概念意图暗喻一些国际商法学者试图将一个完全自治的国际商法体系建立在绝对独立的国际商事惯例基础之上的构想是不切实际的。

自发秩序非常有可能对交易系统产生潜在的威胁。[①] 因此，在笔者看来不存在不受外来干预的自发性规则体系，因此国际商事惯例所形成的秩序也好，区块链的自我支持的系统也罢，都必须在法律的监管和监督下运行才可能发挥调整跨国商业交易主体交易行为的实际功能，实现国际商业交易的良性治理（good governance）。

① 参见 Marcella Atzori, Blockchain technology and decentralized governance: is the state still necessary? 6 *Journal of Governance and Regulation,* pp.46,51(2017)。

参考文献

中文专著类：

[1] 韩德培：《国际私法专论》武汉大学出版社 2004 年版。

[2] 韩德培：《国际私法新论》武汉大学出版社 1997 年版。

[3] 肖永平：《肖永平论冲突法》武汉大学出版社 2003 年版。

[4] 宋晓：《当代国际私法的实体化取向》武汉大学出版社 2003 年版。

[5] 左海聪：《国际商法》法律出版社 2013 年版。

[6] 左海聪：《国际经济法的理论与实践》武汉大学出版社 2003 年版。

[7] 向前：《国际商法自治性研究》，法律出版社 2011 年版。

[8] [英] 克里夫·施米托夫：《国际贸易法文选》，赵秀文译，中国大百科全书出版社 1993 年版。

[9] 郑远民：《现代商人法研究》，法律出版社 2001 年版。

[10] 吴思颖：《国际商事合同统一化：原理、目标与路径》，法律出版社 2011 年版。

[11] 张薇薇：《中世纪商人兴起与法律——11—16 世纪》，北京大学博士学位论文 2005 年。

[12] 许乔茹：《现代商人法之概念与实用》，国立台湾大学硕士学位论文 2011 年。

[13] 柯泽东：《习惯贸易法暨国际商务仲裁》，元照出版公司 2008 年版。

[14] 陈自强：《整合中的契约法》，北京大学出版社 2011 年版。

[15] [美] 哈罗德·伯尔曼：《法律与革命：西方法律传统的形成》，贺卫方等译，中国大百科全书出版社 1993 年版。

[16] [德] 贡塔·托伊布纳:《法律一个自创生系统》,张琪译,北京大学出版社 2004 年版。

[17] 王泽鉴:《民法总则》,法律出版社 2002 年版。

[18] 王泽鉴:《比较法与法律之解释适用》(民法学说与判例研究第二册),台大印书馆 1982 年版。

[19] 王铁崖:《国际法》,法律出版社 1981 年版。

[20] [英] 劳特派特:《奥本海国际法》(下卷),王铁崖、陈体强译,商务印书馆 1980 年版。

[21] 丘宏达:《现代国际法》,巨流出版公司 1995 年版。

[22] [德] Wolfgang Graf Vitzthum :《当代西方国际法—德国的观点》,吴越、毛晓飞译,法律出版社 2006 年版。

[23] 法治斌、董保城:《宪法新论》,台北书局 2008 年版。

[24] 黄文艺:《全球结构与法律发展》,法律出版社 2006 年版。

[25] [日] 千叶正士:《法律多元》,强世功译,中国政法大学出版社 1997 年版。

[26] [奥] 欧根·埃利希:《法社会学原理》,舒国滢译,中国大百科全书出版社 2009 年版。

[27] 张文显:《法理学》,高等教育出版社 2011 年版。

[28] [美] 迈克尔·E. 泰格:《法律与资本主义的兴起》,纪琨译,学林出版社 1996 年版。

[29] 许光耀、孙建:《国际私法》,对外经贸大学出版社 2013 年版。

[30] 董安生:《新编英国商法》,复旦大学出版社 2009 年版。

[31] 姜世波:《国际习惯法的司法确定》,中国政法大学出版社 2010 年版。

[32] 姜世波:《国际商法基本理论问题研究》,中国人民公安大学出版社 2006 年版。

中文期刊类

[1] 吴从周:《论民法第一条之"法理"——最高法院相关民事判例综

合整理分析》，《东吴大学法律学报》2004 年第 2 期。

［2］柯泽东：《全球化、仲裁与主权国家》，《仲裁》第 68 期，2003 年 5 月号。

［3］陈自强：《整合中之欧盟契约法》，《月旦法学杂志》第 181 期，2010 年 6 月。

［4］陈自强：《欧洲契约法发展之最新动向》，《月旦法学杂志》第 182 期，2010 年 7 月。

［5］陈自强、蔡英欣：《Soft Law 之形成——以万国海法会立法活动为中心》，《月旦法学》2011 年 3 月。

［6］陈自强：《联合国商事契约通则在契约法中的地位》，《台大法学论丛》2010 年第 4 期。

［7］胡绪雨：《国际海商事公约的效力基础》，《政法论坛》2012 年第 2 期。

［8］左海聪：《国际商法是独立的法律部门——兼谈国际商法学是独立的法学部门》，《法商研究》2005 年第 2 期。

［9］左海聪：《试析〈国际统一私法协会国际商事合同通则〉性质和功能》，《现代法学》2005 年第 5 期。

［10］左海聪：《国际商事条约和国际商事惯例的特点及相互关系》，《法学》2007 年第 4 期。

［11］左海聪：《直接适用条约问题研究》，《法学研究》2008 年第 3 期。

［12］单文华：《国际贸易惯例问题研究》，《民商法论丛》1997 年卷。

［13］陈亚芹：《有关海事国际惯例的立法思考》，《中国海商法年刊》2009 年第 1 期。

［14］陈亚芹：《国际商业惯例独立调整合同的理论与实践》，《法学论坛》2008 年第 1 期。

［15］陈亚芹：《国际商业惯例的效力基础及其适用模式》，《甘肃政法学院学报》2008 年第 5 期。

［16］徐国建：《现代商人法论》，《中国社会科学》1993 年第 2 期。

［17］黄进、胡永庆：《现代商人法论——历史和趋势》，《比较法研究》1997 年第 2 期。

[18] [俄] 洛基奥诺夫·安德烈:《新商人习惯法初论》,《中外法学》2007年第1期。

[19] 杨立新:《东亚地区侵权法实现一体化的基础及研究任务》,《台湾法学杂志》第169期,2011年2月。

[20] 刘宗荣:《海上运送人对其承运货物的法律责任及免责事由——从海上运送人责任的大陆法系化观点出发》(下),《月旦法学教室》第77期,2009年3月。

[21] 向前:《"自治商人法"理论——戈德曼现代商人法思想评述》,《云南大学学报(法学版)》2006年第1期。

[22] 向前:《国际缔约中的开普敦方法》,《社会科学家》2012年第5期。

[23] 向前:《国际商法起源、发展及精神》,《社会科学家》2009年第3期。

[24] 向前:《"新商人法"理论——施米托夫国际商法思想评述》,《青海社会科学》2012年第6期。

[25] 姜世波:《论全球化背景下国际私法中的国家主权观——由国家利益本位向国际社会利益趋向的转化》,《学习与探索》2005年第6期。

[26] 姜世波:《跨国民间法的兴起及其与国内法体系的互动》,《甘肃政法学院学报》2012年第4期。

[27] 孙建:《法律适用中的国家利益》,《政法论坛》2011年第6期。

[28] [美] 大卫·施耐德:《民间立法何以被称为法律》,姜世波译,《山东大学学报》2006年第6期。

[29] 鲁楠:《匿名的商人法——全球化时代法律移植的新动向》,《清华法治论衡》2011年第1期。

[30] [德] 贡特尔·托依布纳:《"全球的布科维纳":世界社会的法律多元主义》,高鸿钧译,《清华法治论衡》2007年第2期。

[31] 于语和:《依法治国方略的历史发展综述》,《天津行政学院学报》2015年第1期。

[32] 张谷:《商法,这只寄居蟹——兼论商法的独立性及其特点》,《清华法制论衡》2005年第2期。

[33] 刘艺工、刘志敏:《试论罗马法的复兴运动》,《天津行政学院学报》2015 年第 1 期。

[34] 范笑迎:《论国际商事仲裁对商人法的作用》,《政法学刊》2012 年第 5 期。

[35] 刘顺峰:《关于甘肃东乡族纠纷解决习惯法的实证分析》,《西南民族大学学报》2013 年第 7 期。

[36] 王华胜:《中世纪商法:浪漫与怀疑主义之争》,《中国石油大学学报》2013 年第 6 期。

[37] 许光耀:《国际惯例的性质与地位》,《徐州教育学院学报》2003 年第 3 期。

外文专著类

[1] Gunter Teubne, *Global Law without a state*, Dartmouth Publishing, 1997.

[2] Banakar and Traver ed, *Law and Society Theory*, Hart Publishing, 2013.

[3] Martti Koskenniemi, *From Apology to Utopia: The Structure of International Legal Argument*, Cambridge University Press, 2005.

[4] Matthias Lehmann, *From Conflict of Laws to Global Justice*, SJD Thesis of Columbia University, 2011.

[5] Detlef Daniels, *The Concept of Law from a transnational perspective*, Ashgate Publishing, 2010.

[6] Wolfgang Friedman, *The changing structure of international law*, Columbia University Press, 1964.

[7] Philip Dely, *International business law and lex Mercatoria*, North Holland, 1992.

[8] Benn Steil and Manuel Hinds, *Money Market and Sovereignty,* Yale University Press, 2009.

[9] Maren Heidemann, *Does Interantional Trade Need a Doctrine of Transnational Law?: some thoughts at the launch of an European contract Law*,

Springer verlag, 2012.

[10] Maren Heidemann, *Methodology of Uniform Contract Law: The UNIDROIT Principlesin International Legal Doctrine and Practice,* Springer Verlag, 2007.

[11] Michael Faure Ed, *Globalization and Private Law*, Edward Elgar Publishing, 2010.

[12] Paul Berman, *Global Legal Pluralism a Jurisprudence of Law Beyond Borders*, Cambridge University Press, 2012.

[13] Mert Elcin, *The Applicable Law to International Commercial Contracts and the Status of Lex Mercatoria - With a Special Emphasis on Choice of Law Rules in the European Community*. Dissertation.com Publishing, 2010.

[14] Ivar Alivik, *Contracting with Sovereignty: State Contracts and International Arbitration,* Hart Publishing, 2011.

[15] André Janssen ed, *CISG Methodology*, Sellier Publishing, 2009.

[16] Franco Ferrari ed, *The CISG and its Impact on National Legal Systems*, Selier Publishing, 2008.

[17] Peter Schlechtriem and Petra Butler, *UN Law on International Sales*, Springer-Verlag, 2009.

[18] Larry DiMatteo, *International Sales Law: a critical analysis of CISG jurisprudence,* Cambridge University Press, 2005.

[19] Bruno Zeller, *CISG and the Unification of International Trade Law,* Routledge Press, 2007.

[20] Louis Marquis, *Why is there a uniform international commercial law rather than nothing?* Doctoral Thesis of UBC, 2000.

[21] Austin Sarat ed, *Law without state,* Stanford University Press, 2011.

[22] David J. Bederman, *Custom as a Source of Law*, Cambridge University Press, 2010.

[23] Ulrich Magnus ed, *CISG vs. Regional Sales Law Unification: With a Focus on the New Common European Sales Law*, Sellier Publishing, 2012.

[24] Gian Antonio Benacchio, *A Common Law for Europe*, Central European University Press, 2005.

[25] Mads Andenas ed, *Theory and Practice of Harmonization*, Edward Elgar Publishing, 2012.

[26] Thomas Neumann, *The Duty to Cooperate in International Sales: The Scope and Role of Article 80 CISG*, Sellier Publishing, 2012.

[27] Filali Osman& A Mahiou, *Vers une lex mercatoria mediterranea : harmonisation, unification, codification du droit dans l'Union pour la méditerranée*, Bruylant, 2012.

[28] Hodjat Khadjavi, *Theory of lex mercatoria and recent developments,* LLM thesis of McGill University, 1994.

[29] Hugh Collins, *The European Civil Code: The Way Forward*, Cambridge University Press, 2008.

[30] Reiner Schulze &Jules Stuyck ed, *Towards a European Contract Law*, Sellier Publishing, 2011.

[31] Franco Ferrari &Stefan Kröll ed, *Conflict of Laws in International Arbitration*, Sellier Publishing, 2011.

[32] Leon E. Trakman, *The Law Merchant: The Evolution of Commercial Law*, Fred B. Rothman &Co., 1983.

[33] David Oser, *The UNIDROIT Principles of International Commercial Contracts : a governing law?*.,Martinus Nijhoff Publishers, 2008.

[34] Andrew Haynes, Cryptocurrencies And Cryptoassets: Regulatory And Legal Issues, Informa Law Press, 2020.

外文期刊类

[1] Herbert Kronke, International uniform commercial law Conventions: advantages, disadvantages, criteria for choice, *Uniform Law Review*, 2000(1).

[2] Gbenga Bamodu, Exploring The Interrelationships of Transnational Commercial Law, “The New Lex Mercatoria” and International Commercial Ar-

bitration, *Africa Journal of international and comparative law*, 1998（1）.

[3] Karyn S. Weinberg, Equity In International Arbitration: How Fair Is "Fair"? A Study of Lex Mercatoria and Amiable Composition, *Boston University International Law Journal*, 1994(1).

[4] Vanessa L.D. Wilkinson, The New Lex Mercatoria Reality or Academic Fantasy? *Journal of International Arbitration*. 1995(2).

[5] Abul F.M. Maniruzzaman, The Lex mercatoria and International Contracts: A Challenge For international Commercial Arbitration? *American University of International Law,* 1998(1).

[6] Bryan Druzin, Law without the State : the Theory of High Engagement and Emergence of Spontaneous Legal Order within Commercial Systems, *Georgetown Journal of International Law,* 2010(3).

[7] Bryan Druzin, Anarchy, Order, and Trade: A Structuralist Account of Why a Global Commercial Legal Order is emerging, *Vanderbilt Journal of Transnational Law,* 2014(4).

[8] Friedrich Juenger, The Lex Mercatoria and Private International Law, *Louisiana Law Review*，2000(4).

[9] Michael Pryles, Application of the Lex Mercatoria in International Commercial Arbitration.*UNSW Law Journal*. 2008(1).

[10] Vanessa Wilkinson, The New Lex Mercatoria Reality or Academic Fantasy? *Journal of International Arbitration*，1995(1).

[11] Michael Douglas, The Lex Mercatoria and the Culture of Transnational Industry, U. *Miami International Law& Comparative Law Review*，2006(1).

[12] Ralf Michaels, The Mirage of Non State Governance, *Utah Law Review*，2010（1）.

[13] Keith Highet, The Enigma of The Lex Mercatoria，*Tulane Law Review*，1989（1）.

[14] Emily Kadens, The Myth of the Customary Law Merchant, *Texas Law Review*，2012(5).

[15] Alec Sweet, The New Lex Mercatoria and Transnational Governance, *Journal of European Public Policy*, 2006(5).

[16] Robert Cooter, Decentralized law for a complex economy: the structure approach to adjudicating the new law merchant. *University of Pennsylvania Law Review*, 1996 (5).

[17] Michael Bonell, Towards a Legislative Codification of the UNIDROIT Principles? *Uniform Law Review*, 2007(2).

[18] Ralf Michaels, The True Lex Mercatoria Law Beyond the State.*Indiana Journal of Global Legal Studies*, 2007(2).

[19] David F. Cavers, A critique of choice law problem, *Harvard Law Review*, 1933(2).

[20] Emily Kadens, Order within Law, Variety within Custom: The Character of the Medieval Merchant Law, *Chicago Journal of International Law*, 2004(1).

[21] Emily Kadens, The Myth of the Customary Law Merchant, *Texas Law Review*, 2012(5).

[22] Oliver Volkcart& Antje Mangels, Are modern Lex mercatoria really rooted in medieval? *Southern Economic Journal*, 1999(3).

[23] Ralf Michaels, Private Law Beyond the State? Europeanization, Globalization, Privatization, *American Journal of Comparative Law,* 2006(10).

[24] Ralf Michaels, The Mirage of Non-State Governance, *Utah Law Reviews*, 2010(1).

[25] Claire Cutler, Globalization, the Rule of Law, and the Modern Law Merchant: Medieval or Late Capitalist Associations?, *Constellations*,2001(4).

[26] Olaf Meyer, Promoting Uniform Sales Law, *European Business Law Review*, 2013(3).

[27] William P. Johnson, The Hierarchy That Wasn' t There: Elevating "Usage" to its Rightful Position For Contracts Governed by the CISG, *Northwestern Journal of International Law and Business*, 2012(2).

[28] Jim C. Chen, Code, Custom, and Contract: The Uniform Commercial Code as Law Merchant, *Texas International Law Journal*, 1992(1).

[29] M.J. Bonell, Unification of Law by Non-Legislative Means: The UNIDROIT Draft Principles for International Commercial Contracts, *American Journal of Comparative Law*, 1992(3).

[30] Lisa Spagnolo, Law Wars: Australian Contract Law Reform VS. CISG VS. CESL, *Villanova Law Review*, 2013(4).

[31] Stephen E. Sachs, From St. Ives to Cyberspace: The Modern Distortion of the Medieval Law. *American University International Law Review*, 2006(5).

[32] Emmanuel Gaillard, Trente ans de Lex Mercatoria Pour une application sélective de la méthode des principes généraux du droit, *Journal du Droit international,* 1995(1).

[33] Jacques Beguin, Le developpement de la lex mercatoria menace-t-il l' ordre juridique international? *McGill Law Journal*, 1985(1).

[34] Sarah Howard Jenkins, Rejection, Revocation of Acceptance, and Avoidance: A Comparative Assessment of UCC and CISG Goods Oriented Remedies, *Minnesota Journal of International Law,* 2013(1).

[35] Helen Elizabeth Hartnell, Rousing the Sleeping Dog:The Validity Exception to the Convention on Contracts for the International Sale of Goods, *Yale International Law Journal* ,1993(1).

[36] HüSeyin Can Aksoy, Status Quo Bias, CISG and the Future of the Common European Sales Law, *European Business Law Review,* 2013(4).

[37] Richard J Howarth, Lex Mercatoria: Can General Principles of Law Govern International Commercial Contracts?, *Canterbury Law Review*, 2004(1).

[38] Gunther Teubner, Breaking Frames: The Global Interplay of Legal and Social Systems, *American Journal of Comparative Law*, 1997(1).

[39] Clayton P. Gillette, The Law Merchant in the Modern Age: Institutional Design and International Usages under the CISG, *Chicago Journal of International Law,* 2004(1).

[40] Avery Wiener Katz, The Relative Costs of Incorporating Trade Usage into Domestic versus International Sales Contracts: Comments on Clayton Gillette Institutional Design and International Usages under the CISG, *Chicago Journal of International Law*, 2004(1).

[41] Alexander S. Komarov, Internationality, Uniformity and Observance of Good Faith As Criteria In Interpretation of CISG: Some Remarks On Article 7(1), *Journal of Law and Commerce*, 2005(1).

[42] Stephen Edward Sachs, From St. Ives to Cyberspace: The Modern Distortion of the Medieval Law Merchant, *American University International Law Review*, 2006(1).

[43] Clayton P. Gillette, The Law Merchant in the Modern Age: Institutional Design and International Usages under the CISG. *Chicago Journal of International Law*, 2005(2).

[44] Leon E. Trakman, The Twenty-First-Century Law Merchant, *American Business Law Journal,* 2011(4).

[45] Christopher Drahozal, Contracting Out of National Law: an Empirical Look at The New law Merchant, *Notre Dame Law Review,* 2005(2).

[46] Michael Mustill, The New Lex Mercatoria: The First Twenty-five Years, *Arbitration International,* 1988(2).

[47] Lisa Bernstein, Merchant Law In a Merchant Court: Rethinking The Code's Search For Immanent Business Norms, *University of Pennsylvania Law Review,* 1996(6).

[48] Harles Donahue, Private Law without the State and During its Formation, *American Journal of Comparative Law,* 2008(2).

[49] Leonardo Graffi, Remarks on Trade Usages and Business Practices in International Sales Law, *Journal of Law and Commerce,* 2011(3).

[50] David Frisch, Commercial Common Law, the United Nations Convention on the International Sale of Goods, and the Inertia of Habit, *Tulane Law Review,* 1999(2).

[51] Bruce L. Benson, The Spontaneous Evolution of Commercial Law. *Southern Economic Journal,* 1989(3).

[52] Paul Schiff Berman, Global Legal Pluralism. *Southern California Law Review,* 2007(6).

[53] Paul Schiff Berman.From International Law to Law and Globalization. *Columbia Journal of Transnational Law*, 2005(2).

[54] Stephen Bainbridge, Trade Usage in International Sales of Goods: An Analysis of the 1964 and 1980 Sales Conventions, *Virginia Journal of International Law*, 1984(3).

责任编辑：杜文丽

图书在版编目（CIP）数据

国际商事惯例的理论与实践研究 / 宋阳 著 .—北京：人民出版社，2021.5
ISBN 978 – 7 – 01 – 022982 – 9

I. ①国…　II. ①宋…　III. ①国际商事仲裁 – 研究　IV. ① D997.4

中国版本图书馆 CIP 数据核字（2020）第 267050 号

国际商事惯例的理论与实践研究
GUOJI SHANGSHI GUANLI DE LILUN YU SHIJIAN YANJIU

宋阳　著

人民出版社 出版发行
（100706　北京市东城区隆福寺街 99 号）

中煤（北京）印务有限公司印刷　新华书店经销

2021 年 5 月第 1 版　2021 年 5 月北京第 1 次印刷
开本：710 毫米 ×1000 毫米 1/16　印张：16.5
字数：268 千字

ISBN 978 – 7 – 01 – 022982 – 9　定价：72.00 元

邮购地址 100706　北京市东城区隆福寺街 99 号
人民东方图书销售中心　电话（010）65250042　65289539